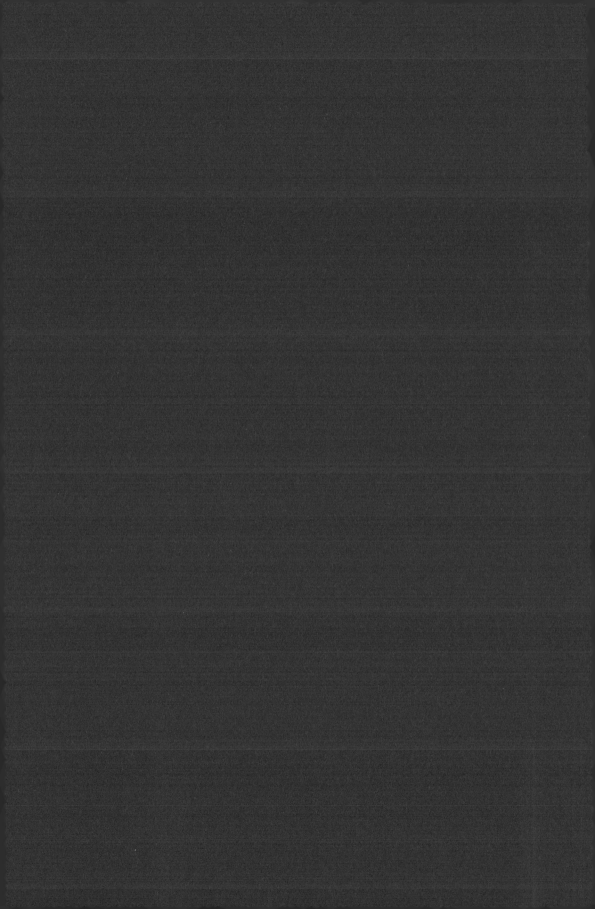

MYRRH GARDEN

和没药花园一起推理

何袜皮

著

江苏凤凰文艺出版社

JIANGSU PHOENIX LITERATURE AND
ART PUBLISHING

图书在版编目（CIP）数据

和没药花园一起推理 / 何袜皮著. —南京：江苏
凤凰文艺出版社，2024.5（2024.6 重印）
ISBN 978 - 7 - 5594 - 8530 - 4

Ⅰ.①和… Ⅱ.①何… Ⅲ.①犯罪心理学—通俗读物
Ⅳ.①D917.2 - 49

中国国家版本馆 CIP 数据核字（2024）第 059258 号

和没药花园一起推理

何袜皮 著

出 版 人 张在健
责任编辑 唐 婧
装帧设计 王柿原
责任印制 杨 丹
出版发行 江苏凤凰文艺出版社
南京市中央路 165 号，邮编：210009
网 址 http://www.jswenyi.com
印 刷 苏州市越洋印刷有限公司
开 本 710 毫米×1000 毫米 1/16
印 张 22.25
字 数 275 千字
版 次 2024 年 5 月第 1 版
印 次 2024 年 6 月第 2 次印刷
书 号 ISBN 978 - 7 - 5594 - 8530 - 4
定 价 59.00 元

目录

1.

铁证如山，为何最终能无罪释放？

美国司法史世纪大案

铁证如山，为何最终能无罪释放？

辛普森杀前妻案是美国历史上最重要的案件之一，曾轰动一时。

它创下了多项纪录：被逮捕当天警方和辛普森在高速上的低速追逐是美国电视史上收视率最高的直播节目之一，甚至中断了 NBA 决赛直播。庭审持续了 11 个月，几乎天天占据全国媒体的头版。而法官宣判当天，全美约有1.4 亿人通过电台或者电视收听/收看了判决，创下最高纪录。

它涉及的议题有司法公正、家暴、种族矛盾、社会名流的权力，并充分展现了陪审团制度的利弊。辛普森和妮可之间的爱恨情仇以及疑点重重的双重谋杀案，也被媒体和公众广泛讨论。

被誉为"梦之队"的豪华律师团和优秀的女检察官玛西亚·克拉克(Marcia Clark)团队使出浑身解数斗法，最终 12 人陪审团裁定辛普森无罪。

这起案件中到底发生了什么？凶手是不是辛普森？为什么他会被判无罪？我陆陆续续花了几个月时间，对矛盾的信息进行取舍，力图还原人物关系和案情，并谈谈我个人对案情的分析和对人物命运的反思。

一、案发

布伦特伍德(Brentwood)居民区位于洛杉矶西部,距离好莱坞明星聚集的比弗利山庄大约 11 公里。1994 年 6 月 12 日 22 时 55 分左右,一个附近的居民在遛狗时,发现一条无人看管的秋田犬站在街对面狂吠。秋田犬看到这个带狗的居民,立刻跟了上来,一路跟随他回家。

23 时 40 分,该居民在家门口给狗喂了水,不知道该拿秋田犬怎么办时,他们的邻居博兹泰佩(Boztepe)夫妇刚好回家经过,看到这一幕,表示愿意收留狗过夜。但博兹泰佩夫妇把狗带回家后却发现它焦躁不安,吠个不停,且腿毛和胸毛上都沾着鲜血。他们有些担心,想试试能否当夜就把它送回去。

在秋田犬的带领下,他们于凌晨 00:10,步行来到一处联排屋。这对夫妇发现那座房子的院子前门开着,便走上前向内张望。

他们震惊地发现露天走道上"血流成河",一名着黑裙的女子扑倒在血泊中。

这极为血腥可怕的一幕,揭开了一起轰动美国的世纪大案。

地上的女尸是时年 35 岁的妮可·布朗(Nicole Brown),O.J.辛普森的前妻。警方到达后发现,在妮可尸体附近的一棵树下,还倒着一个浑身覆盖鲜血的男子。

很快警察在楼上找到了妮可的两个孩子,他们正在酣睡。因为房屋结构狭长以及儿童房唯一的窗户关上了,孩子们并没有被杀戮声吵醒。

妮可·布朗和辛普森于 1985 年 2 月结婚,婚后育有一儿一女。1992 年 2 月,妮可因"不可调和的分歧"提出离婚,10 月两人正式离婚。整个过程相对平和,双方对财产分割、抚养权分配都没有分歧。**至 1994 年 6 月案发时,两人已离婚近两年。**案发前几个月,妮可独立买下案发的这栋联排屋,带两个孩子搬离原先租的房子,住进了新家。

而现场的另一个受害人罗恩·高德曼(Ron Goldman)只有 26 岁,是乐怡餐厅(Mezzaluna)的服务生。他在伊利诺伊州立大学读过一年书,后来因为随家人搬到洛杉矶而辍学。他当过网球教练、猎头、模特,希望以后能在当地开一家餐厅或者酒吧。

罗恩和妮可大约在案发六周前认识,并成为很好的朋友,且时不时一起吃午饭或者喝咖啡,妮可还把自己的法拉利借给罗恩开过。据周围人一致的证词,两人之间并没有超越友谊的关系。案发当晚,妮可和她的家人刚在罗恩工作的餐厅用过晚餐。

案发现场极为残忍恐怖。妮可身穿白天外出时穿的黑色礼服裙,光着脚丫,脸朝下趴在院子走道的地砖上。她的脖子和头部被刺了许多刀,但手上几乎没有防御伤,可见她和凶手的力量对比十分悬殊,以至于她毫无招架之力。

她身上的致命伤是颈动脉的伤口。她的上背部中间有一大块淤青,和衣服后背的脚印位置一致,这显示凶手曾踩着她的后背,抓着她的头发把她的头拉起来,对她进行割喉。其力度之大,导致颈椎也被割断,整颗头几乎脱离身体。

尽管走道上全是鲜血,但她的脚底却很干净,这说明她倒下时地上还没有大量鲜血。再加上这里是她的住宅,警方推断她是凶手袭击的主要目标。妮可身后台阶上的屋门敞开着,但凶手并没有进去过,这几乎排除了盗窃杀人的动机。

罗恩的身体和脖子共被刺 22 次。在罗恩的尸体旁,有一顶深色编织帽,一只 XL 号 Aris 牌皮革手套(左手),以及一个信封,里面装了一副老花眼镜。罗恩的钥匙、传呼机、戒指也散落在他身边。

从带血脚印之间的距离和形态判断,凶手作案后没有飞奔逃跑,而是大步从后门离开现场。凶手的血脚印左侧有平行的血滴,这显示凶手的左手可能受伤了,一边走路一边在流血。

洛杉矶的验尸官判断,凶手当时用左臂勒住罗恩的脖子,或左手捂住其嘴,不让其喊叫,右手持刀刺杀了他。罗恩是年轻强壮的网球教练,但他的双手也几乎没有防御伤,证明他和凶手之间也力量悬殊。但他还是奋力反抗,扯掉了凶手的左手手套,可能因此导致凶手在刺杀罗恩时不小心刺到自己的左手。

警方得知死者身份后,于当天凌晨来到辛普森所住的罗丁汉姆(Rockingham)豪宅(距离案发地约3公里),想通知他这个消息,并让他照顾两个孩子,但是辛普森不在家。

清晨六点左右,警察终于打通了辛普森的手机。辛普森声称自己昨晚就来了芝加哥,天亮后要在那里参加赫兹租车的一个商业活动。得知妮可遇害的消息后,辛普森于当天赶回洛杉矶。

警方基于在案发现场和辛普森所住豪宅发现的证据,对辛普森产生了怀疑,在他回到洛杉矶后,立刻将他带去警局询问。

后面发生了什么,相信许多人都知道了:辛普森被起诉杀害两人,经历了十个月的开庭审理,他被判无罪。

辛普森到底是不是凶手呢?如果他是凶手,为何要杀害已经离婚两年的前妻?如果他是凶手,为什么能成功脱罪?有哪些证据指向他,或者证明他不是凶手?

让我们先看看辛普森和妮可之间有什么样的过往。

二、婚姻

辛普森于1947年7月9日出生于旧金山湾区。他的母亲在医院工作,父亲在银行工作，两人在辛普森五岁时离婚，此后辛普森随母亲长大，与父亲几乎没有往来。辛普森的父亲是旧金山有名的变装皇后，后来公开出柜，并于1986年死于艾滋病。

辛普森从出生起就被所有人称为O.J.，他自己直到三年级听到老师念出他的大名，才知道O是奥伦萨尔(Orenthal)的缩写。

辛普森在青少年时期(13—15岁)曾参加过街头青少年黑帮团伙，有过几次被捕记录。进入高中后，他把能量都用到了赛场上，展现出惊人的运动天赋。

他是美国橄榄球联盟(NFL)的职业球星，在20世纪70—80年代炙手可热，曾打破几项NCAA(美国大学生体育协会)的记录，三次被评为MVP(最有价值球员)。

由于橄榄球是美国人最喜欢的体育项目，他当时在美国可谓家喻户晓，被称作"美国英雄""美国偶像"。辛普森也是运动员中比较有商业头脑的一个，在那个年代就懂得把体育界的名气转化为真金白银。在1978年退役后，他转型成为演员和播音主持人，曾为赫兹租车等知名品牌代言，参加各类商业活动，继续维持着高收入。

辛普森在中学时就认识了漂亮的黑人女孩玛格丽特·惠特利(Marguerite Whitley)。1967年6月，年仅19岁的辛普森与玛格丽特结婚。婚后第二年，辛普森赢得海兹曼奖杯(授予每年大学橄榄球赛最佳球员)，在此后12年的婚姻中，他的体育事业更是扶摇直上。两人育有两个孩子阿莉尔(Arnelle)和贾森(Jason)。

1976年是辛普森事业的巅峰期，但第二年，他就因为受伤，大幅度减少比赛场次，并准备退役。

1977年，辛普森花65万美元在洛杉矶买下位于罗丁汉姆路上的一栋豪宅。这栋房子有七个卧室、六个卫生间、一个网球场，以及人工瀑布、公园大小的儿童游乐园、和奥运会比赛同尺寸的泳池。1998 年，这栋房子被推倒夷平，如今仅土地都价值上千万美元。

在 1977 年的某天，辛普森得知玛格丽特怀了第三胎，并且已经五个月大了。他后来在书中自称很迷茫，他们的婚姻已经快走不下去，而妻子是不可能接受堕胎的。当时快到两人的结婚十周年纪念日，辛普森去比弗利山庄的名品店给玛格丽特买了一个珠宝作为礼物。

接着他和朋友一起去一家私人俱乐部吃饭，发现那里新来了一个高挑的金发少女服务生妮可·布朗。

后面的情节大家想必也猜到了。美国黑人体育明星身边的女性伴侣几乎都是白人或者西班牙裔漂亮女子，功名财富增加了他们的跨种族择偶权。在升级住宅后，辛普森也想"更新"他的伴侣了。

妮可当时刚过完 18 岁生日，趁着夏天来比弗利山庄的餐馆当服务生，想看看好莱坞是什么样子。

妮可的母亲是西德人，而她也出生在西德，后来随父母定居洛杉矶。她还有两个姐姐和一个妹妹。妮可的容貌漂亮，身材健美，和姐姐丹尼诗先后被中学同学选为"返校节公主"（在美国高中的返校庆典上，由学生投票选出的代表女生，通常是最受欢迎和最有魅力的女生）。

在 2015 年的纪录片中，妮可的中学老师回忆起一件事。当他教授新闻学的课时，曾让同学们讨论自己以后的职业理想。轮到妮可时，她说"想嫁一个有钱人"。班级里的空气凝结了，老师回答："妮可，这不是一个职业。"

妮可因为不看橄榄球，此前并没有听说过辛普森，但不消说，周围人对待辛普森的态度，让她立刻知道这是个"大人物"。

据朋友回忆，妮可和辛普森对视的第一眼，似乎就有了化学反应。30 岁的辛普森立刻被这个少女迷住了,回去后对她念念不忘。几天后他又去那家餐馆找到妮可,告诉她自己已婚,但很快会离婚。他说,妮可当时只问了一句:"真的吗?"

当晚他俩就一起参加了辛普森朋友的派对。结束派对后,妮可已经被辛普森和上流社会的生活迷得神魂颠倒。她兴奋地告诉男性友人大卫,辛普森多么有魅力,多么有名。大卫提醒她,辛普森已婚且有两个孩子,并问妮可,真的打算和辛普森交往吗? 妮可肯定地回答:"是的。"

当晚,大卫发现妮可的牛仔裤被撕破了,妮可解释,辛普森"只是有点儿暴力"。大卫觉得不可思议,问妮可怎么会允许自己第一次约会时就被这么对待,但妮可打断了他的质疑,说道:"大卫,我想我喜欢他。"

自那天起,辛普森和妮可就形影不离。而刚认识四五天,辛普森就给妮可租了一间公寓,让她从父母家搬出来,并给她买了一辆新车,其出手之阔绰以及两人关系发展速度之快,让妮可的朋友们都十分吃惊。

从许多朋友的回忆来看,从一开始辛普森就对妮可表现出很大的占有欲,而妮可起初也乐在其中。用媒体的话来说,在辛普森当时的名气、地位和财富面前,这个刚成年的女孩毫无抵抗力,立刻被俘获了。

辛普森过去每次和妻子吵架,都会一个人出走,住到老友罗伯特·卡戴珊(没错,就是卡戴珊三姐妹的爹)在比弗利山庄的家。罗伯特·卡戴珊从法学院毕业后当过十年律师,此后转型为成功的商人,身价不菲。他和辛普森关系非常好,1978 年,他和克里斯·卡戴珊结婚时,辛普森还是伴郎。

当玛格丽特生下第三个孩子时,辛普森索性租住在卡戴珊家,和妮可同居起来。妮可本已在加州的鞍峰学院(两年制大专)注册,准备去那里读书,但此时辛普森要去外地训练一阵子,要求妮可同去。尽管只是短期培训,妮可为了能够时刻陪伴辛普森,还是退学了。

辛普森见了妮可的家人，妮可的父母没有反对他们交往。认识一年后，辛普森还带妮可见了自己的两个孩子，并称妮可和他们相处融洽。

1979年，在和妮可交往了两年多后，辛普森终于和玛格丽特办妥离婚手续。不久后，他和玛格丽特的第三个孩子在快满两岁时，不小心跌入豪宅的泳池溺亡。对于这件事，资料很少，难以判断是谁的责任。

玛格丽特起初不愿意和两个孩子搬离辛普森在罗丁汉姆的豪宅，两人还为此起了纠纷，但最终她还是搬去了旧金山。随后，辛普森带着比自己小12岁的妮可住进了豪宅，妮可还按照自己的设计，把房子从头到脚都改建了一番。

妮可希望能和辛普森尽快结婚，成为这栋豪宅真正的女主人，但刚恢复单身的辛普森并不想这么快再婚。两人之间经常为这事发生争执。

1983年辛普森为了安抚妮可的情绪，答应订婚，并举行了盛大的订婚派对。但是订婚后刚消停没几日，妮可又催促结婚，并一直抱怨她何时可以有自己的孩子。

1985年2月2日，交往将近8年后，此时已26岁的妮可和38岁的辛普森举行了盛大的婚礼。他们邀请了300人参加婚宴，给每个客人上了丰盛的七道菜，并请了乐队，通宵达旦地跳舞。

结婚当年的10月17日，两人的女儿悉尼（Sydney）出生。

两年多后的1988年8月6日，他们的儿子贾斯汀（Justin）出生。

妮可和辛普森签署了婚前协议，有一条写明妮可婚后不能工作。妮可的父亲为辛普森打理高尔夫球场的生意，妮可的表哥给辛普森当园丁，表嫂给豪宅当钟点工。辛普森还替妮可的妹妹塔尼亚（Tanya）支付大学学费。

辛普森和妮可的妹妹都分别表达过，辛普森和妮可的婚姻大部分时间都像童话一样美好。的确，妮可如愿以偿地过上了富太太生活。他们在纽约、旧金山、洛杉矶海边、墨西哥海边都有豪宅，平时出入开着宾利、敞篷法拉利，经常带上妮可的娘家人一起去各地度假，辛普森每逢节日都会送上珠宝。

在旁人眼中，辛普森和妮可也非常相爱，几乎总是手拉着手，深情对望，妮可就算去上厕所久一点，辛普森都会着急。他们都喜欢热闹，会在家里举办大型泳池派对，宾客满堂。他俩与卡戴珊夫妇经常一起出去旅游办派对。

然而现实中没有童话。**那些看似丰盛华丽的美景，可能只是陷阱的伪装。**

1989 年新年过后，妮可和辛普森的朋友们惊讶地听说，辛普森家暴了妮可。

原来在那个元旦夜，两人之间又爆发了一次激烈冲突，导致辛普森被捕，还闹上了新闻。

那次妮可报警后，警察爱德华兹(John Edwards)来到他们家，发现妮可只穿了胸罩和运动短裤，躲藏在家附近的灌木丛里。她一看到警察就冲出来大喊："他要杀了我！"

爱德华兹后来在谋杀案法庭上作证说：妮可"倒在我身上"，她"湿漉漉的，发抖，冷得要命，被打得够呛"。她的左上唇有道 2.5 厘米的伤口，右额肿胀，右眼发黑，颈部有手指印。"我可以看到她的脸上有像登山靴印的痕迹，她看起来像是被踢了一脚在头上。"

爱德华兹抬头一看，O·J·辛普森正走向大门，一边大喊着："我不想再看到你在这里了！我有两个女人了，我不想再看到你在这里了！"

趁警察带辛普森回警局调查时，妮可去医院接受治疗，并找她的姐姐丹尼诗给她的伤情拍了照片。**这些照片后来被储存在一个保险箱里。**妮可对丹尼诗说，如果以后她有个三长两短，这就是辛普森家暴的证据。

辛普森在《假如我做了》书中详细讲述了他自己的版本。他称夫妻俩一起去一个影视制片人家参加新年派对，席间遇到了辛普森的好朋友、黑人橄榄球球星马库斯(Marcus)和他的白人模特女友凯瑟琳(Kathryn)。当时凯瑟琳戴着一副马库斯给她新买的昂贵的钻石耳环，让妮可十分羡慕。

回到家后，当两人在床上做爱时，妮可突然停下来问辛普森，是不是也给她准备了惊喜。辛普森否认。妮可说，凯瑟琳刚才悄悄告诉她，辛普森也买了一副同样的钻石耳环。她恼怒地质问辛普森，如果他不是给自己买的，那是给谁买的？

辛普森吼道："你疯了吗？我没有给任何人买任何他妈的耳环！我也不会给任何人买！"接着两人从对骂发展为厮打，辛普森自称把妮可锁在了主卧门外，独自睡觉。妮可气坏了，找到钥匙后，打开房门，冲回床上继续打辛普森。辛普森夺过钥匙，再次把她推出去，把房门锁上。

辛普森在书中否认了出轨和家暴，但这和警察在现场看到、听到的显然不符。

妮可很快就对自己的报警后悔了，和此前一样拒绝起诉辛普森。但检察官还是起诉了辛普森。**辛普森对殴打罪（battery）认罪**，被判两年缓刑，并被罚进行社区劳动和缴纳罚款。

妮可在警局做的笔录被某个警察捅给了媒体，让这次事件上了报纸头版。辛普森此后一改在法院认罪的态度，在所有场合都否认家暴。他在体育台采访中轻描淡写地说："嘿，你们知道的，我俩吵架了，我俩都有罪。没有人受伤。这没啥大不了的，我们继续过我们的日子。"

多年后他在电视节目中承认他用了摔跤的夹头招式（胳膊扣住妮可的脑袋）把她弄出房间。但他始终声称自己（一个强壮的橄榄球运动员）和妮可"势均力敌"，只是在"搏斗"（wrestling）。

这次被意外曝光的家暴事件其实只是冰山一角。当妮可被杀害后，人们才从她的秘密日记里得知，从交往第二年起，辛普森就开始殴打她了。

妮可和辛普森争吵的原因常常是因为她质疑辛普森出轨，或者辛普森对她的交友不满。妮可是非常爱面子的女性，也一直想"维护"这个家庭的"体面"，她在离婚前几乎从不向朋友透露辛普森出轨和家暴的事。

妮可在离婚后告诉后来的男友（在 1992—1993 年交往）基思（Keith），辛普森甚至在和她旅行时也不忘偷情，他会安排一些女人住在同一家酒店，然后欺骗妮可，他晚上要出去参加活动，实际上却跑去另一个房间偷欢。如果她质问他去干了什么，他就会殴打她。

妮可在 1991 年给辛普森的一封信中写道："若不是担心法院会取消我的抚养权，我会和每个男人睡觉，包括一些你认识的，以便让你也尝尝这是什么感觉。"

妮可在日记中写道，她一心想当一个"好妻子"，只是辛普森没给她这个机会。但毋庸置疑，妮可始终是一个好妈妈，就连在书中对妮可大加诋毁的辛普森，也承认妮可对孩子们付出了全心全意的爱和照顾。

1992 年 1 月，妮可提出分居。据辛普森说，妮可给出的理由是，她自从刚成年就一直和辛普森在一起，没有个人的生活和圈子，仿佛活在他的影子里，她想找到自我。辛普森起初不同意，但妮可坚持这么做，并带着两个孩子离开家，在附近租了房子。

分居三周后的情人节，辛普森在外地参加比赛，让人给妮可送去鲜花和贺卡。他以为妮可只是要要脾气，很快会回心转意，但这是他的一厢情愿。1992年 2 月 25 日，妮可正式提交了离婚申请。

1992 年 5 月，妮可和朋友去卡博圣卢卡斯滑雪，在那里认识了连锁餐馆乐怡餐厅（Mezzaluna）的经理基思。妮可在分居后约会过几名比她年纪小的男性（美发师、离婚律师……），而基思是她正式交往的男友。基思后来在纪录片中声称，他看到妮可的第一眼便在心中惊叹，这是他见过的最漂亮的女人。

辛普森自称，当妮可告诉他这段新恋情，并称她为基思疯狂后，他才认为两人的关系彻底不可能回到过去了。

1992 年 10 月妮可和辛普森正式离婚，由于有婚前协议，整个过程相对平和。辛普森当时的身家在 1000 万美元以上，妮可在七年婚姻后得到了433750 美元的现金、一套位于旧金山的用于出租的房子和她平时开的法拉利。两人共享两个孩子的抚养权，但两个孩子 90％的时间由妮可照顾。辛普森将每个月支付一万美元的子女抚养费，直到孩子成年。

既然离婚时都没纠纷，为何两年后，辛普森会涉嫌杀害前妻呢？

三、纠缠

离婚后，妮可似乎又找回了自己，她重新联系上了她的女性友人们，开始享受夜生活，也会邀请朋友们带菜看到家里一起分享。她每天定时慢跑；有时和朋友去滑雪，或者去海边度假；有时等孩子都入睡后，找来钟点工帮忙照看孩子，她和朋友去夜店玩。

她也开始和一些男子约会，并对朋友说，辛普森对她的羞辱打压让她感觉自己很糟糕，而这些男人对她尊重且温柔，让她感觉"原来自己还很美并有吸引力"。

妮可在 1993 年 1 月去滑雪时认识了男性友人卡托·凯林(Kato Kaelin)，她找他帮忙做家务和照看孩子，回报是让他以 400 美元的价格租住在后院一间独立小屋里。

卡托当时 33 岁，立志成为一名演员，由于经济拮据，只能寄生在一些富人的生活里。妮可的两个孩子当时给文章开头提到的秋田犬也取名卡托。此人后来成为本案的重要证人。

由于案发后人们普遍认为，辛普森杀害妮可是出于嫉妒和"得不到你就毁掉你"的心理，辛普森在书中刻意强调自己没有这方面的动机。

照辛普森所说，妮可和他分居后就开始交往许多男性，并把他当成倾诉对象，甚至会咨询辛普森的意见："你觉得那个家伙只是想睡我吗？"他对此并不嫉妒，反而会以年长男性的身份给出一些建议。并且他不断强调，身边人都知道，妮可才是那个缠着他要复婚的人。

那么辛普森对于妮可离婚后约会其他男人，是不是真像他自己说的那么坦然和无所谓呢？事实却相反。

妮可的前男友基思在纪录片中描述了一个可怕的跟踪狂。

有次他和妮可以及几个朋友在一家餐厅里吃饭，突然辛普森走了进来，对他狠狠说道："她现在还是我的老婆。"（当时处于法定分居期，尚未办妥离婚手续）而且他发现辛普森会开车跟踪他和妮可的车，或者突然在他们约会的餐厅、酒吧出现。

妮可的邻居事后也作证，他几次看到辛普森在妮可的窗下晃悠，或者藏身灌木丛中。

有天晚上 12 点多，辛普森又出现在妮可家窗外，并从窗户偷窥。他刚好发现妮可在被蜡烛围绕的沙发上和基思做爱。他勃然大怒，走到大门猛拍门把手。他自称此举是为了提醒他们，别在客厅里干没羞没臊的事，万一被孩子看见怎么办？

第二天早上他又冲到妮可家，看到基思在泳池边给妮可按摩后背。他把基思赶出亭子，对着妮可辱骂了十几分钟。

此后，妮可和基思分手，开始和一个 33 岁的男模特乔瑟夫（Joseph）交往，该模特曾拍过剃须刀和啤酒的广告。

对于辛普森这种可怕的占有欲，妮可却似乎并不排斥。她在日记中埋怨辛普森的出轨、对她的轻视和忽视，以及肢体和语言暴力，却极少埋怨他对她的控制欲和占有欲。妮可似乎把这种"控制欲"当成了辛普森对她的"爱"和"在乎"。

当妮可与基思正式交往后，辛普森也开始谈恋爱。

1992年的一天，马库斯和女友（上文提到买耳环的那对）带着一个叫保拉的女孩，到辛普森家做客。辛普森觉得保拉长得像茱莉亚·罗伯茨，自称对她一见钟情，聊得忘乎所以，甚至忘了当时楼上的主卧里还有个热带选美小姐在床上等他。

保拉当时26岁，比辛普森小19岁。她是"维多利亚的秘密"的模特，曾为许多时尚杂志拍过封面。1994年10月案发后，保拉还以"辛普森另一个女人"的身份，上了《花花公子》的封面。

案发后，辛普森曾对人物杂志说，这是他第一次约会一个在自己的领域事业有成的女性，这让他感觉很有意思。他是在暗暗驳斥一些媒体对他不让妮可出去工作的批评。

辛普森和保拉恋爱后，带着保拉出席过去和妮可常去的各类上流社会活动，包括和克里斯·詹纳（1991年克里斯已和罗伯特·卡戴珊离婚，嫁给了詹纳）夫妇的聚会。自然，渐渐地，他也顾不上频繁跟踪破坏前妻的约会了。

而此时，妮可反倒坐不住了。

保拉后来在书中写道，那段时间她饱受折磨。辛普森在追求她时告诉她，妮可已经在和其他人恋爱，他俩没有关系了，但是她后来发现并非这么回事。有一次辛普森说好要陪她，却临时爽约，事后才承认是被妮可突然叫去陪她和孩子逛迪斯尼。

1992年的圣诞节，辛普森原本和妮可商量好，会独自带两个孩子去保拉的家乡纽约度假，但妮可却临时反悔不同意让孩子跟辛普森走，两人大吵一架后，辛普森独自去了纽约。保拉对这个圣诞节十分期待，却没想到第二天，妮可突然带着孩子们也杀到了纽约，拖着辛普森和他们过节，又搅黄了她的计划。保拉后来在书中说，她那时非常痛恨妮可，甚至在心底诅咒她从地球上消失。

妮可一直在接受心理咨询，自称有次咨询到一半，她突然意识到自己其实想要和辛普森复合。**据她的好友对媒体回忆，有天晚上妮可突然对她说："我想要我的丈夫回来。"**

那段时间，辛普森让妮可除了孩子的事，不要再联系他，但妮可会频频让孩子们传话，带去她亲手做的蛋糕或者她制作的 CD、信件示好。她还表示在接受心理咨询后反省了自己过去在婚姻中做得不好的地方，发现自己还爱他，并称她学会了消除自己的愤怒感和负能量。

妮可当时给辛普森写过一封亲笔信："我想要让一家人重新在一起！我想要孩子们和父母一起长大。我以为我会很高兴一个人抚养悉尼（Sydney）和贾斯汀（Justin），因为我们反正也很少见到你，但现在……我想和你在一起。我想爱你，珍惜你，让你微笑。我想要和你一起在清晨醒来，晚上抱着你……"

信的最后写道："O.J.，你将是我唯一的'真爱'。我很抱歉我给你带来了痛苦，我很抱歉我们让它（爱）熄灭。请让我们重新成为一家人，让我爱你——比以前更爱你。"

1993 年春天，有天妮可又去找辛普森，显得十分落寞孤独，辛普森带她出去吃饭，席间聊起马库斯和凯瑟琳将借用罗丁汉姆豪宅来举办婚礼，而这时妮可却哭了起来，支支吾吾地吐露出一件事——她和马库斯发生过关系。

马库斯是知名橄榄球球星，也是辛普森最好的朋友之一。妮可称，因为辛普森拒绝和她交流，她只能经常找马库斯倾诉，两人便有了关系。此时距离婚礼只有几周了，而马库斯还在不停打她电话。

凯瑟琳在 2000 年和马库斯离婚，她后来说她并不知道此事，否则当年是不会结婚的。而马库斯一直在公开场合否认自己和妮可有过关系。

但是妮可的朋友以及妮可自己藏在保险箱的秘密日记都证实了此事。妮可说，马库斯让她感觉自己"美丽、性感、聪明"。据妮可的朋友罗宾·格里尔（Robin Greer）说，妮可似乎一直很喜欢马库斯，毕竟在她的整个圈子里，唯一一个在名气、地位和身材上都能和辛普森媲美的只有马库斯了，**更别说马库斯的体格比辛普森更强壮，还比辛普森年轻了13岁**。

那么妮可为什么要主动向辛普森坦白这件事呢？是出于良心难安？还是妮可潜意识里觉得只有条件更优越的马库斯可以证明她的魅力，再度激起辛普森的好胜心？

辛普森在书中自称听到这个消息后十分震惊，并没有嫉妒，但是我们若考虑到辛普森对妮可其他几任男友的反应，便会知道这几乎是不可能的。据辛普森的前经纪人迈克·吉尔伯特（Mike Gilbert）后来在书中说，辛普森曾威胁妮可："如果你再和马库斯一起，我会杀了你。"

一个强有力的竞争对手必然会激起辛普森的好胜心和占有欲，据辛普森自己在书中所说，知道消息的当晚，心情复杂的他便和妮可又重新睡到了一起。

1993年4月，妮可和辛普森留下孩子，单独去卡波圣卢卡斯度假，两人激情依旧。回到洛杉矶后，妮可看到辛普森家中保拉的照片，发表了一些刻薄的评价。辛普森自称很不高兴，他认为妮可自作多情，以为和他共度春宵后，他就会甩掉保拉。

他在书中写了他当时的心态：他对妮可有感情，对保拉也有感情，并且他和保拉的关系要平和许多，因此他并不打算作出改变。

那段时间辛普森瞒着两个女人，脚踏两条船。有天他和保拉起床后，目送她开车离开,而同一分钟,妮可的车停在了另一扇门口,走了进来,两个女人差点撞见。当辛普森把这"惊险"的一幕告诉哥们时,他们却都羡慕地说:"我们也希望有你这样的烦恼。"

那天辛普森和那些男性去卡波圣卢卡斯打高尔夫,可第二天妮可就带了孩子们又赶过去了,并和辛普森在当地一直住到1993年5月12日母亲节那天。经过几周的家庭相聚,他们正式考虑起要不要复合。

妮可想搬回豪宅住,但辛普森拒绝了,称万一他们相处不好,孩子们又得搬出去,会再承受一次创伤。**最后,两人共同决定开始一年的试验期,再决定要不要复婚。**

辛普森告诉保拉自己和妮可的这个决定,保拉冷冷地回复辛普森,她不可能等他一年。辛普森说保拉不开心时会变得非常冷漠、沉默,和性格激烈、爱吵架的妮可完全不同。

保拉后来称,妮可和辛普森有孩子,还有过去的回忆,妮可也懂得利用孩子达到复合的目的,如果自己和辛普森继续交往,妮可恐怕将永远成为他们关系的一部分,于是保拉决定离开。

妮可因为当时住的房子的租约即将到期,成天催促辛普森允许她带孩子搬回豪宅住,但辛普森表明了决心,让妮可遵守承诺,至少等到一年试验期结束后。

1993年10月,两个人重新开始约会后的某一天,辛普森突然在《国家询问报》(一个美国八卦小报)上读到了一篇关于他自己的报道。报道称,辛普森求着妮可与他复合,还向妮可道歉:"宝贝,我过去是个傻瓜,让你从我的指间溜走,而你是发生在我生命中最棒的事。"文章还提到辛普森出轨了许多女人,妮可甚至担心他会传染上艾滋病。

辛普森或许认为这是妮可或者她身边的人把消息捅给了报社,勃然大怒。

根据《华盛顿邮报》的报道,此后辛普森在相册里又看到妮可和某个前男友的照片,两个人又发生了争执。

那天回到家后,辛普森不停打妮可的电话,当妮可把电话搁起来后,辛普森冲到妮可的住所,踹开了后院的木门,对着躲在房子里的她咆哮怒骂。住在后院客房的卡托走出来,在一旁小声劝阻,但无济于事。

妮可打电话报警后,911接线员在电话里都能听到辛普森在门外的吼叫。妮可求辛普森小声点,别吵到孩子。而辛普森则重提1992年分居时的旧事,大喊大叫:"你在客厅里和其他男人干好事的时候怎么没考虑孩子!"

妮可哭着对911说:"他疯了!你们快过来,他会把我打死的!"当接线员问她以前是否发生过时,她说:"许多次。"

当警察到达后,辛普森还在疯狂咒骂。妮可对警察反复说她担心自己的生命安全,但是,她依然拒绝指控辛普森。

没多久,妮可和辛普森再次和好如初,一起度过了1993年的感恩节和圣诞节。

这是一个情绪跌宕起伏的圣诞假期。

在圣诞前夜(1993年12月23日),他们请一对医生朋友夫妇来家里做客,妮可在罗丁汉姆的房子里树起一棵两米高的圣诞树,树上挂着她亲手做的装饰物,一家人其乐融融。据那个朋友说,两人看上去感情极好,好像从未分开过。

第二天白天,他们还一起去妮可的父母家过节。到了晚上,一家四口去詹纳家参加聚会。**但是,随着妮可的模特前男友乔瑟夫走进詹纳家的客厅,一切都变了。**

辛普森立刻大发雷霆,抓住妮可的胳膊吼道:"我们回家,现在!"然后不由分说地把孩子们带离了派对。**由此可见,辛普森对妮可的前任们依然非常**

嫉妒。

1993 年的圣诞节还有个插曲,保拉给辛普森的豪宅送去了一个巨大的水果篮,并留了个字条:"亲爱的,节日快乐。很遗憾我们不能在一起。爱你,保拉。"

比妮可年轻七岁的保拉或许还是意难平,所以在圣诞节这天搞点小破坏,而妮可当时没把这个出局者太当回事。她不会知道,几天后的元旦,当辛普森去纽约为 NBC 电视台当球赛评论员时,偷偷在那里见了保拉。

1993 年底,自知一年试验期内无望搬回豪宅的妮可把离婚时分到的旧金山房产出售,在洛杉矶买了一套联排屋(就是案发地)。1994 年 1 月下旬,住了两年的房子租约到期,妮可带孩子搬进了新家。

妮可本打算继续租一间佣人房给卡托,但辛普森认为一个男人和自己的前妻一家住在一个屋檐下不合适,提出让他免费住到罗丁汉姆的客房里,等找到房子再说。卡托一直蹭住到案发,都没有找房子的意思。

卡托搬走时还欠了妮可四个月房租,而且自从搬入辛普森的豪宅后,他就再也不听妮可的使唤了,而辛普森拒绝听从妮可的建议赶走卡托,这一切都让妮可十分生气,她甚至怀疑卡托早就被辛普森收买了,过去一直在监视自己。

据旁人说,那段时间辛普森表现得也很好,会花更多时间陪伴孩子和妮可,扮演好丈夫、好爸爸的角色。1994 年 3 月,妮可、辛普森和他们的两个孩子,以及辛普森上一段婚姻的两个孩子,总共六人出席了好莱坞一个电影的首映礼。

同月,妮可、辛普森和他们的两个孩子,和克里斯·詹纳夫妇以及他们的四个孩子(考特妮、金、科勒、罗伯)一起去卡波圣卢卡斯过复活节。

此时距离他们约定的一年期限只有两个月,距离双重谋杀只有三个月,看上去两人正顺利走在复合的道路上,那么在这三个月里到底发生了什么,让两人的关系发生了天翻地覆的变化？

四、决裂

照辛普森书中的说法,妮可在最后那段时间霸凌卡托,殴打辛普森的女佣米歇尔,疑似因为吸毒和酗酒变得越来越古怪,整天和妓女、瘾君子——主要指妮可的女友法耶·雷斯尼克(Faye Resnick),厮混在一起,对他态度很差……一系列事情让他决定取消和妮可以及孩子们去迈阿密的旅行,并在1994年的母亲节——一年之约到期之日——向妮可提出分手。

他声称,分手时两人的气氛友好,甚至当夜他还留宿妮可家,并最后一次和她亲密。接下来的某天,他刚好得知保拉要到洛杉矶出差,便去机场接她。他告诉保拉,他和妮可的"一切都结束了",两人便又复合了。

这个掩饰、扭曲的版本显然不是真相。

首先,辛普森把自己和保拉的复合放到了母亲节(5月12日),以及和妮可分手后,意图证明自己在这一年之约中没有三心二意,但保拉后来在书中称,其实在整个一年中,辛普森不断求她复合,两人关系时断时续,从没有彻底中断。

此外,5月12日母亲节,辛普森送给妮可一对耳环,5月19日是妮可的35岁生日,辛普森又在卡地亚花五六千美元买了一只镶嵌钻石和红蓝宝石的手镯当作生日礼物。妮可收下了它们,但是在生日一周后,妮可突然归还了这两样礼物,并与辛普森决裂。显然,这两人的分歧是发生在生日之后。

综合各方的讲述,我推测出一个较为可能的版本。

辛普森在1993年春时因妮可和马库斯等人的交往,产生了强烈的嫉妒和好胜心,想赢回前妻对自己的崇拜和关注,阻止她投入其他男人的怀抱。但他此时内心深处只把妮可当成情人,并没有打算再接纳她为妻子。或者说,他发现自己那时的日子过得正舒服，没必要复婚。面对妮可积极的示好和猛烈的催促，他提出了一年之约的缓兵之计。

在这一年中他过上了非常"满意"的生活，既可以享受单身汉的自由，独占七个卧室的豪宅，又能时不时和孩子们团聚，体验"其乐融融的家庭生活"，还可以用"复合"这件事一直拿捏住妮可，让她按自己的意愿行事。

而妮可在这一年里也变得十分温顺，使出浑身解数（包括学打高尔夫等）讨好他，不再和其他男人约会。但是越接近母亲节，她就越焦虑，因为她的潜意识里已经觉察到辛普森并没有打算让她和孩子回去（所以辛普森在书中写道，母亲节前妮可莫名烦躁，抱怨她的衰老等等）。

辛普森在妮可生日时送上贵重珠宝，是想继续哄住她、稳住她，但这对于不达目的不罢休的妮可显然不起作用。约定的日子已经过了，妮可紧紧相逼，追问辛普森的决定。

就算不明说，辛普森迟迟不回复的态度也表明了一切。妮可可能也在这时得知保拉来到洛杉矶，又和辛普森在一起了。

妮可看穿了辛普森的真实目的——困住她一辈子，她感觉自己被愚弄了，便对复合彻底不抱希望了。她的自尊心受到伤害，恼羞成怒，把手镯和耳环都还给了辛普森，表明自己的态度：既然你不愿复婚，那么我们索性一刀两断（辛普森后来把手镯送给了保拉，并骗她是特意为她买的）。

那阵子，**妮可对男性朋友罗尔夫（Rolf）说，她这次必须向前看了，她想要过上更幸福、更平静、没有辛普森的生活。**

妮可不再温顺讨好，她想要彻底摆脱前夫的决定，又反过来激怒了辛普森。辛普森虽然不愿意和妮可复婚，但也并不愿意她完全脱离自己的控制，带着自己的孩子和其他男人开始新生活。他要惩罚"不听话"的妮可。

两个人彻底撕破了脸。据妮可的日记显示，辛普森威胁要停止支付抚养费，取消她对孩子的抚养权，还禁止她使用自己的豪宅作为报税地址。

根据美国的规定，当投资房出售后，如果立刻再买一套非自住的投资房，就可以免税。也就是说，妮可必须把新买的联排屋出租，才可以免税。于是自1994年1月起，她便把罗丁汉姆的地址写成自己的住址。在5月27日左右（就是妮可归还礼物的那几天），辛普森警告她不要再用他的地址，否则要向税务局举报她。

6月3日，妮可写了一篇日记，记录了辛普森对她的威胁和辱骂："你昨晚挂了我的电话，你会付出代价的，你拿了税务局退的钱，你会坐牢的……我已经对我的律师说了这件事，他们会查你税的，我等着瞧。你会被罚得分文不剩的。"

6月6日，辛普森给妮可正式发了律师信，禁止她使用自己的地址。第二天，妮可给圣莫妮卡女子避难所的家暴中心打电话，说她正被前夫跟踪，她很害怕，但她在电话中没说自己的姓氏，也没说辛普森的名字。

克里斯·詹纳后来在2015年的纪录片中说，妮可被杀害前不久，在多个场合对几位朋友说："**他会杀了我的，他还会脱罪的。**"但当时大家觉得她反应过激了，没有人相信她。

6月11日，保拉挽着辛普森的胳膊，参加了一个慈善鸡尾酒会。

但是第二天，保拉突然对辛普森提出分手。而这一天晚上，谋杀发生了。

五、案发当天

1994年6月12日，星期天，早上7点，辛普森和一个电视台主持人去打高尔夫，并在俱乐部打牌。

妮可也起了个大早，给孩子们做早餐，并带他们去买玩具，买鲜花。

14:00 左右,辛普森在厨房里打了好几个电话,当时卡托也在旁边。第一个是打给保拉的。保拉要求以女朋友的身份参加下午辛普森女儿悉尼的舞蹈演出,但辛普森不同意她去(辛普森在书中写是妮可不同意,但鉴于两人闹得很僵,妮可很可能没有机会在这种小事上表达意见,更可能是辛普森那几天和妮可正处于战斗中,心情很糟糕,不希望保拉去)。

和保拉吵架后,辛普森给多个女子打电话搭讪,表示自己最近过得不好。

保拉挂了电话后十分生气。她于当天傍晚给辛普森的手机留了半个小时的语音,提出分手,并表示她现在要飞去拉斯维加斯找歌手迈克尔·波顿(Michael Bolton)一起玩。

保拉为什么当天这么生气?或许她觉得自己被欺骗了,辛普森和妮可依然没有彻底断掉,所以才害怕她出现。或许她觉得辛普森不让她见他的孩子,表明他没有对这段感情当真。

多年后保拉说道:"我离开辛普森是因为他的谎言和背叛,也因为在棕榈滩和巴拿马城体会过他的暴怒。"

当晚,辛普森给保拉打了三个电话,保拉都没接。许多人认为,保拉提出分手,让辛普森更加迁怒于妮可,从而酿成惨剧。辛普森否认了这个动机,他表示自己没听语音信箱,不知道保拉提分手。然而,辛普森那天傍晚曾给一个球场啦啦队成员打电话留言,**说自己彻底恢复单身了**。

16:30,穿着吊带黑色短裙的妮可和父母、儿子贾斯汀参加了她8岁女儿悉尼的舞蹈表演。在看演出时,辛普森独自坐在其他人的后排。

那天妮可故意冷落辛普森,并拒绝辛普森和她的家人以及孩子一起吃饭。据妮可姐姐丹尼诗后来在法庭上说,那个下午辛普森的样子非常吓人,像疯了一样。

18:00,演出结束,妮可和其他家人一起去乐怡餐厅(也就是另一个受害人罗恩工作的餐厅)吃晚饭。辛普森则一个人回到家,向卡托抱怨妮可穿着"特别紧"的裙子,把她自己弄得像个笑话,还抱怨妮可"不允许"他一起去餐厅(后来在书中,他又改称妮可母亲邀请了他,是他不想去)。

20:30,吃完饭,妮可用信用卡刷了213.95美元。在回家路上,妮可带两个孩子在一家店吃了冰激凌。

21:00,妮可的好朋友法耶从戒毒中心打电话给妮可,妮可告诉她,自己对辛普森说:**"离我们远点!从我的生活中滚出去!我家不再欢迎你。(不清楚是在看演出时说的,还是此前在电话里说的)"**

法耶原本是美甲师,1986年第三次结婚时嫁给了比弗利山庄的富商,1991年离婚。她和妮可相识于1990年,在妮可离婚后两人经常一起玩。法耶多次吸毒并戒毒。辛普森很讨厌她,书中称之为"妓女"。

21:10,辛普森和卡托开着辛普森的宾利车到麦当劳买汉堡。

21:36,辛普森和卡托回到家。

21:37左右,妮可的母亲朱迪发现自己把眼镜落在了乐怡餐厅,另一个女儿帮忙打电话询问餐厅。

21:40左右,朱迪打电话给妮可,说了自己丢眼镜的事,让她明天早上去帮忙取回。

21:44左右,妮可打电话给乐怡餐厅,让自己认识的服务生罗恩听电话,罗恩同意在下班后帮她把眼镜捎过去。

21:48—21:50,罗恩准备下班,并把朱迪的眼镜装在一个白色信封里。他后来先回到家换了衣服,开车出门去和朋友聚会,打算顺路去下妮可家,交给她信封。

22:03,辛普森用车载移动电话打给保拉,但保拉没接,转到了自动应答机。

据警方推测：22:00—22:30，辛普森开车前往两英里外的妮可家作案。辩方后来声称这时候辛普森正在自家后院里练习打高尔夫，但他们没有解释如果他在家，为什么他不用家里的座机，而要去车上用手机打给保拉。

22:15左右，妮可的邻居巴勃拉·芬伊夫(Pablo Fenjves)正在家看电视时，听见外面传来人的喊叫声，并且狗一直在吠。

22:30左右，妮可的另一个邻居罗伯特·海德斯特拉(Robert Heidstra)听到一个男人大叫："Hey, Hey, Hey!"并在这时候听见狗叫。而另一个男声含糊不清地咕哝了几句，疑似为凶手。

警方推断，罗恩开车去送眼镜时，刚好撞见凶手袭击妮可的现场，他立刻大喊着上前阻止。凶手发现自己的罪行被人撞破，从而对罗恩也杀人灭口。

22:25，加长豪车司机艾伦·帕克(Allan Park)到达辛普森家门口，他当晚要接辛普森去机场。他是一个特别守时的司机，比约定的时间早到了一会。

22:40，帕克特意等到了约定时间才去按院子外的对讲门铃，但按了三次，一直无人应答。（卡托、辛普森的大女儿艾利尔当晚住在客房，由于房子很大，他们的房间听不到门铃声）

警方推断22:40左右，凶手逃离妮可家。

22:48左右，妮可的女邻居吉尔·夏夫利(Jill Shively)去完超市正驾车回家，当她正常过马路时，看到一辆白色福特闯了红灯，差点撞上她和一辆尼桑车。当三辆车挤一块时，她看见辛普森把头探出车窗，对着尼桑车车主大喊着："挪开！别挡道！"她准确记下了辛普森的车牌号，还找到了带时间戳的超市收据。

本来这是一个对辛普森很致命的证词，但吉尔在开庭前把她对警察说的话以5000美元的价格卖给了一家小报，损害了她的可信度。女检察官克拉克一怒之下取消了她的证人资格。

22:49,帕克打电话报告老板,辛普森不在家。老板让他等到23:15,并说辛普森这人老是迟到。

22:52左右,卡托正和朋友打电话,听见房间的外墙上传来两三声巨响,并把他墙上的装饰画都震歪了,让他以为地震了。

22:54,帕克看见一个约1.83米高,180斤重的黑人男子(符合辛普森外形)从院子急匆匆走进房子。

22:56,卡托走到房子外面,想检查一下刚才外墙上的巨响是什么。他这才看见加长豪车停在大门外。

帕克又走出车子按了门铃,这次辛普森接听了。他称自己睡过头了,刚冲完澡出来,所以之前没听到门铃。

23:10左右,辛普森走出罗丁汉姆的房子,带了五个大包坐上加长豪车。他离开之前还和卡托一起简单搜索了下,看看是否有人闯入院子。

23:15,加长豪车离开,前往洛杉矶机场。23:45,辛普森的飞机起飞。

接下来发生的我之前已经介绍过了,00:10,秋田犬带着一对夫妇来到妮可家的门前,妮可和罗恩的尸体被人发现。

六、审问和逃跑

在早上5点左右,本区分局警探马克·福尔曼(Mark Fuhrman)和来自市中心分局的警探菲利普·凡纳特(Philip Vannatter)、兰格(Lange)等人来到辛普森家门口,他们的本意是想通知辛普森妮可遇害的事,但按门铃始终没人应。

他们发现那辆停在大门外私人车道上的白色福特车身上有明显的血迹,起初他们担心这房子里会不会也发生了凶案。

当他们一行人准备翻墙进去时,吵醒了住在旁边客房的辛普森的大女儿阿莉尔,她开门让他们进入房子。

当凡纳特和兰格带人询问阿莉尔时，福尔曼等人则叫醒了正在睡觉的卡托。卡托回忆起他在 12 日夜里 11 点前听到房子外墙传来巨响一事，于是福尔曼去他所指的地方看了看。

房子背面是一条阴暗潮湿的巷子，和外界隔着一个铁丝网。地上满是落叶、泥土和垃圾，墙上装有空调外机，福尔曼自称看到空调外机下面的地上疑似有一只黑色手套，立刻想到在妮可家也有一只，他没有触碰证据，而是立刻回去找犯罪学家来检验。

早上 6 点多，警探兰格终于打通了辛普森的电话，告知他妮可出事了。兰格在过去 20 年间经手过 100 起谋杀案，凭经验觉得辛普森在电话中的表现异常——他不像大部分受害人家属会追问五个 w（谁干的，在哪儿，什么时候，发生了什么，为什么），他一个问题都没问，只是表示他会回来。

早上 7 点多，警方宣布该豪宅也是犯罪现场，并随后取得了搜查令。他们细致搜查了房子和车子，发现了多处血迹，并把样本带回实验室化验，但始终没有发现凶器。

辛普森从芝加哥回到家后，发现自家被记者包围，屋内有许多警察在等他。而冲在最前面迎接他的，便是他的好友罗伯特·卡戴珊。后来也是卡戴珊替他一手张罗了被称为"梦之队"的律师团。

警察带辛普森回警局询问时，辛普森自称案发时一直在家。**警察注意到他的左手中指上有个很大的创可贴。大家还记得吗？**此前提过，凶手逃跑时留下的血脚印的左侧也有血滴，加上左手手套掉落，痕迹勘察人员最初判断凶手的左手流血。

辛普森称，他是在芝加哥酒店里听到妮可死亡的消息后，不小心打碎一只玻璃杯弄伤了自己。但是当警探兰格告诉他，在福特车上也发现了一些血迹后，辛普森立刻改口称自己是在去洛杉矶前就弄伤了手指，但不记得怎么弄伤的。**医生后来检查发现，在辛普森的左手手指上有三道割伤，左手上还有一些抓痕。**

通常警方会拘留嫌疑人24小时，但这回他们询问了一下就把辛普森放走了，理由是："他可是辛普森啊，跑到哪儿都会被人认出来，能跑哪儿去？"这让检察官玛西亚·克拉克十分不满，认为辛普森可能会毁灭证据或者威胁证人。

警方取得了逮捕令，而卡戴珊替辛普森找来的律师罗伯特·夏皮罗（Robert Shapiro）则与警察协商，让辛普森于妮可葬礼后的第二天（6月17日）上午主动去警察局报道，这样会比把他从家里带走造成的舆论动静小一些。

6月16日是妮可的葬礼，辛普森带着两个孩子参加。妮可母亲十分悲痛，问辛普森，他是否和妮可的死有关，辛普森断然否认。但辛普森在葬礼上称，他仍在生妮可的气。

第二天约定"投案"的时间10点钟已到，辛普森却迟迟没有现身。等到下午一点，警察上门逮捕辛普森时，却发现他留下一封信后消失了。

罗伯特·卡戴珊对着所有媒体的镜头朗读了这封信，这也让他名声大噪：

亲爱的各位：

首先，我与妮可的谋杀案无关。我爱她，一直都爱着，而且将永远爱着她。如果我们有问题，那是因为我太爱她了。

最近，我们达成了一个共识，暂时来说我们不适合在一起，至少暂时不适合。尽管我们相爱，但我们很不同，这就是为什么我们双方同意分开的原因。

第二次分手很艰难，但我们都知道这是最好的决定。在我心里，我毫不怀疑在未来我们会成为亲近的朋友，甚至更多。不同于媒体所写的，妮可和我大部分生活的时间里都有很好的关系。像所有长期的感情一样，我们也有过一些低谷和高峰。

1989 年新年我承受了巨大的压力,因为那是我应该做的。我不是因为别的原因认罪,而是为了保护我们的隐私,有人建议我这样做会平息媒体的炒作。

我不想再多谈论媒体了,但我无法相信他们所说的一切。大部分都是捏造的。我知道你们也有自己的工作要做,但作为最后的愿望,请,请,请,让我的孩子们安宁。他们的生活已经够艰难了。

我想对所有的朋友表示我的爱和感谢。对不起,我不能列出每一个人,特别是 A.C.,谢谢你一直在我的生活中。我得到了很多人的支持和友谊:韦恩·休斯、刘易斯·马克斯、弗兰克·奥尔森、马克·帕克、本德尔、**鲍比·卡戴珊**。我真希望我们能多相处一些。还有我的高尔夫伙伴们:霍斯、艾伦·奥斯汀、**迈克**、克雷格、本德尔、怀勒、桑迪、杰伊、唐尼,感谢你们的陪伴。

所有这些年来的队友们:雷吉,你是我职业生涯的灵魂。阿哈德,我一直为你感到骄傲。**马库斯**,你身边有个很棒的女人**凯瑟琳**,不要搞砸了。鲍比·钱德勒,感谢你一直在那里。斯基普和凯西,我爱你们,没有你们,我不可能走到今天。

玛格丽特,谢谢你陪伴我度过了早年的时光。**保拉**,我能说什么?你很特别。对不起,我不会有机会了,我们不会有机会了。上帝把你带到了我身边,我现在明白了。当我离开时,你会在我的心中。

回顾我的一生,觉得我做了大多数正确的事情。但为什么我会以这种方式结束呢?无论结果如何,人们都会看着我并指责我。我无法忍受那种压力,我无法让我的孩子们承受这种压力。这样一来,他们可以继续生活下去。

如果我一生中做了一些有价值的事情,请让我的孩子们远离媒体的骚扰,过上宁静的生活。

我过得很幸福,我为我的生活感到自豪。我妈妈教导我要待人如友。我总是尽力友善和乐于助人。但为什么会发生这种事呢?

我为高德曼一家感到抱歉,我知道他们有多么伤心。

妮可和我一起过得很幸福,媒体对我们关系不好的说法不过是每段长期感情都会经历的事情。她的朋友们会证实,我一直对她的处境非常理解和爱护。

有时候,我感觉自己像是被家暴的丈夫或男朋友,但我爱她,向所有人明确这一点。我愿意付出一切来使这段感情继续下去。

不要为我感到遗憾。我过得很好,有很多好朋友。请记住真正的O.J.,而不是这个迷失的人。

感谢你们让我的人生变得特别。我希望我也曾让你们的人生变得特别。

和平与爱,O.J.

那么辛普森此时去哪儿了呢?

18:20,有司机在高速路上发现辛普森正坐在他的老友 A.C.驾驶的白色福特车上(A.C.有一辆和辛普森同款的车),便报了警。

随后便出现了美国历史上最著名的追捕行动,十几辆警车开上高速,空中盘旋着各家电视台的直升机,高速路上站满了看热闹的市民。当晚本来有NBA总决赛,可几乎所有电视台都掐断了正在播的节目,改为直播追逐的场面。整个美国的电视机前,约有近千万人收看现场直播。

A.C.漫无目的地在高速上开着车,律师夏皮罗通过电视台劝告辛普森投降，而辛普森坐在车上一边用枪指着自己的头，一边给警察打电话，说他想随妮可一起去。警方担心他一路向南就会离开边境去墨西哥，又担心逼急了他真的会自杀，所以只能慢悠悠地跟在后面。

辛普森还在车上给他妈妈打了个电话，并喝了一杯果汁。最后，**这场低速追捕闹剧以 A.C. 把辛普森送回罗丁汉姆的家收场**。

辛普森声称自己并不想逃跑，只是想看看妮可的坟墓。但是警方随后在车上搜出一只包，里面装有 8750 美元的现金、假胡子、装满子弹的手枪和一本护照。

后来有人问辛普森："你是想要自杀吗？"辛普森回答："我不知道我要做什么，我只想它（整个事情）停止。"这或许是真话，他当时想过逃跑，但又知道自己太有名，跑哪儿都无济于事。

接下来辛普森就要面对双重谋杀的指控。卡戴珊如同他的情绪稳定剂，一直陪在他身边，给他到处张罗律师，还建了一个 800 热线，让民众帮忙找出"真凶"。很多民众打来电话说就是辛普森干的，也有一些拥护者打来电话，猜测是保拉杀的，或者提出妮可和罗恩互杀等各种奇怪的推论。

据警察在多年后的纪录片中回忆，当他们提出测谎时，辛普森拒绝了，他的理由是，他总是做梦想要杀死妮可，担心因此影响测谎结果的准确性。这个理由让警察都诧异。**最后辛普森的律师夏皮罗安排他做了测谎，测试结果只有负 24 分，属于最差的得分**。

1994 年 7 月 22 日，辛普森被法院传讯，法官问他是否认罪，他回答："绝对百分百没有罪，法官大人。"

七、证据

那么检方到底有什么证据指向辛普森是凶手呢？

（一）不在场证明

辛普森声称自己当晚一直在家独自练习高尔夫球，而那辆白色福特也一直停在罗丁汉姆路的大门口，但大量证人的证词却相反。

21:36，卡托和辛普森从麦当劳回到家后，一直到23:00左右，家中没人看见辛普森。

21:30—21:45，这中间的某个时刻，辛普森的邻居查尔斯·凯尔（Charles Cale）遛狗经过辛普森家的罗丁汉姆路大门，没有在路边看见那辆白色福特。

22:02，辛普森用车载手机，给保拉打电话。

22:22—22:30，加长豪车司机艾伦来到辛普森家门口，停在阿什福德（Ashford）路的大门口。他当时经过罗丁汉姆路的大门口时，没有看见后来才出现的白色福特车。

22:40、22:43、22:49，艾伦按了三次对讲门铃，都没人应答。

22:48，女邻居吉尔在妮可家附近看见辛普森开着白色福特车（此证人没有出庭）。

22:54，艾伦看见一个他认为是辛普森的高大黑人从院子走进房子。

以上证人证明辛普森很可能案发时间开着福特车出去了，直到案发后才回到家。

（二）物理证据

1. 毛发证据：妮可家的现场掉了一顶深色编织帽，在帽子内部发现的头发与在罗恩的衬衫上发现的头发一致，也都和辛普森的头发相符。

2. 纤维证据：福特车地毯上有一种棉纤维，这种纤维出现在了案发现场的帽子上，也出现在辛普森家找到的手套上（可能帽子和手套曾被放在或者掉在车子地板上）。

3. 血液证据：警方共搜集了61滴血液证据。它们出现在妮可家，辛普森的福特车门把手上、车内各处,车子所停位置和辛普森家门之间的小道上,辛普森家的前厅和主卧里。也就是说,这符合一个连贯的线路。

凶手的左手疑似受伤,在后门的血脚印旁留下了血滴。实验室采用了当年最先进的 RFLP 测试(发展最早的 DNA 技术)来对血液进行匹配。测试结果显示,妮可家犯罪现场出现的凶手血迹在 1.7 亿人中只有一个人符合,而辛普森刚好符合。此外,辛普森在案发当天刚好左手上有个新的伤口。

在辛普森卧室的地板上找到两只黑袜子,上面沾有血迹,RFLP 测试显示,68 亿人中只有一人符合,而妮可符合,她可能也是地球上唯一匹配的那个人。

RFLP 测试还显示,在妮可家找到的左手手套上,有妮可、罗恩和辛普森三个人的混合血迹。在辛普森福特车上,有罗恩的血迹。

4. 在妮可家找到的左手手套是 Aris 牌,XL 码,在辛普森家巷子里找到的右手手套正好与它是一对。根据记录,1990 年妮可曾在商场买过一副同样的手套。而从 1990 年到 1994 年 6 月,有许多人见过辛普森戴这副手套。

5. 警方发现留在现场的脚印属于一双 12 码的布鲁玛妮(Bruno Magli)的鞋子。辛普森的脚正是 12 码(相当于中国的 46 码)。而且辛普森的白色福特车的地毯上也留有同款鞋子的鞋印。

(三)作案动机

妮可过往的报警电话和与朋友的谈话,都显示辛普森有暴力历史,并且威胁过会杀害她。案发前一个月辛普森和妮可之间的矛盾逐渐激化,而他又听到语音留言,得知自己因为不让保拉观看演出而被甩,从而对妮可的愤怒达到顶点。

辛普森具有作案动机。而现场凶手对妮可的踩背、割喉等行为,也显示凶手正处于巨大的愤怒之中,而非仅仅为执行谋杀任务。

如果证据那么充分,辛普森为何能成功脱罪?

八、庭审

这起案子的庭审被称为"世纪审判""谋杀审判的超级碗",它历经 11 个月,花费纳税人 1500 万美元,控辩双方共请了 150 个证人出庭。

辛普森在请辩护律师上毫不吝啬,花费了 350 万到 600 万美元,组建了一支"梦之队"。它包括顶级刑事律师罗伯特·夏皮罗(Robert Shapiro)、在黑人群体中颇有声望的民权律师约翰尼·科克伦(Johnnie Cochran)、知名刑辩律师 F·李·贝利(F. Lee Bailey)以及罗伯特·布莱齐尔(Robert Blasier)、肖恩·查普曼·霍利(Shawn Chapman Holley)、卡尔·道格拉斯(Carl Douglas),以及卡戴珊等人。

面对这一大帮经验丰富、咄咄逼人的大牌律师,日裔法官伊藤(Ito)似乎控制不了法庭局面,时常被牵着鼻子走。

在辩护团队中,最核心的人是辛普森自己,他积极出谋划策,指挥其他律师替他干活,也对自己的智力很自信。辩护律师卡尔·道格拉斯后来回忆,辛普森是他至今见过的智商最高、最积极主动的客户。有次辩护团队商量想要攻击法官伊藤时,辛普森立刻阻止说:"你们看不出来吗? 这些陪审员都把伊藤当成爹,如果你们攻击了他们的爹,他们会怎么做?"

罗恩的父亲说,辛普森一到现场便像明星一样,傲慢地大笑、和人握手、隔着栏杆拥抱亲人,完全不尊重开庭的严肃性,这让罗恩的家属更加痛苦和气愤。

虽然辛普森没有上证人席接受询问,但是依然用自己的方式和陪审团进行沟通,譬如当屏幕出现妮可时,他会显得不忍观看、移开目光,当听到那些对他不利的证词时，他会在被告席连连摇头，予以否认。

经过控辩双方漫长的博弈，最后选定的陪审团 12 人，**性别比例为十女两男；种族比例为八名黑人（六女两男），两名西班牙裔，一名白人，一名白人和印第安人混血，也就是说黑人占绝大多数**。这个种族比例对检方是不利的，因为根据此前的民调，大部分白人认为辛普森有罪，而大部分黑人认为他无罪。

众所周知，刑事陪审团制度定罪要求一致性，即十二个人的意见要百分百一致才能定罪，只要有一个陪审员不同意，就不能定罪。可想而知，在这样的种族比例下，对检方的挑战太大了，他们需要说服所有陪审员认同辛普森有罪，而辩护律师只要说服其中一个人就够了。

陪审团是控辩双方共同挑选的，检方怎么会同意这个种族比例呢？为什么不是黑人和白人各占一半呢？

我后来读了一些文章后得知，检察官克拉克凭借以往的经验认为，黑人女性爱憎分明，通常是很好的陪审员，并且她认为辛普森背叛黑人前妻、娶了白人女子，这些黑人女性不会再认可和同情他，因而，她更注重挑选女陪审员，而在种族比例上有所妥协。此外，由于当年的种族冲突背景（下文会讲述），这样挑选可能也是为了平息黑人群体的疑虑。

1995 年 1 月 24 日，本案开庭。

按照检方的理论：妮可想要彻底离开辛普森，于是一个充满嫉妒、愤怒的前夫拿了刀、戴了帽子、手套伪装，冲到妮可家，在 22:15 左右杀害了和自己纠葛不断的前妻。而此时罗恩刚好来还眼镜，撞破这一幕，他上前阻止，在顽强抵抗十多分钟后，依然被辛普森杀害。辛普森在和罗恩的打斗过程中被扯掉左手套，弄伤自己的左手，他杀完人后顾不上或没注意到手套掉了，就逃离现场，驾车回到自己家。

他怕司机艾伦看见，便把车停在另一个门口，从房子背后的巷子里翻墙进去,但他翻墙时撞在卡托客房外的空调外机和外墙上,他口袋里剩下的那只右手套也在无意中掉落。

辩方的理论则是,辛普森的双手有严重的关节炎,没有能力拿刀连杀两人。案件发生在22:40分左右,此时辛普森正独自在家练习高尔夫。凶手是个毒贩,因为法耶欠钱不还,他本意是要去妮可家吓唬一下法耶(这里补充下,法耶在6月9日前曾在妮可家借住过几天,其间妮可打电话告诉法耶前夫,她在吸毒且情绪失控,最后法耶在朋友们的劝说下进了戒毒所,三天后妮可被杀)。辩方认为,毒贩杀害妮可是认错了人,而罗恩刚好目睹妮可被害,也被毒贩杀死。

检方总共召唤了72名证人,第一组证人是妮可和辛普森的亲戚朋友们,以及一个911接线员。**他们证明辛普森有长期家暴妮可的历史,有动机杀害妮可。**

妮可的姐姐丹尼诗说,辛普森时常羞辱妮可,譬如在她怀孕时叫她肥猪(fat pig)。有次在她和其他朋友在场的饭局上,他突然用手抓住妮可的裆部,说道:"这是小孩生出来的地方,它属于我。"丹尼诗认为这个行为非常羞辱人,但妮可只是装作没听到,似乎被这么对待惯了。

还有一次,她和一个男子一同去辛普森家作客,四人围坐在一起闲聊时,她指出辛普森平时对妮可不够重视,仅仅这句话就让辛普森破防失控。他吼道:"我为她做了一切,我给了她一切!"然后开始扔家里的物品和妮可的衣服。接着,他抓起妮可把她扔到墙上,然后又从地上拎起她,一边大吼着:"滚出我的房子!"一边把她扔出门,导致妮可的胳膊肘和后背着地。丹尼诗吓得尖叫,辛普森也把那名男子和她先后扔出了房子,并大喊:"滚出我的房子!"

还有一个辛普森的前朋友罗恩·希普(Ron Shipp)作证,曾听到辛普森以开玩笑的口吻说:"我梦到过好几次杀死妮可。"

第二组证人证明辛普森有机会和时间杀害他的前妻和罗恩。豪车司机艾伦的记忆清晰、有条理，他除了讲述那天的时间线外，还叙述辛普森上他车时带了一个黑色包，并且不让他触碰这个包。辛普森从芝加哥回洛杉矶后，再也没有人见过这个包。

洛杉矶机场的一个行李搬运工则声称看到辛普森站在一只垃圾桶旁边。检方认为这个包里就装着那把失踪的凶器和当天带血的衣物，而辛普森到达机场后就扔掉了它们。

最后，检方请出警察、实验人员、专家来展示对物理证据（血液、头发、纤维、脚印）的分析。检察官克拉克认为，辛普森这个案子的物理证据实在太多了，是她起诉过的案子中最充分的一个，最重要的是还有那个年代刚被应用于刑侦的 DNA 技术来佐证。

那么，检方为何最终会输掉官司？

九、血液证据

庭审时检方呈现了在现场采集的 61 滴血的 108 项证据。这些证据被送到三家独立的实验室通过不同的实验进行检验，交叉验证的结果完全一致。检方也把证据样本提供给辩方，让他们自己找实验室检验，但辩方拒绝了。

当那些发现血液的警员、专家、实验人员一一出庭时，负责交叉诘问的律师巴里·舍克（Barry Scheck），要不指责他们操作过程不专业，要不指责他们工作年限短、没经验。

丹尼斯·冯（Dennis Fung）是洛杉矶警局的华裔犯罪学家，负责分析犯罪现场的证据，他出庭详细讲述了自己是如何采集每滴血和其他证据的。他被舍克诘问了 9 天，是被问时间最长的一个证人。交叉诘问结束后，辩方律师纷纷和他握手，讽刺他那稀里糊涂的回答帮了检方的倒忙。譬如，冯说在 6 月

13 日(案发那个凌晨)没有看见后门有血滴,也没有看到袜子上有血,但他的同事加里·西姆斯(Gary Sims)出庭时证明那个凌晨拍的后门照片上明明有血滴,西姆斯也向陪审团展示黑袜子上的少许血渍,但光凭肉眼是看不见的,只有显微镜下才能看到。

律师挑各种角度询问冯在操作过程中的不足,冯承认在靠近尸体的篱笆上有几滴血他没有第一时间采集,是几周后返回那里采集的,而且在采集所有证据时他都没有戴橡胶手套,同时承认他把血迹装在塑料袋子里,存放在面包车上长达 7 个小时。

对另一个日裔犯罪学家科林·山内(Collin Yamauchi),辩方律师也采取了同样的方式,指责他做实验的中途没换手套。山内坚持他是用吸管和单手操作的,手套没触碰到样本,还反唇相讥辩方的专家李昌钰做实验也不换手套。

律师舍克提出,由于冯等人收集血液后没放进纸袋,而放进了塑料袋,并且没有及时冷藏,而造成凶手的 DNA 被细菌性降解,100％消失了。而后在洛杉矶犯罪实验室里,实验人员先由于误操作,让盛放辛普森、妮可和罗恩这三人血液的管子里的血交叉污染,接着又让这混合血液污染了绝大部分证据。

以我们 21 世纪具备的常识来看,舍克提出的理论几乎不可能成立。但1995 年时公众都没听说过 DNA 技术。检察官费九牛二虎之力向陪审团解释DNA 是个什么东西,它可以有多么精确和可靠,都不如辩方律师抛出的谜团吸引人。有陪审员后来出书说,巴里·舍克是"梦之队"中最有说服力的律师。

十、栽赃论

随着黑人律师科克伦的中途加入,替代夏皮罗成为团队领导,"梦之队"也转变了策略:他们不再攻击警察和研究人员的不专业和误操作,而转为指责警察种族歧视、贪腐、故意栽赃。他们商量,在这么多证据中,只要找最重要的两三条来"推翻"，就可以降低其他几十条证据的可信度了。

后门滴血

辩方律师提出的第一个栽赃论是：警探凡纳特从辛普森被抽取的血样中偷走了 1.5 毫升，滴在了妮可家的后门等处。

妮可和罗恩的血从尸体上抽取后就直接被送进了实验室，但是辛普森的血却有争议。辩方曾问护士抽了辛普森多少血，护士估计大约 8 毫升，辩方减去实验记录用掉的血，认为有 1.5 毫升血不翼而飞。

后来在交叉诘问时，护士称他当时抽的应该就是 6.5 毫升，法医实验室主任则称在操作时难免有损耗，不会那么精确。

6 月 13 日，也就是尸体被发现的当天下午 3:30，回到洛杉矶的辛普森就被带去监狱医院抽了血。警察凡纳特从护士那里拿到装在密封信封里的血样后，要交给丹尼斯·冯带回去比对，而冯当时正在罗丁汉姆豪宅做勘察。医院监控显示，下午 4:00 凡纳特开车离开医院，送去了那里。犯罪现场的登记簿显示凡纳特下午 5:20 到达房子，而冯自己当天的笔记也显示他在下午 5:30 收到血样，信封是密封状态。

律师舍克不断和冯绕圈子，试图让他承认自己记错了，其实凡纳特是 14 号才给了他那管血液，但冯这回没被绕进去，坚持没记错日子。

虽然冯在法庭上作证，他收到信封时是密封的，而且从监狱驾车到罗丁汉姆豪宅的距离和耗时也能对应上，凡纳特没有时间去妮可家造假，但律师舍克还是向陪审团抛出阴谋论——警探凡纳特偷了 1.5 毫升血，中途去了妮可家，滴在了后门。后来在结案陈词中，律师科伦特还指责冯说谎包庇凡纳特。

袜子

辩方提出的第二个栽赃理论关于那双袜子，这里李昌钰出场了。

李昌钰当时作为康州犯罪实验室的痕迹检验专家，95% 的时间为检方作证，但有时也在外面接私活替辩方作证。他作为辩方证人，在许多知名谋杀案中出现过，并帮助被告摆脱罪名，譬如我之前写过的楼梯悬案、蕾西案、可莉案等。

有些证据，譬如笔迹鉴定、血液痕迹鉴定、精神鉴定等，本就存在一定的主观解读，不像 DNA 数据那么客观，所以当辩方专家和检方专家得出截然相反的结论时，陪审团不具备专业知识去判断哪个专家说得对，只能看谁更资深，更有名。对于辩方律师而言，他们花大价钱购买的就是专家的信用担保。

当时李昌钰只是在业内有名，还不被大众所熟悉（在本案后变得全国闻名），所以律师舍克一开始就问他出过多少著作，参加过多少专业协会，以增加他在陪审团心中的威望。接着，大部分时间，舍克引导李昌钰指出洛杉矶警方的不专业之处，譬如拍摄地上的血迹照片时没有把尺子放在旁边，疑似把血迹未干的袜子装进一个袋子造成血迹转移等等。

由于肉眼难以看到袜子上的少许血渍，所以这双袜子在实验室放置了一个多月后，实验人员才在袜子的脚踝处检测出了多处、少量血渍，并经 DNA 比对，认定它们属于妮可。这是把辛普森和本案联系起来的关键证据。但李昌钰和辩方的另一个专家赫伯特·麦克唐纳（Herbert MacDonell）提出，袜子的脚踝上发现的血迹分布不像是穿在脚上时弄上去的，而像是袜子平放时被甩上去的。

在检方的交叉诘问时，李昌钰承认，袜子上的血迹状态也可能是辛普森自己碰过袜子或者实验人员用棉签做血液检测时导致的。

李昌钰的讲解生动有趣，他还和后来他在其他案子中的出庭一样，现场表演甩墨水，以展示不同形态的血迹。他对辛普森的主要贡献是对脚印的分析。

他在分析警察拍的现场照片后认为，在妮可屋外的走道上有一个血脚印，在罗恩的裤管和装眼镜的信封上还有印记，它们都和 12 码的布鲁玛妮鞋不

同。他从而推断，现场有两个凶手，更支持"毒贩作案说"。

检方指出，血脚印可能是当晚哪个警员不小心留下的，但李昌钰否定了这个猜测，他说他知道警察的鞋底长啥样，和这不同。

李昌钰因本案名声大噪，第二年他被请去替另一案件的嫌犯作证，使用了类似的方法。那个案子的嫌犯是台湾富商的妻子，但李昌钰在看了现场照片后称，沙发上有块模糊的血迹其实是个血手印，它比女人的手大，从而得出结论，现场至少有一名凶手是男性。

那么本案中这个"血脚印"到底是什么呢？

9月站上证人席的是FBI顶级足迹专家威廉姆·博兹阿克（William Bod-ziak），著有教科书《足迹证据》。他作为检方证人，驳斥了李昌钰的证词，**指出过道上的"血脚印"其实是几年前铺路工人踩在未干的彩色水泥上留下的印子**（后来证实他是对的）。而过道上还有一个淡红色污渍在案发当天的照片上并没有，11天后李昌钰去拍照才出现，可能是某人踩到附近浆果之类的果实，在经过时留下的。至于信封和裤管上的"印记"并非脚印，可能是罗恩的带血衬衫扫过时留下的。

李昌钰当时说了句名言："在目前的情况下我唯一的意见，就是感觉有什么不对劲。"（something's wrong）这句话被舍克解读为，李昌钰也认为证据是栽赃的。

我查阅了1995年的《洛杉矶时报》，有记者就FBI专家的驳斥采访了李昌钰。他表示"后悔卷入整个事情"，"整个庭审变成了一场游戏"，而他"不喜欢玩游戏"，他不会再上法庭去和FBI专家辩论了。李昌钰还强调，他只说过过道上的那一个是"脚印"，至于裤子、信封上的那些，他当时用的词是"印记"（imprints），是有人故意曲解为"脚印"（footprints）。

不过，陪审员在整个开庭期间都是封闭的，看不到庭外的这些报道。事后有陪审员称,李昌钰是"最可信的证人","对许多陪审员产生了影响"。

辩方的这种血液栽赃论也不是不能被验证。如果现场的血迹真的被实验室保存的小管子里的血液污染了或者被警察栽赃了,那么里面应该能检测出一种叫EDTA(乙二胺四乙酸)的化学物质,这是一种在辛普森、罗恩、妮可的血液管子里都添加的抗血凝剂。检方向辩方提供了血样证据,但辩方拒绝自己找专家检验EDTA。

由于很早就获悉辩方将从这个角度攻击证据,检方在开庭前就联系了FBI化学毒理学部门的首席专家罗杰·马茨(Roger Martz),请他检测两个关键证据(妮可家后门的辛普森滴血和辛普森袜子上的妮可血迹)中是否含有EDTA。马茨研发了一套检测EDTA的方法后,得出结论:在血液管子里有EDTA,而在作为证据的样本中不含EDTA。

关于EDTA的数据比较复杂。由于这是极为常见的防腐剂,在美国人常吃的食物如蛋黄酱、罐头豆子等里面都有,所以马茨给自己抽了一管血后发现,在他的新鲜血液中竟然也能检测出EDTA,他甚至在妮可的一件未接触过血液的外套上也检测出EDTA。但是马茨发现,自己血液中的EDTA含量和后门滴血以及袜子上血液的EDTA含量接近,而添加过EDTA的小管里的含量则高得多了,两者不是一个级别。所以在设置参数后,他得出了上述结论。辩方虽然没有找专家检测,但找来专家字面解读马茨的检测报告,想驳斥这个结论,最后那个专家被证明误读了在法庭上引用的论文。

手套

辩方提出的第三个栽赃理论则关于那只手套。

现场并没有留下凶手的指纹,且有遗落的手套,指向凶手戴手套作案。这副手套是属于凶手的,对于这点,辩方和检方并没有分歧。但双方的分歧在于,辩方认为真凶另有其人,而检方则认为手套就是辛普森的。

此前我提过，妮可在 1990 年曾买过一副这个牌子的皮手套，而辛普森在此后几年中，也在多个公开场合戴过这副手套。但在 1995 年 6 月 15 日那天，那副手套却成了对检方的致命打击。

那天在法庭上，黑人律师科克伦不断刺激黑人副检察官克里斯托佛·达登（Christopher Darden）说，这个手套不是辛普森的。

本来几名检察官事先已经一致决定，不让辛普森戴手套，但达登经不住挑衅，自作主张地提出让辛普森试戴手套。他还特意要求辛普森站到陪审团面前演示，让他们看个清楚。于是，两名警卫带辛普森来到陪审团的座位面前，让他先戴上一次性保护手套，再戴皮手套。

达登在旁边着急地指挥着："往上拉，往上拉。"辛普森看似费劲地拉扯，但手套却紧绷着，始终无法完全戴上。辛普森得意地举起双手，向法庭上所有人展示明显偏小的手套，说道："它们不合适，看见没？它们不合适。"

法庭上顿时哗然，许多人情不自禁地站了起来。

庭审结束后，手套戴不上的原因才被正式讨论。这是一副真皮手套，而真皮遇水会缩水。这副手套先是吸收了大量鲜血，后又作为重要证物，几次被冷冻、解冻，**已经缩水**。此外，辛普森的双手患有关节炎，长期服药控制病情，但在开庭前一个半月，他停止了服药，导致关节肿大。**手大了，手套小了，自然戴不上了。**

辩方趁机提出，这副手套不是辛普森的，凶手另有其人。

虽然检方当时也立刻辩称手套缩水了，但辩方的理论配合这戏剧性的一幕，远比检方的理论更吸引人，特别是当两个月后，捡到手套的警探福尔曼的人品遭到了严重质疑。

1995 年 3 月 9 日，警探福尔曼首次作为检方的证人坐上证人席，讲述他发现其他物证以及手套的经过。几天后，辩方律师贝利在交叉诘问时，问马克最近十年是否用过"黑鬼"(nigger)这个歧视性称呼。福尔曼坚决否认。**但是，他说谎了，这一昏招不仅给他自己，也给检方埋了个大雷。**

次月，辩方向法官请求，传编剧兼教授劳拉·麦金妮(Laura McKinny)出庭，并播放一盒她与福尔曼之间的录音带。原来这位编剧在1985年时想写个和女警察有关的剧本，便付费咨询福尔曼。在1985到1994年间，她总共付了1万美元，录下了共13个小时的谈话内容。

检方知道大事不妙，极力反对当庭播放录音带。法官伊藤考虑了很久，尽管不太情愿，最终还是在8月同意由辩方播放其中某两个片段。

8月底、9月初，编剧麦金妮终于出庭，律师科克伦给陪审团播放了录音带中的片段，在录音里面福尔曼放飞自我，**不仅对女性、非裔、西班牙裔发表贬损言论，还多次用了"黑鬼"这个称呼(据麦金妮统计，13个小时中他总共说了42次)。他甚至提到警方有时为了能确保定罪，会栽赃证据。**

这段录音带就像一颗炸弹在陪审团中炸开了，也随着电视台直播，在整个社会引发巨响。

律师贝利据此发挥阴谋论，称这副手套是属于真凶的，警探福尔曼在妮可家的犯罪现场捡到了右手套，蘸了点儿地上妮可的血，把它带到辛普森家，扔在卡托房间外的巷子里，用来陷害辛普森。

罗恩的父亲愤怒地攻击法官的决定："我们七个月前来到这个法庭期待公平的审判……但是，我们却得到了这个垃圾在电视镜头前喷射了两个小时。目的是什么？我很想知道这个法官脑子里在想什么。"

此外，福尔曼还在1985年的录音中吹嘘，80年代洛杉矶警方有个秘密组织MAW(男人反对女人)，"致力于"歧视和霸凌女同事，组织成员为145个男警，而他是领袖之一。

事已至此，检察官克拉克不得不和她原本的明星证人福尔曼切割，声称福尔曼确实人品糟糕,但这并不等同于他在辛普森这个案子中造了假,这是两回事。

无论她如何试图呼唤理性思考、挽回局面,但辩方出演的这一幕成功地挑拨了陪审员心中的种族敏感,重挫了检方证据的可信度。那些黑人陪审员更加不信任白人警察,也对辛普森更加忠诚。

在庭审结束后,福尔曼被起诉伪证罪(因为他说自己近 10 年没有用过黑鬼,其实用过),他选择认罪,被罚了 200 美元。当然对他最严厉的惩罚不是罚款,而是在舆论环境下,他几乎社会性死亡。

种族氛围

警探福尔曼真的在辛普森家栽赃了手套吗?

克拉克在她的书《毫无疑问》(*Without a Doubt*)中驳斥了栽赃理论。结合她的说法和我的观点,我整理出以下几点:

首先,当福尔曼和同事到达妮可家时已经有多个值班警察在勘察现场了,他们全都证明现场只有左手手套。

其次,福尔曼到达现场后,整个调查才刚开始,他们连辛普森人在哪儿、是不是也遇害了、是不是有不在场证明,全都不知,他怎么可能一到现场就决定了要带走手套、栽赃辛普森?

世界上大部分进行栽赃、制造冤假错案的警察,都是在了解每个嫌疑人的时间线,调查陷入僵局,缺乏证据给他们认为的"真凶"定罪时,才这么做的。极少会在刚案发、情况还不明朗时就决定栽赃某个人。

再者,福尔曼也很难这么操作。如果他真的要栽赃,他如何在夏天单薄的警服口袋里藏下那只巨大的 XL 号的带血皮革手套,并躲过一群同事的耳目?

更重要的是,克拉克认为就算警察抓不到凶手,打算栽赃,也绝对不会选辛普森这样有权有势、可以请得起豪华律师团的人为目标。确实有很多非裔社会底层公民遭受不公的待遇,但辛普森并不是他们中的一员。在美国社会,阶级是排在种族前面的。**由于辛普森是全民运动中的偶像，他首先是一个名人、一个明星、一个富豪，在白人上流社会中也如鱼得水，人们最后关注的才是他黑人的身份。**

事实上，这些白人警察都对辛普森十分敬重。在 1989 年新年家暴事件之前，妮可已经报过 7 次警。但警察来了以后，辛普森常常会和他们握手交谈，甚至送他们一个签名的橄榄球，那些男警察便满足地离开了。根据 1989 年的执法录音显示，妮可埋怨警察："你们从不对他做任何事，你们只是和他聊下然后就走了。"

不仅其他警察如此，福尔曼也同样。克拉克还回忆起在搜查辛普森豪宅那天，福尔曼曾带她参观了整个房子。当他们走到草坪上看到一尊树立的铜像时，福尔曼以敬畏的口吻特意告诉克拉克，这是辛普森获得海兹曼奖的奖杯。克拉克因为平时不关心体育所以无感，但当她发现福尔曼以崇拜的目光注视着这个铜像时，还担心这些体育迷男警察会偏袒辛普森。

辩方律师指责福尔曼在案发第二天凌晨就栽赃了手套，凡纳特在案发第二天下午栽赃了血滴，似乎他们在合谋陷害辛普森，可事实上这两人甚至都不在一个分局工作。由于双尸案性质恶劣，那天凌晨上级紧急从市中心的分局调来了对凶杀案更有经验的凡纳特和兰格，从福尔曼和同事手中接手调查。福尔曼还在书中谴责凡尔纳和兰格不负责任，他于那个凌晨在后门上发现一个血指纹，交代凡纳特等人提取，结果他们忘记了这事，等过几天再回现场，指纹已经不见了。

那么，辩方的这招为什么能成功？这就不得不提到当年严重的种族对立情绪。

本案发生的三年前，1991 年 3 月，正在抢劫罪假释期的黑人男子罗德·尼金（Rodney King）酒后驾驶，被洛杉矶警方拦下，他选择了逃跑。于是警察和他在市区展开了高速追逐。当他终于被追上后，4 名白人警察对他进行了 15 分钟的脚踢和棍棒殴打，导致他头骨骨折、鼻梁骨折、牙齿掉落、脑部永久受损。当时有十几名警察(只有一名不是白人)站在旁边围观、议论。而这一幕刚好被路人的摄像机拍下，并被一家电视台播出。

1992 年 4 月，一个由 9 名白人、一名亚裔、一名西班牙裔、一名混血(对，无一黑人)组成的陪审团，一致裁定 4 名警察的攻击罪不成立，3 名警察的过度使用武力罪名不成立。这个判决在洛杉矶引发了一场持续 5 天的黑人群体暴动，造成 63 人死亡，数千人受伤，最后出动军队才得以平息。

这次辛普森涉嫌杀害两名白人后，黑人社区就有人叫嚷着"复仇"的机会来了。

黑人民权律师科克伦在加入律师团队前，就曾放话道："给我一个黑人陪审员，我就能搞僵这个案子！(如果其他人都投辛普森有罪，而至少有一个人坚持投他无罪，就会出现陪审团僵局，案子就会流审)"

检方可能对证据比较有信心，他们不仅同意了 8 名黑人的比例，甚至允许一个前黑豹党成员(1966 年成立的黑人革命组织，起初旨在保护黑人免受警察虐待，后来走上极端，要求武装所有黑人，释放监狱里所有黑人囚犯等)被选入陪审团。但显然，他们远不如科克伦了解黑人群体的想法。

据克拉克自己书中所写，一个黑人女陪审员视辛普森为黑人的英雄，对克拉克表现出明显的敌意，甚至在她发完言后，骂了一句"婊子"。在宣判无罪后，那个前黑豹党成员陪审员对辛普森挤眉弄眼，并举起拳头，做出代表黑人力量(black power)的动作。**显然对于这样先入为主的陪审员，检方呈现再多的证据也难以拉拢。**

有了这样一个女性、黑人占绝大多数的陪审团，检方势必想要唤起所有女性陪审员对受害人妮可的共情，而辩方律师则需要唤起所有黑人陪审员对辛普森的共情。

但是讽刺的是，和那个年代的许多黑人明星一样，辛普森在功成名就后一直想去除自己身上的黑人性。他的交际圈，从朋友、女友到情人，包括成天和他一起打高尔夫的伙伴们，几乎清一色是白人。

在一个产房录像中，妮可抱着刚出生的混血婴儿，故意以惊讶的口吻说："她看起来完全不像是黑人，不是吗？"她应当明白自己的高加索血统是婚姻中的优势。辛普森听了，也得意地回答："是啊，她继承了爸爸的财富和妈妈的美貌。"

辛普森当时肯定不会想到，正是他极力想要摆脱的黑人身份，在法庭上救了他。

辩方律师在庭审时故意淡化辛普森的权力和财富，强调他作为黑人的弱势种族身份，并制造一种种族区隔的假象。

在庭审期间，法院组织陪审团参观犯罪现场和辛普森的房子，以便他们理解尸体和证物的位置。律师们在他们到达前，抢先一步把辛普森和白人模特保拉的合照换成了科克伦办公室里的黑人女孩海报，把辛普森和白人高尔夫伙伴们的合影换成了他的母亲和其他黑人，还特意在显眼处放上了一本《圣经》。

1995 年 7 月 10 日，辛普森的女儿阿莉尔、姐姐和母亲三名黑人女子都上了证人席，在她们声泪俱下的讲述下，陪审团明显对她们的家庭产生了同情，甚至胜过对受害者家庭的同情。

结案陈词时，检察官克拉克继续罗列指向辛普森是凶手的海量证据，而科克伦则在结案陈词中向陪审团灌输，只要检方的版本存在"合理怀疑，就应该判无罪"。他反复用朗朗上口、押韵的句子给陪审团洗脑："**如果它不合适，你**

们必须开释。"这句话中的它,既指手套,又指检方的理论。

1995 年 10 月 2 日,辛普森案的陪审团在不到 4 小时的讨论后就达成了裁决——辛普森无罪。要知道以往这么有争议的案子,通常会讨论很久,甚至僵持好几天。

法官伊藤推迟到第二天才公布了判决结果,全美大约有 1.4 亿人通过电台或者电视收听/收看了判决。辛普森听到判决如释重负、喜形于色,旁边的律师也拥抱他并鼓掌。

另一边,罗恩的父母和妹妹抱头痛哭。司机艾伦也称听到判决结果,大为震惊。妮可的家人则很矛盾,他们回到家告诉妮可的两个孩子这个判决结果,孩子们很高兴,他们的父亲不是凶手。

辛普森重获自由,当晚举行了庆祝派对。身边人劝他去度个假,但他表示:"我要回我自己的房子,睡在我自己的床上。"

十一、民事官司

辛普森重获自由后并不关心"真凶是谁",而是竭尽全力想要扭转自己"被媒体玷污"的形象。他上了一档访谈节目,当主持人问他:"你能不能看着我的眼睛,告诉我你是否杀害了妮可?"他盯着主持人的眼睛一眨不眨地说:"当然没有! 我不会杀害任何人,也不能杀害任何人!"

当被问道,他如何看待罗恩一家的悲伤时,他回答:"我听说了他(罗恩父亲),我很同情他,知道他是什么感受,**因为我比他失去得更多!** 我失去了我爱的人,我失去了我的生活;而且我,本州纳税人,是唯一那个在财务上损失的人!(辛普森的大部分家产用来支付了律师费)"

一个纪录片请来一位行为心理学家,观看辛普森的采访。他看完后表示,辛普森显得完全没有共情能力,似乎根本无法理解他人失去孩子是什么感受。

正因为缺乏共情能力，自然他也不可能感到悔恨和有负罪感。

罗恩的父亲锲而不舍地想要让辛普森受到惩罚。1997年，罗恩和妮可的家人共同发起了对辛普森的民事诉讼，要求他对妮可和罗恩的死亡负责。

在刑事法庭上，辛普森可以拒绝上证人席接受控辩双方的诘问，但在民事法庭上他必须上证人席回答问题。这次庭审不允许媒体拍照或者录像。据旁观者回忆，他开始时表现得狂妄自信，但后来被律师的一连串问题打击得越来越畏缩，说话语无伦次，漏洞百出，像散了架。而且这一次没有"梦之队"替他辩护了。

在刑事庭审结束后，有些证据才慢慢被发掘和公开。首先就是那双在凶案现场留下血脚印的鞋子。布鲁玛妮是一个意大利小众奢侈品牌，售价上百美元，意大利出口到美国的此款12码鞋子总共只有299双，且只在美国的5家商场内有售，而辛普森和妮可常去的百货商场内就有。

在民事法庭上，原告律师请出了一位鞋柜售货员，他记得辛普森为了参加一场球赛解说，从他那买了这双鞋子，但当年没有条形码，所以没有明确的记录。待辛普森上台时，他依然坚称自己从来没拥有过这个牌子的鞋子，并说它丑爆了，自己绝对不可能穿它。可紧接着，原告律师就出示了一张案发前9个月报纸刊登的辛普森参加该活动的照片，他当时穿的正是这双鞋子。

律师问辛普森："照片上的人是你吗？"

辛普森被惊得目瞪口呆，回答："它看上去是我，是的。"

"看着鞋子的特写照片，你现在能相信它们是你当时拥有的鞋子吗？"

辛普森依旧嘴硬回答："不相信。"

此外，妮可有个保险箱存放着她遭受家暴的照片、信件和秘密日记，可以证明，妮可和辛普森在案发前急剧恶化的关系，以及妮可多年来遭受的暴力威胁。在刑事案中，法官伊藤认为这些信件和日记属于"传闻证据"（通常是指证人没有亲自目睹或听到事件，而是从其他人那里听说的，就不能作为证据），不允许检方在法庭上呈现它们。这次在民事法庭上，新法官允许这些内容作为证据呈现。

而刑事法庭上出现过的辩方和检方的 DNA 专家们，这次也都出庭作证，否定了交叉污染论在科学上的可信度。李昌钰这次表明了立场："当我（在刑事法庭上）说'有什么不对劲'时，我从来没想暗示有科学事实或者任何证据显示，任何洛杉矶警方栽赃或者做了什么，或者撒谎。我没有替那个观点作证。"

最后，这次的陪审团和刑事案中的种族比例几乎相反，**12 人中有 8 名白人，两名黑人（一男一女），一名混血，一名西班牙裔或中东血统。**

1997 年 2 月 5 日，经过几乎一周的讨论，陪审团达成了一致裁决。法官的第一个问题："是否有占优势的证据证明辛普森先生自愿地并且不公平地造成了罗恩先生的死亡？"当陪审团代表回答"是的"时，法庭观众席上爆发出热烈的欢呼声。罗恩的妹妹大叫"Yes"，而罗恩的父母更是激动得伸起了双臂。

陪审团认定辛普森要对妮可和罗恩的死亡负责，判决辛普森向罗恩家族支付 850 万美元的损失性赔偿（由于只有受害者继承人可以发起这部分赔偿请求，妮可父母为了不让妮可的两个孩子起诉父亲，放弃了这部分请求），**并对两个家庭支付 2500 万美元的惩罚性赔偿。**

判决当晚，洛杉矶警方如临大敌，全城戒备，生怕再次发生黑人群体的暴动。

罗恩的父亲发言："我们终于为罗恩和妮可寻回了正义。"可惜在金钱方面，辛普森从没有主动支付给受害者任何赔偿，反而以各种方式逃避。

由于他用他的豪宅抵押贷款，却没能正常还贷，罗丁汉姆豪宅于 1997 年被拍卖（第二年房子被拆除）。虽然拍卖了 260 多万美元，但扣除债务后所剩无几。辛普森移居佛罗里达州，因为那里有一条法律保护负债人的房产等资产免于被债主追债。他在那里继续每天打打高尔夫,过着舒适的日子。

本案发生后,妮可的女友法耶、律师夏皮罗、律师贝利、检察官克拉克、检察官达登、警察福尔曼等相关人士都出了书。2007 年,辛普森也收取了 60 万美元的版税预付金,由他口述,枪手执笔,写了一本以假设口吻讲述作案经过的书。

《假如我做了》一书事无巨细地讲述了两人离婚后的纠葛,他把妮可描述为一个酗酒、吸毒、滥交、情绪不稳的前妻,和法耶这样的"妓女"朋友混在一起。

书中以虚拟时态写了"谋杀经过"。辛普森从别人那听说妮可在家里举办过一个毒品和聚众淫乱的派对,大为恼火,带上一个(虚构的)朋友去找妮可当面对质。当他到达时先看见了罗恩,以为这也是妮可的情人之一,便先杀了他。此时妮可从家中冲出来,他便杀了妮可。作案时他的大脑一片空白,过后完全不记得自己做了什么。他书中描写的作案细节都和证据不符合,属于另一种搅浑水。

辛普森通过描写自己犯下的残忍罪行来牟利,让罗恩的家人十分愤怒,起诉要求该书下架。后来法院判决,**让这本书继续出版,但收到的所有版税都归罗恩家族所有。**

笔者大学毕业后在上海一家杂志社工作。2007 年 9 月,我到拉斯维加斯出差,每天打开酒店的电视,铺天盖地都是辛普森在拉斯维加斯因为抢劫被捕的新闻。那几天他带了一伙人,持枪冲到一家酒店,抢走了一些他声称从他那里偷走的奖杯。

这次的陪审团全部为白人,裁定他的十项罪名全都成立。而白人女法官杰基·格拉斯(Jackie Glass)对他也毫不留情,将他顶格重判 33 年。许多人认为,这是"法律"以另一种形式在算旧账,让辛普森弥补在逃脱的谋杀案中欠下的"牢狱债"。

我重看了当时的电视新闻,发现在那次开庭的听众席上,依然出现了罗恩父亲的身影。他还是每天思念着儿子,并且这辈子都不打算放过辛普森。1997 年时,他曾威胁要用大锤砸烂辛普森获得的海兹曼奖奖杯,后来他的律师出价 100 万美元,悬赏在电视机前熔化这个奖杯。辛普森听闻后只是表示,他更希望把奖杯留给他的孩子。

辛普森已于 2017 年假释出狱,时年 70 岁。作为一名退役的美国国家橄榄球联盟(NFL)的职业球员,他如今每个月可以拿到 25000 美元的退休金,而这部分也是不能被追债的。据朋友说,擅长理财的辛普森此前在个人退休账户投资了 500 万美元,实际可以收到的退休金比这更可观。据媒体估计,辛普森现在的身家还有 300 万美元,但是罗恩家人至今收到的被强制执行的赔偿金不足判决金额的 1‰(应不到 21 万美元)。

十二、辛普森是凶手吗?

辛普森赢了刑事官司,而后输了民事官司。那么辛普森到底是不是凶手呢?如果今天你看主流媒体的报道、纪录片,法律界、鉴证专家们出的书,以及对该事件的讨论,就应该有相同的看法了。辛普森肯定有一些拥趸依然坚信他不是凶手并为他辩护,但如果"无辜"是有社会共识的真相,那么,以 30 年后更为政治正确的舆论环境,辛普森绝对会被捧为在司法迫害中幸存的英雄,而不会是今天名誉扫地、人人避之的状态。

2008 年,辛普森的老朋友、前经纪人迈克·吉尔伯特(Mike Gilbert)出了本书叫《我是如何帮助辛普森脱罪的:关于暴力、忠诚、后悔和悔恨的故事》。书中提到,他十分懊悔是自己教辛普森停止服用关节炎药的,因为这最终导致辛普森的手肿大,戴不上手套,从而脱罪。

书中还提到,在庭审结束后不久,有次在他和辛普森一起抽大麻、喝啤酒时,他问辛普森那天到底发生了什么。辛普森向他承认:"如果妮可在开门时没拿着一把刀,她很可能现在还活着。"

在2016年的纪录片《辛普森:美国制造》中,迈克复述了这个场景,并表示他相信辛普森是凶手,并且他毫无忏悔之心。

辛普森承认杀人,却指责妮可先攻击他,而这也是一个谎言。大家还记得吗?1994年6月12日是洛杉矶的酷暑,他从家出发时却戴了编织帽和皮革手套,显然已经做好了犯罪的准备。

刑事宣判后,"梦之队"这些律师都名声大噪、身价大涨,但也饱受指责和攻击。首当其冲的当然是一直陪在辛普森身边的老朋友罗伯特·卡戴珊。在本案结束后,他恢复了此前因为经商而注销的律师证。由于罗伯特·卡戴珊在2003年就患癌去世(同年,律师科克伦也不幸查出脑癌,并于两年后去世),2015年的纪录片《O.J.案件的秘密录像带:不为人知的故事》由他的前妻克里斯出来讲述。

由于后来的主流舆论都唾弃辛普森,她也极力维护卡戴珊这个姓氏的声誉。克里斯曾问前夫:"你怎么还可以坐在辛普森的辩护席上?"罗伯特·卡戴珊回答,他开始完全相信辛普森没杀妮可,但看到那么多证据后,他也开始怀疑了,但他这时已骑虎难下,如果退出辩护团,公众自然会想到他是发现辛普森有罪才退的。

当法官宣布辛普森无罪时,罗伯特正站在辛普森身边,摄像机对着他俩,他看起来却有点吃惊和不快。**据克里斯所说,在罗伯特临终前,辛普森曾打电话给他,但他没有接听。**

"梦之队"最开始由律师夏皮罗领导,他走的是传统刑事辩护道路:挑警察在程序中的疏忽、不专业,认为证据遗失、污染,但后来领导者换成了更激进的黑人律师科克伦,辩护策略也转变为攻击警察种族歧视、故意陷害。"梦之队"内部分歧很大。

由于辛普森脱罪后带来的巨大争议,夏皮罗的家庭和生活也受到冲击。他在 1998 年出版的书《寻求正义:关于辛普森案》中批评同行贝利和科克伦大打种族牌,还给贝利取了个绰号:乱射大炮(loose cannon,指一个危险的、无法控制的人)。

夏皮罗表示他不相信辛普森是被洛杉矶警局故意构陷的。但他坚持,如果陪审团遵从美国法律的"排除合理怀疑"原则,这是唯一可能的判决。即:检方必须提出足够的证据,"排除合理怀疑"证明被告是有罪的,才有可能将被告定罪。如果做不到这一点,被告将被视为无罪。

在辛普森案后不久,夏皮罗由刑事律师转为民事律师,他的客户包括卡戴珊家族和贝利等。

案件结束后,"梦之队"的律师,除了贝利外,没有人再在公开场合声称辛普森是无辜的。律师巴里·舍克甚至说过,应该尊重民事判决。2008 年辛普森因为抢劫罪被起诉时,只有贝利一人还和他有联系;2001 年贝利因为替毒贩辩护时违规操作,被吊销律师执照。

李昌钰和夏皮罗是多年朋友,在 1994 年刚案发时也是被夏皮罗请去替辩方作证的,所以可以推测,李昌钰刚开始可能以为自己只要"看图找茬",挑挑警方的纰漏就可以把钱挣了,毕竟他自己也是公职人员,不想太得罪同行。但等他 1995 年 8 月才被召唤出庭时,"梦之队"策略已变,律师舍克一直把李昌钰的证词往警方构陷上引,这可能也是为什么他对报社抱怨"(庭审)已经变成了一场游戏",并在后来的民事官司中否认自己是在替警方构陷的观点作证。

因为歧视黑人而臭名昭著的警探福尔曼在 1997 年也出了本书叫《布伦特伍德谋杀案》，展现了海量的证据包括他当时的办案笔记，而它们全都指向辛普森是凶手。他认为自己在这个案子中做得足够好了，是检察官克拉克和达登把这么铁的案子搞砸了。这本书，亚马逊评分高达 4.5，似乎许多人读了以后扭转了对福尔曼的印象。

但显然克拉克不会同意他的看法。她在同年也出了本书《毫无疑问》，同样有 4.5 分。她也讲述了海量指向辛普森是凶手的证据，但她同样认为自己已经做得足够好了，是这些警察证人糟糕的表现搞砸了案子。当然她还提及了当年的种族情绪、陪审团的偏见和辩方的手段。她书中有句话："但凡被告是个知名的白人橄榄球星或者普通黑人市民，他们肯定被定罪了。"

福尔曼在辛普森案开庭那年以退休形式结束了 20 年的从警生涯。后来他经常在福克斯等电视台出现，点评一些犯罪节目，辛普森于 2017 年假释出狱时，他还出镜发表了评论。

克拉克在输了这场官司后辞去检察官一职，传言她和合作的作者因为《毫无疑问》一书共拿到了 400 万美元的版税。她后来也成了电视节目的常客，也写剧本和小说。

十三、我的看法

可以说，美国整个陪审团制度以及"排除合理怀疑"原则都是为了最大可能地避免冤假错案而设计的。

让我们看看陪审团制度的设计：首先陪审员不能主动报名，必须是随机被选中，且不能无理由拒绝。陪审员的智力、人品、法律知识都没有门槛，但检方、辩方和法官都可以设计问卷或者采访陪审员，以便大体了解他们的经历和想法。最终人选的通常是没有接受过相关媒体信息,此前对本案或者嫌疑人不了解的中立人士(本案因为太有名,就不太可能了)。

陪审员在投票时必须考虑检方的版本不能存在"合理怀疑"(什么是合理怀疑?这本就带主观性),否则就要投无罪,而且必须全票通过才能定罪。**只要有一个陪审员让立场、个人喜好优先于真相,只要有一个陪审员故意捣乱,只要有一个陪审员脑子迷糊且固执己见,就可能让检方的全部努力付诸东流。**那个年代的种族矛盾情绪更是放大了这个弊端。

这么设计看似对检方提出了更大的考验,但考虑到检方有警察等执法工具,而大部分重罪被告是社会底层人士,只有法庭指派的援助律师,这么设计可以最大程度上避免冤假错案(虽然也不能杜绝)。然而,对那些请得起好律师的有钱人来说,这个体系就更容易脱罪了。

刑辩律师收费极高,只要客户的钱足够,他们可以替被告长年和司法体系缠斗,挑各种程序上的不足来攻击警方的证据,也可以请各种专家、证人迷惑陪审团,只要有一个陪审员认为无法排除合理怀疑并不退让,案子就会流审,又要重来一遍。有钱人犯下谋杀罪,明明证据充分,却利用这个体系脱罪的案例并不罕见。

20世纪八九十年代,洛杉矶警方存在贪腐、滥用职权、种族歧视、性别歧视、程序不正义的问题,虽然当今世界各国依然存在这种现象,但这种现象确实在那个年代更为普遍和严重。但我们还是要分清楚特意构陷和程序问题的区别。

从权力、动机和时机上来看,洛杉矶警方多名警察串通起来,故意构陷辛普森的可能性微乎其微。恰恰相反,他们甚至在许多地方忌惮于辛普森的名气和地位而网开一面,譬如在发现大量证据后他们本可以羁押辛普森满24小时(为调查赢得更多时间),但他们对辛普森只是友善询问后就让他离开了。

询问的录音在网上可以听到,当年克拉克认为这个对话就像大男孩们之间的谈心,而不像审问,两名男警察(凡纳特和兰格)礼貌温柔,全程没有反驳辛普森的谎言。

那么程序问题呢?这也得分两种,第一种是譬如刑讯逼供、哄骗诱供、剥夺找律师的权利、超时羁押、篡改证词等带霸凌性质的程序不正义,这现象普遍存在于嫌犯是弱势群体的案子中,并可能会制造冤假错案。但辛普森在案发第二天就有大律师保驾护航,这种现象并不存在。

第二种,也是辩方抓住把柄的,就是操作过程不完善、不严谨、不正义,譬如现场勘察的犯罪学家没有及时把样本冷藏,实验室里的犯罪学家没有勤换手套,警察带着辛普森的血样又回到了案发现场……辩方律师给这些行为贴上了"构陷"的恶意动机。

这些警察在其他案子中做到了严谨完善,仅在这个案子中才有这种疏漏吗?并不是。事实上当洛杉矶警局意识到嫌犯是辛普森后,从上到下都很紧张重视。即便这样,他们的工作还是出现了很多纰漏,这只能说明他们其实一直这么随意惯了。这一方面或许是因为当年 DNA 刚出现,大家对血液证据还不够尊重,另一方面在大部分案子里,他们面对的被告都是社会底层人士,根本没有强大的律师团来挑这种刺。

有人质问夏皮罗,你帮助辛普森逃脱谋杀罪,能睡得着觉吗?他反问:如果你知道,有成千上万无辜者正在坐牢,而许多人明知这一点还能酣睡,你睡得着吗?

刑事律师的意义体现在这里,他们虽然让辛普森脱罪,但至少给警方狠狠上了一课,这可能在另一个时空中避免了某些冤案。

在经历此次败诉后,洛杉矶警局在证据采集方面也做了很多改变:

(一)要求每一个证据在发现时就做记录,是在什么位置发现的,实验室里的犯罪学家则要做笔记记录所有鉴定工作步骤，而不能仅靠记忆力，因为你拿不出文件，在法庭上就可能被攻击记忆有误。

（二）辛普森房间地板上有一双黑袜子，当时没人注意到它有血迹，只是作为证物带回去了，直到一个多月后才在实验室中检验出血迹。**现在警方要求第一时间仔细检查收集的每个证据。**

（三）血液被抽取后第一时间要登记入库。**每个证据都要扫码，追踪到哪儿了。**

（四）身上携带证据的警察不允许再次进入犯罪现场。

有了这些程序上的进步，也算是这个案子的积极影响吧。

辛普森是不是凶手？不是他，还能是谁？ 近年来有人写书称，真凶是辛普森和前妻的儿子贾森，辛普森也在现场，包庇了儿子。这类所谓的新颖理论，在各个知名案子里很多见，但基本上没有什么证据支持，更像哗众取宠。而以辛普森极为自恋和自私的性格，以及其父子对家庭的价值来说，他也不可能牺牲自己（哪怕仅仅是名誉）来包庇儿子。

凶手没有进入室内，排除了谋财害命的常见动机。毒贩误杀论更是荒谬，杀手如果只想吓唬法耶还钱，怎么会跑去其他人的住宅，都不看清楚是谁就杀人？在那个吸毒并不罕见的圈子里，法耶是个玩咖、混子，如果是她惹的祸，她恐怕会很担心自己的安危，想必案发后已经告诉警方，让他们去抓杀害妮可的真凶了。而辛普森当天对妮可的愤恨达到了顶点，也使他具备杀人的动机。

十四、双向执迷

克里斯·卡戴珊后来评论妮可和辛普森的关系时说："他们关系好的时候真的好得不得了，关系差的时候也差得不行。"

妮可的妹妹塔尼亚（Tanya）在 2015 年的纪录片中说，她相信辛普森爱过妮可,妮可也非常爱他,两人之间达到了互相痴迷的程度。妮可的姐姐丹尼诗则在另一部纪录片中说,案发当天,妮可虽然在看演出时冷落并拒绝了辛普森,但在餐厅吃饭时,她却靠向她的母亲说道:"辛普森会永远是我的灵魂伴侣。"可惜辛普森去杀人前,没有听到这句话。

在某种程度上,辛普森和妮可似乎互相习惯了这种坐过山车似的情感,以及互相之间的强烈嫉妒。在纪录片中,一个心理咨询师用双向执迷(co-obses-sion)来形容妮可和辛普森的关系。

这种双向执迷其实也可以存在于不对等的关系中,存在于虐待者和被虐者之间。

在妮可遇害六个月后,警方找到了她储存在其他地方的一个保险箱。里面有她的遗嘱,受伤的照片,报纸上关于家暴的剪报等等。保险箱里还有一本妮可的秘密日记,记录了这些年辛普森对她的家暴行为。

在交往的第二年(1978 年),辛普森就对她动手了。她写道:在一次争执后,"他把我扔到地板上,殴打我,踢我。我们去了酒店,他在那里继续殴打我,持续了数小时,而我不断地爬向门口"。妮可第二天早上醒来,看到门口停了一辆保时捷新车,这是辛普森的道歉方式。他保证再也不会打她,但婚前婚后,暴力一直继续着,后来的法拉利也是这么来的。

在 1985 年辛普森和妮可新婚那年的秋天,晚上七八点,妮可拜访一个朋友后,回家迟了。当她开着辛普森为她买的敞篷奔驰车到达院子门口时,辛普森操着一根棒球棍守在那。他不顾妮可正坐在车上,猛击车子的挡风玻璃,致它完全粉碎。那次妮可报案后,正是福尔曼出的警,他看到妮可坐在车上哭,而辛普森对福尔曼说:"这是我的车,我会处理的。这里没啥问题。"在妮可表示拒绝起诉辛普森后,福尔曼离开了。

1986 年,妮可和一对夫妇朋友在她家的另一个居所喝酒、听音乐。等她回到罗丁汉姆后,辛普森狠狠殴打了她,让她严重受伤,不得不住院。她向拍X光的医护人员谎称,自己是从自行车上摔下来的。

1988年1月10日,妮可怀有两个月身孕的二胎。两人争执后,醉酒的辛普森拿枪指着她,要求她堕胎。他不停地说:"滚出我的房子,你这个肥臀骗子!"妮可打包了一些东西。辛普森赶走她后,又锁上了门。她按了门铃,问:"我真的必须今晚走吗?悉尼正在睡觉,现在已经很晚了。"辛普森回答:"让我告诉你我有多当真。我手里有把枪,滚出去。"

同年两人去夏威夷度假,因为那里的一名同性恋男子亲了他们的儿子,辛普森迁怒于妮可。妮可在日记中写道:"O. J. 把我摔到了酒店的墙上和地板上。他在我的胳膊和背上留下了淤血。窗户让我留下了疤痕——我以为他会把我扔出去。"

妮可还在一封给辛普森的信中控诉辛普森对她的挑剔和打压,让她的自尊低到了尘埃。譬如他在她生育后,嘲笑她的肥胖(实际只重了六七斤),曾在一次吵架时把她锁进酒柜里,反对她生第二个孩子。在第二个孩子出生后,辛普森更加看她不顺眼,如果她没把鞋子放整齐,或者穿着很休闲宽松的衣服,或者没有把头发梳成他喜欢的样子,或者没有在他回家那一刻就端上晚饭,辛普森就会抱怨指责。

"我不知道我的这些过错,比起出轨、家暴和语言虐待来怎么样?"妮可写道。

妮可也提到辛普森在外面不断出轨其他女人。尽管辛普森完全否认自己在七年婚姻中出过轨,但根据多方资料,他至少在1989年到1991年间和比妮可小两岁的知名女演员陶妮·基坦(Tawny Kitaen)保持着情人关系。据辛普森的前朋友罗宾·格里尔(Robin Greer)在纪录片中说,辛普森在这期间出轨是因为嫌弃妮可怀二胎时长胖。除了长期情人外,他也和其他女子保持性关系。

可能是出于面子、自尊心等原因，妮可向她的家人报喜不报忧，直到案发后看到日记本，他们才知道全貌。在纪录片中，妮可的妹妹塔尼亚说她在妮可去世后对她感到"愤怒"，因为她没有早点告诉家人。

而辛普森对日记和信中的内容统统都否认了，尽管保险箱里有他自己写的亲笔道歉信，信里承认自己伤害了妮可，没法给自己的行为找任何借口。

辛普森声称妮可虚构了日记里的内容，目的是想让那份约束她的婚前协议无效，或者这是在两人关系恶化后，她为了打离婚官司准备的，但他解释不了，为什么离婚前后妮可从来没有把这本日记以及那些证据拿出来针对他。**这些内容可能只是她预感到有生命危险时，想将他绳之以法的证据。**

案发后，辛普森的前妻玛格丽特对媒体说，她不相信前夫会杀人，因为他不像是那样的人。在 12 年的婚姻中，他也从没有对她施暴，如果他敢打她，她会用平底锅砸他的头。

我也留意到，辛普森在第一段婚姻中，每次吵架都是他离开，去卡戴珊家借住，但是他和妮可在一起后，每每吵架，他都会让她滚出"**他的**"房子。**为什么辛普森和两个女人的相处方式那么不同**？

辛普森和前妻相识时还是个少年混混，两人 19 岁就结婚了，知根知底，共同成长；在辛普森发达时，两人的孩子年龄也都大了，他在心理上应当对同龄的玛格丽特及其子女有所忌惮。

他们没有婚前协议，所有财富都是共同财产，他对于离婚也有所顾忌，不敢太过放肆。

而辛普森和妮可进入婚姻时的状态则完全不同了，由于地位、财富和年龄的悬殊，他在权力上是碾压的，妮可几乎没有任何话语权。他们的第一次约会，辛普森撕破了她的牛仔裤，看似对她的欲望强烈，其实本质上是毫无尊重和顾忌。妮可对他从崇拜到顺从，在婚前默许了他的自私粗暴，定下了两人婚姻的基调。

辛普森本就是个极度自恋、好胜的控制狂，这种特质能让他在粗暴的赛场上获得成功，但在生活中这不是一个好伴侣的特质。他喜欢成为每个场合的焦点，喜欢被周围所有人捧着，就连和朋友们打高尔夫也必须每场都赢，他还全方位控制着家庭财务。

他俩心底都清楚妮可是靠婚姻实现了阶级跃层，而她的家人也受辛普森的经济照顾。当辛普森很清楚妮可离不开他后，他就变得肆无忌惮了。他像个精明傲慢的老板，对妮可的身材、家务、着装、发型、交友等都设置了很高的标准，命令她当好他完美人生的战利品，生气时放任自己的脾气，殴打她，随时叫她滚。

妮可本是个自尊心很强、性格刚烈的女子，她在婚后想要扭转这种权力关系，但已经无能为力了。

她想要留在婚姻中，却毫无议价能力，唯一能抓住的就是辛普森对她的"兴趣"。但随着年龄渐长，看到辛普森的那些新情人个个比她更年轻时，妮可的内心极度没有安全感。

1989年发生的一件事，足以显示出妮可对辛普森身边女子的敏感和嫉妒。据一个白人酒吧歌手詹妮弗·杨(Jennifer Young)所说，有天她和另一个女子与辛普森吃完午饭走在街上，妮可开着一辆黑色奔驰敞篷车经过，尾随他们，大飙脏话。妮可骂道："如果你他妈的打算出轨，为什么不选个漂亮的？她就是只丑狗！"詹妮弗认为妮可脾气很大，而辛普森那天在公共场合表现得很平静。

妮可年少时就梦想靠婚姻获得美好生活，而她刚成年就得偿所愿地进入这段看似浪漫却有毒的关系，可以说她大部分的人生经历固化了她的价值观——她把自我的价值全都建立在异性对她的兴趣、欣赏和渴望上。面对婚姻中的挑剔、打压和冷落,她提出离婚,恐怕也是想通过"离开他"来唤起他的紧张和在意,她也想证明自己也可以是其他男人激情渴望的对象。因而她在离婚后会时不时地主动告诉辛普森,自己和其他男人包括马库斯的事,因为她了解他,他会愤怒,也会被激发好胜心。

离婚后,妮可对朋友说,她感觉她的人生像被困住了,35岁没有学历,没有技能,当模特年纪又太大了。当了14年的全职情人和全职太太,她没有机会建立自己的社会身份和社会地位,一切都依附于辛普森,而婚前协议又限制了她能从中获得的物质保障。

文中提到的其他全职太太,克里斯、凯瑟琳,在离婚后几乎都是立刻找到了另一个同阶层男士,似乎只有这样才能获取另一个社会身份在上流社会继续游走。妮可离婚后更像是开始了被推迟的青春叛逆期,只想体验被异性爱慕的感觉。然而体验一番后,或许是已经习惯了14年跌宕起伏的情感(错把辛普森的控制欲当成"爱至深"),她很难再从其他异性那里获得同样激烈的情感。所以在离婚不久后,她就想要回到他的身边。

在一年的考察期中,妮可总是反省自己的不足,事事迁就辛普森,收敛自己的脾气,但到头来,她却愤怒地发现辛普森根本没有复合的意愿,她看清了自己真实的处境:她作为妻子已经出局了,辛普森只不过想继续困住她,让她当好听话的"前妻",照顾好孩子,不见其他男人。

这次她彻底觉醒了,下决心离开这个从18岁纠缠至今的男人。但她也清楚,他不会让她带着孩子完全脱离他的控制,她会有危险。

只有妮可见到了善于伪装的辛普森那黑暗的、可怕的一面,她在日记里和对朋友的话语中都预言了自己的死亡,可惜没人相信。

由于辛普森不让她用罗丁汉姆作为报税住址,妮可打算把购买的联排屋出租,来避免巨额税款。案发三天前,1994 年 6 月 9 日,妮可请一个女房产中介帮她把自己的房子以 4800 美元的价格放租,并替她寻找新的住处。这也显示了她要彻底脱离辛普森的决心。她怕孩子们对搬家失望,所以想找个带泳池的房子,让他们开心。

最后中介在马里布(洛杉矶西部一个城市)山上找到一个租金 5000 美元的可以看海的带泳池的现代别墅。那时,两个女人站在海边的空房子里抽着烟,妮可不断地说:**"我真的能做到,我能租下这房子然后搬家,我真的能做到。"**

这个场景像极了电影《大小谎言》中的一幕。妮可·基德曼扮演的女律师为了躲避家暴且变态的丈夫,联系女中介,在山上找了一个可以看海的房子。她想要趁某天丈夫不在家时,带两个孩子偷偷搬出来住,彻底离开丈夫。在那个空房子里,她一个人对着大海抽烟,鼓励自己可以做到。

剧里,女律师被丈夫发现了她的计划,遭到了更可怕的报复,而现实中,恋爱脑的妮可只做了两天清醒、独立、自由的梦,就被残忍割喉了。

十五、那些朋友们

辛普森一案获得的巨大关注,让所有相关人士自愿或者被动地成为"公众人物"。卡托成了名人,终于得以出演电视剧,保拉上了《花花公子》封面,后来嫁给一名知名法官。

这起案子甚至在妮可去世几十年后还在为相关人士制造"流量"。

2007 年,克里斯带着五个女儿打造了一个真人秀节目《与卡戴珊一家同行》。她当时已经改姓第二任丈夫的姓詹纳,五个女儿中的两个也姓詹纳,但她选择用离婚十几年的前夫的姓,想必是因为"卡戴珊"这个名字在辛普森案中获得过巨大的曝光。

作为辛普森的老友,她很可能从辛普森那里学会了如何把名气化为财富,她曾努力想要把十项全能冠军丈夫打造出商业价值,但没怎么成功。凭借新的真人秀节目,她终于把女儿们都推上世界流量的宝座。

现在就连辛普森也要蹭克里斯的流量。由于科勒和另两个女儿体型、相貌不太一样,坊间常有谣言称,这是克里斯和其他人偷情所生,甚至怀疑科勒的父亲是辛普森。辛普森在2018年"特意"跳出来辟谣称,他和克里斯过去是好朋友,但没有发生过感情,克里斯和卡戴珊的第四个孩子科勒不是他的女儿。

妮可信任的朋友法耶在妮可去世仅三个月时就开始动笔写书,并在庭审期间出版,作为第一本与本案相关的书,赚足了眼球。这本书充满了妮可的隐私八卦,传播妮可的负面形象。罗伯特·卡戴珊曾评价:"她疯了,她是个瘾君子,完全不了解O.J.或妮可,她只认识妮可一年半。"或许因为版税可观,她后来又出了第二本关于本案的书,充满了自恋。

2010年,一档名叫《比弗利山庄的真正主妇》的真人秀播出,法耶、离开马库斯后再嫁球星的凯瑟琳等妮可的老友们都在里面出现。这些20世纪80年代的豪门主妇如今在"某人的太太"的身份之外,也多了"演员""电视出品人"的社会身份。

她们都曾因为辛普森案在不经意间获得巨大的关注。当网络时代到来时,她们紧跟步伐,懂得如何把公众对这个阶层的好奇和关注转变为能带来巨大财富的流量。

我以前曾写过,是网络改变了美貌的命运,让美貌不再只是爱情资源,而成为一种更容易获得成功的美貌资源,可惜妮可没有和她的同龄人一样看到今天。直到当下,在世界各地的新闻中,那些觉醒后想要离开或者已经离开一段关系的女性,依然在被控制狂前任毁灭。

辛普森谋杀两命案是美国历史上最知名的案件之一，它曾以性别和种族撕裂了那个国家，也又一次展示了财富和名人对美国司法的影响。如今重写这个案子，也想提醒年轻女孩们如何避开那些看似刺激和华丽、实则危险的陷阱，选择走一条真正能让自己更强大、更自由的人生路。

2.

同学聚餐后神秘消失，谁是凶手？

韩国女生
离奇失踪案

同学聚餐后神秘消失，谁是凶手？

本案发生于 2006 年，迄今已经 18 年，它仿佛成了都市传说，也被网上的流言、谣言污染。我在看中文自媒体文章时，发现许多以讹传讹、添油加醋的信息。如果事实都是错的，那么我们得出的结论自然南辕北辙。

因此，在本文中我主要参考的是韩国几个电视台做的节目（其中有两个节目非常详细）。在这些节目中，相关的当事人（失踪者家属、同学、办案警察、怀疑对象等）出镜讲述事件经过和细节。虽然个别当事人可能会对着镜头说谎，但谎言不同于无聊网友编造的谣言，依然有分析的意义。

一、李允熙

李允熙（Yoon-hee Lee）于 1978 年出生于京畿道南杨州市，失踪时是全北国立大学全州校区的一名大四学生。她此前在首尔的梨花女子大学完成了统计和艺术双学位，但因为特别喜欢动物，梦想未来能成为一名兽医，所以她在 2003 年又以兽医系新生的身份进入全北国立大学学习。

在同学和家人的记忆中，李允熙身高 1.65 米，长相"漂亮"、有女人味、性格豪爽干脆,很清楚自己想要什么。她也很有才华,擅长绘画。

在 2006 年 6 月失踪时,29 岁的李允熙距离毕业只剩下一个学期。她告诉家人,她准备参加公务员考试,希望能当一名兽医官,过上稳定的生活。案发前同学们没有听说李允熙和哪个异性交往过,她独居在离学校不远的一栋公寓的 306 室。

6 月 5 日傍晚 7 点多,李允熙和同学们结束了那个学期最后一次实习手术,也是难度最大的手术:开胸手术加心肺复苏术。据一个男同学 Y 回忆,李允熙觉得自己在手术时没帮上忙,对不起组员,术后还掉眼泪了。Y 安慰李允熙道:"姐姐怎么了?姐姐帮了很大的忙,来年终聚会放松一下吧。"李允熙答:"我不太想去。"但当晚年终聚会时,李允熙还是去了。

当天晚上 10 点左右,兽医系大约 40 名师生聚会,庆祝学期结束。他们来到大学附近美食街上的一家啤酒吧,吃饭、喝酒、唱卡拉 OK。李允熙当晚也喝了酒。李允熙的好朋友说,最后注意到李允熙时,没有发现她有心情低落的迹象,看起来和大家聊得很开心。Y 也觉得她当晚看起来心情不错,心想她应该已经没事了。另一个女同学则说她和李允熙的座位离得较远,因此当晚没怎么注意她,但知道李允熙酒量不好,应该喝得不会很多。

大约凌晨 2:30,聚会接近尾声,李允熙回家,一直坐她身边的男同学金某去送她。对于那天的情形,金某在两次采访中的说法不完全一致。一次他表示,李允熙对他说聚会结束了想要回去,他便拿起李允熙的包跟过去了。一路上,他替李允熙拿包,两人手牵手,还聊了点手术的事。但在另一个采访视频里,金某说,他不知道李允熙发生了什么事情,突然从酒吧跑出去了,连包都没有带上。他便拿起她的包追了出去,把她叫住,一起回去。

当晚因为大家都在喝酒、乱哄哄的,没有目击者看见他俩离开时的场景,警方也没有找到他俩一起走回去的沿途监控。据一个女同学在 SBS 节目中说,她住在李允熙隔壁大楼,金某有时会顺路送她和李允熙一起回家,先送到她家,再到李允熙家。但那天聚会结束时,她站起身,发现金某和李允熙都不见了,心想:原来你俩先走了。

酒吧距离李允熙独自居住的公寓大约 1.5 公里,步行需要 20 多分钟。金某称,平时他都会送李允熙到家门口,但那晚他们来到她家附近的巷口时,李允熙便向金某要包,说要一个人回去。

金某不放心,继续跟在后面。他看着李允熙独自走进漆黑狭长的巷子,走了 100 米左右,进入公寓楼大门。他看到公寓楼道的灯亮了,接着 306 室的灯也亮了。他确认李允熙安全到家,便回附近的住处睡觉了。自那个凌晨以后,李允熙再也没有出现。

二、三天前的抢劫

2006 年 6 月 2 日晚,也就是聚会三天前,李允熙遭遇抢劫。李允熙平时都会给孩子当家教来赚取生活开销。那个晚上她做完家教已是半夜,但因为天气很热,路上还有不少行人,她决定步行回家。6 月 3 日凌晨 00:20 左右,当她走在四车道的大路上时,一名骑摩托车男子从她身边飞驰而过,抢走了她装有手机、证件和钱包的手提包。

她在后面追逐。刚好两位路人站在车旁聊天,得知她被抢,路人立刻叫她一起上车去追劫匪。但摩托车驶入一条狭窄小巷后,车子开不进去,没有追上。李允熙当时还向路人借了手机,却发现自己背不出任何一个朋友的电话号码。

6 月 3 日凌晨 2:49,李允熙筋疲力尽地回到家,在兽医系的内部网站上发帖通知同学自己的手机被抢,要暂时断联。她写道:"想想都要哭了""这个世界好可怕"。

据 2017 年 KBS 节目中警察的说法，李允熙 6 月 2 日遗失的手机，最后的信号曾在全北大学三星馆内出现，但抢劫犯一直没有抓到。**正因为这次事件，李允熙失踪时身上没有手机，无法定位。**

三、失踪

6 月 6 日是韩国的法定假日显忠日，全国放假。6 月 7 日上午，李允熙没有到学校上课。因为李允熙已经大四，每天只有一节课，而且大家在准备全国统一的兽医资格证考试时经常逃课，所以同学们没有太过担心。第三天，6 月 8 日，李允熙依然没有去学校上课，也没有联系早先和她约好的同学。知道她手机丢失的同学们感到不安，担心她独自在家出事。于是，包括金某在内的四名同学（两女两男），在午餐时间去李允熙的公寓找她一起吃饭。他们按门铃后，没有人应门，只听见狗叫声。

由于无法打开她的密码锁，他们给李允熙的姐姐打了电话，得知李允熙没有回老家，也没有和家人联系，顿时意识到情况的严重性，便报了警。6 月 8 日中午 12 点左右，警察和救援人员赶到。他们留意到，李允熙的 306 号房正对着马路对面的另一间公寓，或许可以从那里望见李允熙家中的情况。于是，他们来到对面那栋楼，望见 306 室的一扇窗户开着，两条狗躺在地上，房间内乱糟糟的。

警察强行打开 306 室的门。306 是个单间，一览无遗，里面只有李允熙养的两条宠物狗，因为饥饿躺在地上，有气无力。家里充满了狗狗粪便的臭味，鞋子、衣服、撕烂的卫生纸散落在地，应当是狗狗们在饥饿、焦躁的状态下寻找食物所致。

在 SBS 制作的节目中，李允熙父亲表示："如果李允熙是自己出门的，两条狗绝对不会出现这种情况。"因为无人看管时狗狗会随地大小便，所以李允熙每次出门前，一定会把狗隔离在阳台上的多功能房里，一回到家就把它们放出来，这已经成了习惯。

李允熙在 6 月 5 日聚会当晚带的手提包放在桌上，而聚会时穿的衣服和鞋子一同消失了，这似乎指向自行外出。前去调查的警察没有发现门窗有闯入的痕迹，便没当回事，对李允熙的同学们说："她可能出去玩了。"该警察后来解释，当时的优先工作是找人，所以没有仔细查看房间。随后，一男一女两个同学和警察一起回派出所填写失踪案报案报告，而金某和另一名女生 A 没有跟去。

他们干什么了呢？原来他俩留在公寓内，对 306 室进行了彻底的打扫，此举破坏了可能存在于房间内的犯罪证据。

事后面对来自公众的怀疑和指责，A 解释道，警察离开时没有提醒保护现场，大家也没考虑过这房间内可能发生过罪行，他们只是觉得"李允熙父母待会就要过来住了，家里被狗搞得那么乱，我们帮她打扫下吧"，结果却好心帮了倒忙。

两人之中是谁先提议打扫的，不得而知。但据某些文章介绍（可能是 A 的回忆），金某用拖把拖了整个房间的地板，并把收集的垃圾装满一个 20 升的垃圾袋，为了能多装一点，他还用脚踩了几下。最后他把装得满满当当的垃圾袋扔到了公寓外面某处的垃圾桶。

而 A 则把床上的毯子放进洗衣机。但当她打开 10 千克容量的洗衣机盖子时，**发现里面有四条毛巾和一条内裤，已经洗完后粘在洗衣机底部**，没有拿出来晾干。A 没有多想，把毯子一起放了进去，又按了启动键。过了一会儿，去报案的两名同学也回来了，于是四人一起离开。

当天傍晚 6 点多，李允熙的姐姐先到达妹妹的公寓。她在阳台的窗台上发现了一个烟头，因为担心父母看到后责怪妹妹抽烟，她把烟头丢弃了。据李允熙朋友说，李允熙原本在梨花大学上学时是抽烟的，后来虽然戒烟了，但偶尔压力大的时候也会抽。晚上李允熙的父母住在 306 室。他们准备睡觉时却找不到毯子,最后打开洗衣机盖子,才发现它和四条毛巾、一条内裤,一同躺在洗衣机里。

四、被丢弃的茶几

当警方开始刑事调查时,306室内的现场已经被破坏,可能存在的指纹、DNA、脚印等都被清扫,所以没有找到犯罪的线索,也没有发现血迹。警方设想这层楼因为都是单间,隔音不那么好,如果凌晨有人大声呼救应当能听到。于是他们询问了周边几户,当晚306隔壁单间没有人住,而其他几户都表示当晚没有听到异样的声音。

在李允熙失踪后,她房间内的小茶几不见了。女同学J在6月5日中午曾去李允熙家找她要一份资料。当时她注意到李允熙的床上放了一张小茶几,上面放着一杯咖啡。据家人和同学一致的说法,李允熙很喜欢这个茶几,把它放在床上或者地板上当小饭桌用。有次它的腿松动了,她把茶几两条腿的位置交换后,依旧继续使用。

但6月8日中午,J、金某、A和另一名同学随民警破门而入时,J发现那只茶几不见了。6月13日,李允熙的父亲在公寓楼附近四处溜达,看到路边的两个垃圾桶之间有一些居民丢弃的旧家具,而他意外地在这些家具堆中找到了那只茶几。

茶几的四条金属腿都被人卸掉了,只剩下一块面板。而若想拆卸掉这四只脚,需要使用螺丝刀才行。

面板后面留着腿被移动过的痕迹,可以确认就是李允熙的那只。为什么会有人用螺丝刀取走金属脚而留下面板?无论是李允熙还是凶手,似乎都不太可能在6月5日凌晨有空闲时间去做这件事。我认为比较可靠的一种猜测是:这里是附近居民长期丢弃旧家具的地方,**常有收破烂的人光顾,因为金属可以卖**

钱,而胶合板没人要,所以拾荒者用随身携带的螺丝刀卸走了四条腿。

那又是谁把茶几丢弃到垃圾桶的呢?

女同学 J 在 6 月 5 日中午看到茶几后,和李允熙一起去了学校,直到 6 月 6 日凌晨在酒吧分开。而 6 月 6 日天亮后,再没有人见过或者听过李允熙的消息,有极大的可能李允熙是在天亮前失踪的。如果是李允熙自己丢弃的,那意味着她是在 6 月 6 日凌晨近 3 点回到房间后,又出门去丢弃茶几的。她会这么做吗?

李允熙姐姐说,哪怕茶几腿晃动了,妹妹也不太可能丢弃,而是会将就着用,因为读完这最后一个学期就要搬家了,她不会在这时买新家具。而李父也认为,哪怕李允熙真要丢弃茶几,也不会在那个凌晨急着做这件事。

如果不是李允熙丢弃的,那么很可能是和李允熙失踪有关的罪犯丢弃的。他或许在作案时损坏或污染了茶几,为了掩盖这个房间里发生过的罪行,便急着将茶几丢弃。

李父在面板的背面发现一些划痕,以及像血迹或辣椒酱的可疑红点。但后来警方对茶几进行了科学鉴定,没有找到指纹、血液或其他线索。

此外,李允熙的父亲还认为有一把锤子不见了。李允熙的手很巧,家里许多简单的修理工作,譬如钉钉子都是她自己用工具完成的,但在她失踪后,李父没有在 306 室的工具箱里找到锤子,因而怀疑它也被罪犯拿走了。由于其他同学平时没有见过这把锤子,所以不确定它是案发那天消失的,还是原本就不在了。

五、重新出现的笔记本

据同学回忆,李允熙喜欢做非常详细的笔记,会在笔记本上记录每一天的行程和学习内容,并把它随身携带在包里。而她的上一个笔记本和包一起在

6月3日凌晨被摩托车劫匪抢走了。于是接下来的两天,她又重新做了一本,里面记录了几位同学的电话,和她的考试计划、日程安排等。案发后,同学发现李允熙参加聚会用的手提包在家里,但那本新笔记本也不见了。

6月11日,失踪5天后,有人在全北大学兽医系一层的实习手术室找到了这个笔记本,当时它被放在一个有许多电线缠绕的电脑旁边。**有学生说那个笔记本大约一周前就在那里了**,没人在意。

2017年,SBS制作的节目曾电话采访当年找到笔记本的那名男同学,但他表示过去那么多年了,再加上他本来也不认识李允熙,对这事早已没有印象,也不知道为什么警局会有他的笔录。

李允熙作为本科生,平时练习手术的地方是在二楼的手术室,而一楼是犬胸外科,主要是研究生和助教使用的。据此,许多人认为这本笔记本出现得特别蹊跷。**但现在看,这个笔记本极大可能是李允熙自己忘在那里的。**

前文提到,6月5日去聚餐前,李允熙和同学们做了本学期最后一台难度最大的手术,当时就是在一楼的这间实习手术室做的,所以李允熙并不像网传的那样不会去一楼。而且她的同学接受采访时也说,李允熙经常随身带笔记本,随时记录和查看知识要点。而在找到的那个笔记本中,也确实记录着最后一台手术需要的关键信息。所以,很可能是她自己在6月5日傍晚做手术时把它带到一楼,但做完手术后把它忘在了那里,接着她参加聚会后失踪了,笔记本一直留在那里。

有人推测是罪犯把笔记本放到手术室的,但这解释不通。据KBS节目采访,当年非本系的人很难进入兽医系手术室。罪犯如若真的在杀害她时拿走了笔记本,直接丢弃就好了,为什么要冒着极大的风险把它放到手术室呢?而如果凶手是兽医系的,更没有理由要把笔记本放回去,增加系内人员作案的嫌疑。

六、电脑搜索和使用记录

李允熙房间内有一台台式电脑。警方查看该电脑发现，6月6日凌晨2:59，有人开机，打开网站Naver（类似百度），输入关键词："新骚扰"，似乎打错了字，又重新输入"性骚扰"，随后又输入"112"（韩国报警电话）。

李允熙姐姐推测，妹妹遭遇性骚扰后，因为丢了手机，想看看是否可以通过网络的方式报案。但搜索只持续了3分钟，在3:02就结束了。接下来的1个小时20分钟，电脑上不再有搜索活动，直到凌晨4:21有人将电脑关机。

SBS节目采访的电脑专家分析后发现，电脑不是自动关机，而是人为关机，但不清楚是长按电源键关机还是正常关机。而电脑日志显示，李允熙平时没有随手关电脑的习惯。譬如她上一次使用电脑，从6月3日凌晨打开后就一直保持开机，哪怕在6月4日一整天没使用，也没有关机，直到6月5日凌晨才关机。

随着对电脑的继续分析，专家发现一件更奇怪的事：李允熙家人是在6月8日傍晚6点多赶到306室的，7点28分她姐姐第一次开机，**但警方却发现6月8日下午2点18分，已经有人开机了，并于下午5点半左右关机**。那么这个人在李允熙的电脑上花了3个多小时，做了什么事呢？

首先，电脑专家发现，有总共5天的网页浏览记录消失了，它是从6月4日晚上10点48分一直到6月8日下午3点4分，大约就是以允熙失踪的6月6日凌晨为中心，往前两天和往后两天。但当年搜索的记录删不掉。也就是说，警方知道李允熙搜索过"性骚扰"，但不知道她点击了哪几个网页。

这个特定时间段的浏览记录，是被一款叫IE History View的软件删除的。这个软件可以用来查看Web浏览器上的记录，也可以根据需要删除特定时间段的URL。但因为这款软件当年在韩国不太知名，所以警方推测安装使用它的人应当是一个比较懂计算机的人。

其次，电脑上的聊天记录也疑似被删。李允熙常用 NateOn（类似于 QQ）和姐姐、朋友等人联系。在 6 月 3 日包被抢走后，她也是回到家用 NateOn 通知姐姐的。但警方取证时发现聊天记录只剩下 6 月 4 日以前的了，且只剩下她和两个人的对话框。而 6 月 4 日以后的聊天记录则全都被删除了。**那么谁会这么冒险，在报案和打扫房间的同学刚离开、家人还没到来的间隙，潜入李允熙的房间操作她的电脑呢？**

有网友猜测，有罪犯故意输入"性骚扰"混淆视线，但我和节目采访的心理专家持一样观点：不太可能。我的理由是：首先搜索的时间是 2:59，正是李允熙刚刚回到家的时间。如果有罪犯造假，应当趁她不在家时偷用电脑，或者在已经杀害她、处理完尸体后，才有时间慢慢考虑这一步的伪造。2:59 到 3:02 这个时间点，更符合她本人刚到家时使用电脑的习惯。

其次，罪犯即便真的想通过这种途径干扰视线，也应当是输入离家出走、抑郁轻生方面的关键词，才可能让警方和家人停止追问；而输入"性骚扰"反而指向了犯罪，更激发家人和警方的调查。所以这种伪造说不通。

再者，如果真是罪犯在用电脑，故意在 6 月 6 日凌晨搜索"性骚扰"和"112"来误导他人，那就没必要在 6 月 8 日下午又冒险潜入 306 室删除这两个关键词的浏览记录。因此聚会那个凌晨的"性骚扰"很可能是李允熙本人在电脑上输入的。至于她为什么只搜索了三分钟，很可能是被什么事打断了。

七、搜索

在接到失踪报案后，警方成立了专案组。他们对当晚参与聚会的 40 人的不在场证明都进行了调查，还把调查范围扩大到兽医系其他老师和学生。他们曾对包括金某在内的 22 人进行测谎，但没有发现谁有明显的嫌疑。警方表示:"我们对周围每个人都进行了六七次传唤和调查,但无法从李允熙周围人那里找到任何线索。"

为了找到失踪的李允熙,警方还动员 15000 人,16 次出动搜救犬,进行大范围搜索。他们彻底搜查了嘉莲山、建地山和黄房山等地区,以及学校校园、空置房屋、废弃建筑、垃圾场等,但都没有找到任何线索。他们还制作了 3 万份带有李允熙照片的传单在全市分发。

李允熙似乎人间蒸发了,而此时一个恐怖的说法却流传开:她可能已经和动物尸体一起被焚烧掉了。

李允熙就读的全北大学兽医系每周都会收集解剖动物的尸体,作为医疗废物送去焚烧。据警方事后查阅兽医系的记录,在李允熙失踪报警那天(6月8日),兽医系送出了 110 公斤的动物尸体。在 SBS 的采访中,当年回收废弃物的企业称,兽医系或者动物医院有义务把动物尸体包装好并用胶带密封。回收企业不会拆开这些包装好的箱子,而是直接把它们送进焚化场。

110 公斤足以包括李允熙的体重了,那兽医系平时送出的动物尸体重量是多少呢?我查到一种说法,平日里兽医系每周送出的动物尸体重量只有 40多公斤。在解剖牛或马等大型动物的日子里,才会出现比平时多得多的尸体,但 6 月 5 日学期就结束了,那周并没有解剖大型动物。**如果以上属实,那 6月 8 日多出来的几十公斤重量确实很可疑。**但因为等警方调查到那条线时,那周的医疗废物已被焚毁,所以也只能停留在猜测阶段。

接下来我会讨论几种可能性,并给出自己的猜测。

在讨论前首先明确三点:(一)6 月 6 日凌晨的 3 分钟搜索记录是李允熙自己搜的;(二)两条小狗是她回到家后第一时间放出来的,这也符合她的日常习惯。罪犯通常只会嫌狗碍事把狗关起来,没有理由会从本来被隔离的多功能室放出来。以上两点说明,李允熙在 6 月 6 日凌晨聚会结束后,确实回到家了。

（三）李允熙最有可能在那个凌晨出事，不然 6 月 6 日是假期，她应当会和姐姐、朋友等任何人在网上联系过，或者出门做什么事，留下目击者。但现实中，她在 6 月 6 日凌晨回到家后就再无音讯。那么，她在那个凌晨去哪儿了呢？

下文中我会结合更多细节，讨论李允熙身上可能发生了什么。

八、自杀说

这世界上有很多离奇的失踪都是失踪者自主的行为，因为当一个人主动想要消失、不被人找到时，更可能做到毫无痕迹，警方也自然找不到犯罪线索。对于这个案子，也要先考虑这种可能性。

送李允熙回家的男同学金某在早年接受过媒体采访，描述了一个失踪当晚心事重重、情绪反常的李允熙。

他说，在期末聚会结束时，李允熙没有向教授和同学们打招呼，就一个人跑出了啤酒吧。金某拿起包，追了上去。当时教授已经结账了，其他同学还没散场。

"我在旁边一起跑的时候问过她：你做手术也累了，我也很累，为什么还跑这么快？她没有说话。跑着跑着，直到拐弯才放慢步子。我问她，是否发生了什么事，她还是没有说话。"

穿过人行道后，李允熙说要一个人回去，便从金某手里接过了包。而金某跟上去，目送她回到 306 房。

因为媒体采访的另两位同学都说李允熙那天晚上看上去和大家聊得很高兴，那如果金某的说法成立，更可能是在聚会接近尾声时突然发生了什么让李允熙不快的事，或者李允熙酒后突然想到什么心事，才情绪大变。

我们朝这个方向做一个假设：李允熙的年纪比同学大一些，本科毕业后换一个专业重读表明她是个理想主义者。她在最后一次实习手术后落泪，可能因为觉得自己技不如人，而换到兽医学院重新读本科，她付出了比别人更高的成本，无法承受失败。如今临近毕业，她也面临找工作的压力。再加上最近这段时间接连遭到挫折，先遭到抢劫，又遭到性骚扰，心情郁闷。同学说她压力大时会抽烟，而姐姐也发现了烟头。

此时的李允熙表面依然开朗，实则不堪重负，她在学期结束后的凌晨喝了酒后，伤心难抑，回到家后又自行出走，想找个没人发现的地方自杀。离开前，她因为觉得自己不会回来了，便把电脑关机，把狗从多功能房里放出来，并且连包都没带上，只穿上鞋子就走了。因为是自己离开的，邻居也没听到任何动静。

有这种可能性吗？

在综合其他证据后，我认为上述可能性很低。

首先，看当事人的性格。在许多自杀案中，家人朋友都并不真的了解自杀者，会泛泛地将其描述为"性格开朗"，但李允熙的性格得到了周边人更可信、更精确的描述。**同学说她积极、大胆、干脆、豪爽**，而她也一直和姐姐密切联系，有很多朋友、同学会给她心理支持。假设她那阵子突然情绪恶化，想要轻生，会没有人发现任何迹象吗？会不和家人朋友道别，没有给任何人留下只字片语，哪怕是伤感的模糊的暗示都没有吗？——确实有不留任何遗言的自杀，但那通常是偏内向、孤僻之人。

其次，李允熙不太可能因为找工作压力大而自杀，因为她都还没开始尝试找工作。和李允熙一起做最后一台手术的女同学接受采访时称，李允熙做手术"很厉害""进步很快"。她手术后落泪更可能是她对自己的要求比较高。她此时的求职计划也很明确，是想考兽医官（公务员），但这时她都还没开始考。

再者，如果是因抑郁等问题自杀，这种失踪者到了最后一刻通常思维狭窄、悲观，聚焦在自己的痛苦上不可自拔。但李允熙聚会一回到家立刻打开电脑搜索"性骚扰"和报警电话，这是意志力顽强，抗争意识强的表现，也符合李允熙过往果敢的性格。以她当时的性格和心理状态,不太可能当晚就默默自杀了。

第四,有两名女同学分别接受采访时都称,李允熙性格大胆果敢,当她的包被抢时,她会立刻去追;假设遇到骚扰,她也不会善罢甘休。以她的性格,她不可能因为性骚扰受辱就自杀,并连什么控诉书都不留,谁都没告诉(就连极度胆小的女孩也不至于如此)。

第五,她是一名兽医,且非常爱自己的宠物,6 月 6 日凌晨她一回到家就把狗狗从多功能房放出来,也证明她在被性骚扰困扰时依然关心狗狗们是否舒适。因而她不太可能没有留下足够食物,也没有提示任何人来照顾它们就去自杀,万一它们再晚两天被发现,岂不饿死了?

第六,她在那个凌晨若满心只有自杀的念头,不太可能还顾得上外出丢弃茶几,以及洗毛巾和内裤。

综上,我认为这个案子并没有什么证据支撑她是离家出走或者自杀。

那么,李允熙是被人杀害了吗?这和性骚扰有关吗?

九、性骚扰

性骚扰发生在何时,又是谁做的?

警方一直没有确定性骚扰的嫌疑人。

据李允熙姐姐说,妹妹对烟味和汗味很介意,通常回到家会先把衣服脱下,卸妆,换上居家服。案发时是夏季,她又参加了那么多人的聚会,且回到家是凌晨不会再出门了,更应当那么做。**但她却是和聚会时穿的衣服鞋子一起失踪的。**

根据 KBS 节目测试,凌晨 2∶30 左右离开酒吧的李允熙,应当于 2∶50 多回到公寓。

而搜索记录发生在 2∶59（还要算上老式电脑开机的时间）。

这意味着，她回到家、把狗狗放出来后，都没有顾得上换衣服和卸妆，第一件事就是坐下来、打开电脑，进行搜索。而且她第一次输入"性骚扰"时还拼错了，可能是情绪激动所致。

从李允熙搜索的急切看，性骚扰更可能刚刚才发生，她正处于恐慌和气愤之中。

有人猜测性骚扰会不会发生在更早的时候，譬如前阵子在兽医学院，某个权高位重的教授骚扰了她，或者当天手术前后。这种可能性当然不能排除，但综合所有证据看，**其可能性不如刚发生的大。**

如果性骚扰已经发生了几天，或者 6 月 5 日白天发生的，以她的性格不太可能会不声不响，一直独自忍到 6 月 6 日凌晨回家，才默默搜索报警方式。如果说她是顾忌骚扰者的权力、地位而不敢告诉任何人，那她现在不和任何人商量，直接报警岂不是把事情闹得更大？而且如果这事已经发生一阵子了，她还会有一到家连衣服都不换就搜索的迫切和冲动吗？

综上，性骚扰更有可能发生在派对上，或者回家路上。

同学们都表示聚会上没有发现任何异常，那会不会发生在厕所之类看不见的角落呢？在 KBS 节目中，一个女同学回忆，6 月 5 日那个酒吧的洗手间格局是：外面是男式便池，里面是一个男女都可用的蹲坑，中间只隔了一扇不是很牢固、下方有较大缝隙的门（在韩国这样的男女共用洗手间很常见）。

而金某在早年的采访中说，聚会时李允熙大约去了三次洗手间，有一次从洗手间回来，她开玩笑似的问金某："是不是你跟着我去洗手间了？"金某对李允熙说："我为什么要跟你到洗手间？"

金某在采访中这么说似乎想暗示有其他人去洗手间偷窥李允熙，**但这不是刚好证明，李允熙在那一刻的第一怀疑对象就是他吗？**这也符合李允熙的性格,她怀疑谁就会当面质问。

当晚李允熙坐在金某和一位教授中间。金某说李允熙没和任何人打招呼就跑出酒吧,还在路上一言不发地奔跑,似乎想说明她在派对上遇到了什么委屈,还想把矛头指向教授。

但一个女同学在接受采访时说,如果李允熙在聚会上遭到性骚扰,以她的性格很可能当场翻脸,理直气壮地问:"你在干吗?"

我的看法是,李允熙搜索了112,说明这种骚扰行为已经严重到可以报警的程度,让她回到家时还处于非常愤慨的心情中。如果这是发生在派对上的,她为何没给任何同学暗示? 按金某的说法,两人在回家的路上还"手牵手",李允熙为什么没向他求助,没向他借手机报警?

李允熙父亲后来多次拜访那个酒吧,认为这不是一个会发生性骚扰的地方。如果有人在厕所里偷窥,女儿大喊一声,外面人都听到了。他觉得没有人胆子那么大,会在那么多同学和老师在场时做这种事。

这里我要强调一下,会不会当众性骚扰完全看性骚扰者的个性以及他对被害者的评估,有些色魔感觉到女方气场弱、胆小,完全可能为了刺激而这么做。家属认为,骚扰者如果了解李允熙的性格是不敢的。

李允熙的家人这么多年来坚持认为,金某长时间暗恋女儿,性骚扰就发生在金某尾随女儿回家的途中。

综合已经确认的证据来看,李允熙家人推断的这种可能性比较高。

十、出门报警遇害?

李允熙家不远处有个公用电话亭,一些网友猜测,她可能凌晨想出去报警或者给朋友打电话时,遭遇不测。这么猜测有一定理由:她当天身上穿的衣服和鞋子都不见了,像是自己外出的,但是又没带包,可能是短暂外出。

但考虑到其他细节，其实这种推断的可能性也很低。

首先，据姐姐说，李允熙如果想报警，并不需要凌晨跑出去找公用电话。在她的包被抢走的那个凌晨，她都没有用沿途的公用电话报警（打112不需要投币），而是回到家后用NateOn通知姐姐和好朋友们，第二天由姐姐代为报警。

其次，姐姐说，李允熙如果觉得有危险的性侵犯在外面的话，恐怕更不会凌晨一个人冒险跑出去，而是会在网络上向姐姐和朋友求救，让她们代为报案。

再者，有女同学接受SBS采访时表示，当年他们同学去查过附近公用电话亭的通话记录，没有人拨打过报警电话。

综上，我认为李允熙最后出事的地点就是在306室内，她只搜索了三分钟，是因为有人上门、打断了她。

十一、陌生歹徒论

电视节目采访了兽医系的另一位女生闵昭熙。她住在李允熙家旁边一栋公寓楼，她所住的单间挨着楼梯。那个公寓楼晚上灯光很暗，也没什么人出没。有天晚上她独自回家，走到家门口时，一个年轻男子突然窜出来，她吓得尖叫起来，那人便跑掉了。她赶紧进屋拨打了112。

几天后发生了一件更可怕的事。那个深夜她想做宵夜吃，却发现煤气灶怎么都点不着。因为她很胆小，所以直到第二天白天才敢出门检查，却发现只有她家的阀门是关着的。她怀疑罪犯故意关掉了她家煤气灶的阀门，想趁她晚上开门出来检查阀门时，闯入她家。

李允熙住的那栋楼和闵同学的楼共享同一个地下停车场，而她的房间也紧挨着三楼楼梯。有人因此猜测，李允熙会不会遇到了作案手法相似的歹徒。

还有人认为，她的失踪可能和那次抢劫有关。劫匪或许并不是在街头随机寻找目标，而是有意挑选她的。也或者，抢劫犯在得到她的手机、证件、笔记本后，知道了她是谁、做什么工作、日程安排等，于是对她二次作案。

如果是这种情况，李允熙搜索的"性骚扰"可能和她的失踪无关，只是刚好那阵子都被她撞上了。

据媒体报道，李允熙的住所附近居住着33个有盗窃前科者和25个有强奸前科者。2009年，也就是李允熙失踪3年后，一个住在全州市的连环性侵犯被捕。

这个30多岁的男子在长达8年时间里，持续持凶器闯入民宅，将女性捆绑起来进行性侵，然后逼迫女子洗澡洗去罪证后，自己离开。他被确认作案26起，实际可能多达50起。当警方还在调查其他案子（包括李允熙案）和他的关联时，他在狱中自杀了。

有人怀疑，李允熙案也是他做的。不过从报道看，该罪犯此前的案子似乎只是性侵，没有被证实有杀人的先例。

无论罪犯是谁，都涉及到一个问题，陌生人是如何在凌晨进入306室的？

首先，陌生人不会知道李允熙那天参加聚会、几点回家，只能长时间在她家门口埋伏。且不说那个楼梯口没有什么地方可以藏身，**就算真的有人埋伏，其目的通常都是为了趁她开锁时，捂住她的嘴一起挤进去（像对闵某一样），而不可能等她已经进屋关门、放狗、开机、在电脑上搜索三分钟后，才去按门铃。**

凌晨三点有陌生人按门铃，大部分人都不敢开门，李允熙也没有理由给陌生人开门。而警方到达时，发现门锁完好无损，证明没有人撬锁、硬闯过。因此，陌生人从门闯入的可能性极低。

那么还剩下一种情况，即歹徒是从三楼窗户爬进去的。SBS节目提到，6月8日警方到达时，306的一扇小窗是开着的，窗外有管道和空调外机，理论上可以攀爬进入。

有人猜测，当李允熙坐在电脑前搜索"性骚扰"时，突然有歹徒从窗户爬进去，打断了她的搜索。

但如果看到房间的布局就会知道这种情况不太可能了。因为她的写字桌就对着窗口，窗外有任何动静，她第一时间就会看到、听到。她如果发现窗口有人想进来，可以关窗、喊叫、从大门跑出去，总之不会坐以待毙。

另一种情况是，歹徒在她回家前就已经从窗户爬进去，藏在了床底之类的地方等她回家。但李允熙回到家第一件事就是把两条狗放出来，而狗的嗅觉灵敏，很可能会发现狭小的单间里藏有陌生人。正常情况下狗会对着歹徒的藏身之处吠叫，提醒主人，即便有些温顺不吠的，也应当围着歹徒的藏身之处嗅个不停，表现得焦躁不安。学兽医、了解动物习性的李允熙应当会注意到狗狗的异常反应，发现罪犯。在这种情况下，她没有机会坐下来打开电脑搜索三分钟的。

其次，也是更重要的一点，随机入室作案的陌生人完全没有理由在 6 月 8 日警方已经介入调查后，回到 306 室删浏览记录和聊天记录，TA 也不可能知道李允熙的同学何时离开，家人何时到达，巧妙地把握住这个时间差。

再者，警方后来在李允熙的家里找到了她做家教收到的 40 万韩元（约合2139 元人民币），可见财产犯罪不是动机。而我以前说过盗奸不分家，那些入室性侵犯作案，顺手牵羊盗取钱财是常有的事。

综上，李允熙住的街区可能确实不够安全，但并没有证据显示她当天遇到了陌生罪犯。如果这个罪犯随机挑选受害人，提前踩点，知道她家里有两条狗，也很可能不会选她作为目标。

从证据看，当晚的来访者是一个李允熙认识、会主动开门的人。那人如果以前来过，两条狗见过他，或者他身上有其他犬类的气味，那么两条狗也可能反应平静。

正因为这个人和李允熙在网上交谈过,并且性骚扰过李允熙,害怕聊天记录和浏览记录暴露自己,才必须冒着很大的风险回到306室操作电脑。

十二、金先生论

金某和李允熙到底是什么关系呢?

金某当年27岁,比李允熙小两岁。在他的陈述中,他和李允熙关系暧昧,一起看过电影,也去过其他地方玩,李允熙穿过他送给她的衣服,两人接过四次吻,没有发生过性关系。他声称因为李允熙不希望被其他同学知道,两人没有确认情侣关系。

值得注意的是,以上都是他单方面的说法,没有合影、短信、聊天记录、同学证词能证明两人之间存在暧昧关系,班级合影中他俩也不站在一块。就连他自己说的,当晚李允熙让他在100米外的巷子口止步,以及在酒吧问他是否尾随她去了厕所,也间接说明李允熙对他并没有那么信任和亲密。

李允熙最好的朋友在早年的节目采访中说,金某和李允熙并非情侣,李允熙(如果听到这种说法)也会否认他俩是情侣。

早年电视节目报道了另一件事。李允熙姐姐有次去金某家中找他,趁他去厨房做晚饭时,偷偷搜查他家。她发现一本内容与妹妹相关的日记本,被吓到了,没有跟金某打招呼,直接把手册拿走交给了警察。**日记本显示,金某曾收集李允熙掉落的头发,并偷偷记录她每天的习惯、日程、心情和装扮**,譬如他会写李允熙今天穿了什么裙子,看起来开不开心等。

金某在采访中承认他记录过几个月,又称"学生都会记日记嘛",他单纯是因为喜欢李允熙才记录的。他觉得很委屈,声称他也收集了他俩一起看电影的票,以及李允熙送给他的东西。他说自己并不是跟踪狂。

金某自然是警方的重点怀疑对象。

金某自称在 6 月 6 日凌晨送李允熙回家后，就回自己在附近的公寓睡觉了，早上 10 点多才起床。但因为他一个人居住，没有人可以提供不在场证明。

警方后来问他是否愿意接受测谎，他立刻同意，并通过了前后四次测谎。

他也同意让警方去他家做血液测试反应。警方将他穿去聚会的衣服、裤子、鞋子，以及在他家的厨房和房间都搜集了证据，拿去测试。发现在他那天穿的 T 恤上有血液反应，但检测不出人类 DNA。由于金某家的宠物狗患有尿道炎（容易出血），检测人员判断这些是动物血。

警方考虑到，如果李允熙是在 306 室内遇害，凶手需要把尸体搬运出去处理，很可能会用到车，但金某本人并没有车，于是他们怀疑金某的父亲或叔叔曾协助过他，但对他们的车辆鉴定后，也没有什么发现。

李允熙家人始终坚信金某就是凶手，而金某则一直喊冤，在早年的节目中甚至呜呜地哭诉自己的委屈（节目给他的面部打码，只能听到哭声）。**最后因为没有证据，警方排除了他的嫌疑。**

如今，金某结婚生子，经营着一家宠物医院。

案发 13 年后（2019 年），SBS 节目曾想采访金某。金某称，由于警方的调查和媒体采访，以及李允熙家人和网民的示威活动等，他当年承受了巨大的压力，如今不想再对此事件发表任何言论，坚决拒绝了采访。

那么，金某到底和李允熙的失踪有没有关系呢？

在深入了解这个案子前，我认为这多半又是网友的瞎猜。因为在很多悬案里，网友最喜欢猜测的，就是受害者身边的人，逮到一个是一个，譬如南大碎尸案，竟然有许多人怀疑刁爱青的室友在宿舍里作案。其实很多时候凶手可能是一个从来没有进入过警方视野，更没有被报道过的人。

但当我仔细看完这个案子的信息后，我却认为这次受害人家属或许是对

的,金某的嫌疑确实很大。

具体原因如下:

(一)6月8日下午2:18到5:30之间,有人在306室操作李允熙的电脑。谁愿意冒着那么高的风险,删除有关"性骚扰"的浏览记录和聊天记录?

自然就是那个"性骚扰"李允熙的人。

前面已分析过,以李允熙的性格,一回到家,立刻激动地坐下来搜索"性骚扰"和112,很可能刚刚遭到性骚扰,咽不下这口气。而如果是在回家路上发生的,有机会性骚扰她的只有金某。

(二)谁能够准确知道6月8日报警的四个同学几点离开、李允熙的家人几点赶来,而这么巧妙地把握这三个多小时呢?

答案:金某和其他三个同学都有可能,因为也是他们通知李允熙家人,让他们赶来的。

6月8日下午2点18分,电脑已经被开机,而根据另一篇文章,那天下午3点多,另两名同学才结束做报案笔录。

如果属实,2点18分时,只有金某和女同学A两人还在306室内打扫或者等待,那么当时开机的只能是他俩之一。

(三)李允熙6月6日凌晨2:50多回到家,2:59—3:02,搜索3分钟后被打断,这说明凶手在她刚到家3—10分钟就上门了。

什么人会如此精确地知道李允熙回家的时间呢?送她回家的金某有这个条件。

(一)(二)(三)要同时满足,只剩下金某。

(四)大家想想,凶手为什么在杀人后要费这么大力气、冒着被人目击的风险也要移走尸体?如果只是抢劫杀人,凶手只要把自己留在现场的指纹脚印抹去,逃离现场就行了。必须要移走尸体,很大可能是因为死者尸体上留有凶手的痕迹，且无法抹干净。

以 2006 年的技术（当时的"触碰 DNA"还没那么多应用），**最有可能定罪凶手的，是性侵时留在受害人身上或者体内的精液**。再加上现场财物没有损失，凶手的动机应当就是性。

金某宣称他和李允熙有暧昧关系，这一点没有任何证据支持，但他迷恋李允熙却是有确凿证据的。在节目中李允熙姐姐讲述了那个日记本——金某偷偷搜集妹妹头发、记录妹妹每天的衣着、发型、情绪，不像是情侣之间的行为，而更像是某个单方面迷恋的跟踪狂所为。

他对李允熙的迷恋使他具有性骚扰甚至性侵、杀人的动机。

（五）金某是李允熙失踪前最后的目击证人，掌握李允熙最后的行踪和状态，且自称是十分"担忧"李允熙安危的"暧昧男友"，竟然没有和另两位同学一起去警局报案、提供信息，而是留在 306 室和一个女同学一起打扫卫生，这很不合理。**此行为有心虚、回避做笔录，以及破坏现场和销毁证据的嫌疑。**

（六）6 月 6 日凌晨李允熙到家后，金某究竟几点离开的？他因为独居，没有不在场证明。根据李父写的控诉书，**在警方调查过的同学老师中，金某是唯一在那个凌晨没有不在场证明的。**

以上每一条都会筛掉一些人的嫌疑，只有金某一直留在这里，越来越显眼。

性骚扰的人＝删除记录的人＝知道 6 月 8 日下午 306 室何时无人的人

知道李允熙 6 月 6 日凌晨到家时间的人

有性侵杀人动机的人

回避去警局做笔录的人

没有不在场证明的人

能说服李允熙凌晨开门的人

十三、对本案的完整推测

本案没有结论，以下是我基于事实的推测，仅代表我个人想法：

金某和李允熙是同学也是朋友，但金某单方面对李允熙有性幻想，可能案发前在 NateOn 上表白过，李允熙拒绝了他，也刻意疏远他。而金某依然紧追不放，年终聚会时也挨着她坐。从采访时痛哭流涕喊冤的表现看，金某有可能是那种会死缠烂打，犯错后痛哭下跪的类型。

聚会当天，李允熙进入里面女厕所蹲坑后，发现外间有男士使用。她的第一怀疑对象就是金某，出来后当面问他，金某否认（或许确实不是他，只是其他客人），李允熙也没有证据，只能作罢。

聚会快结束、教授去买单时，李允熙为了避免待会和金某同路回去（两人的住所离得近，且顺路），才不和同学打招呼、偷偷先走一步。没想到金某发现后很快追了出去。李允熙在路上不想搭理他，一直快步走在前面，金某跟在后面（符合金某某次所说的，李允熙一言不发跑得很快）。

接近凌晨 3 点，路人极少，金某酒后性欲上头，又知道李允熙没有手机，联系不上任何人，更加大胆。到了黑漆漆的巷子口，李允熙叫金某不要再跟着自己。但当她走在 100 米的巷子里时，金某却冲过去抱住她，对其进行性质严重的性骚扰。

李允熙怒斥并挣脱他后，冲进了公寓楼。

金某怕惊扰邻居，不敢追进楼道。李允熙进屋后怒气难消，把狗顺手放了出来后，就坐到电脑前搜索性骚扰、报警。而金某并没有离开，他在楼下看着她亮灯的窗口，欲望依旧强烈。

金某可能尝试着在手机上通过 NateOn 给李允熙发消息，称自己只是太喜欢她，没忍住，希望能当面解释（所以后面需要潜回来删除聊天记录）。

NateOn 弹跳出消息，打断了李允熙的搜索，她开始回复消息。以她的性格不会接受道歉，甚至可能吓唬金某，自己会去报警。金某有些慌，眼看着就要毕业，一旦报警，他的前程就被毁了。

当然也可能他当晚没有在 NateOn 上联系李允熙，而是等待片刻后，又上楼按门铃。他可能在 NateOn 上或者隔着门，小声地用某个理由骗她开门，譬如他只是想要道歉、解释，见一下就走，或者要还给她某个东西（譬如她的包还在他手上）。

由于是老同学，李允熙自以为了解他没胆子做其他事，便给他开了门。两条狗因为见过他几次或者在他身上闻到了熟悉的兽医系的气味，没有什么反应。

金某等门一关上，立刻暴露本性，突然捂住李允熙的嘴，把她推倒在床上或地板上侵犯她。刚好放在那的茶几被两个人的重量压弯了腿。

为了不让李允熙呼救，（内心也有杀人灭口，制止她事后报警的动机），他将李允熙掐死或用毯子闷死。

等性侵结束后，他发现李允熙已经窒息而亡。他慌忙找来四块毛巾擦拭自己和李允熙身上的体液。李允熙内裤上也沾有精液，他不得不把用过的毛巾和她当天穿的内裤都扔进了洗衣机，按下了启动键（10 公斤洗衣机还是挺大的，正常而言只洗这么少东西并不合理。因为他不可能留在 306 等洗衣机洗完，所以最后那些洗好的毛巾一直没拿出来）。

由于李允熙的尸体上还留有他的痕迹（指甲里的皮屑或者精液），考虑一番，想好了抛尸计划后，决定把尸体转移走。

这让我想起 2021 年发生在上海的一个案子。一名男子进入独居女子的家后将她杀害，几个小时后把她装入大行李箱，带到无锡后抛尸。为什么他不丢下尸体溜走，而要冒这么大风险把尸体转移出去，最后被小区监控逮个正着？合理推测，男子性侵过受害人，受害人身上有他的精液等，无法彻底清理，只能这么做。

那么，金某没有车是怎么做到转移尸体的呢？或许正如警方怀疑的那样，他打电话给他父亲、叔叔或其他亲人求助，哭诉自己失手杀了人，希望对方能帮他一把，带个箱子，把车开到李允熙家的地下停车库等着。

如果是窒息死亡，尸体又装在包或者箱子里带走，警方在 306 没发现血迹，在他家人的车上没检测出痕迹，也十分正常。

金某想要伪造李允熙自己回到家后又外出了的假象，便顺手带上了她当晚穿的那双鞋子。

他看到茶几腿被压弯，无法掰直，十分心虚，便带它一起出门。他看到电脑屏幕亮着，就顺手将它关机。

关机时是 6 月 6 日凌晨 4:21，也就是李允熙回家近一个半小时后。

由于 6 月 6 日是国假，凌晨四五点时这栋楼里的年轻居民基本都在睡觉，金某和同伙离开时没有撞见其他居民。

车子离开时，路过两个垃圾桶，金某看到那里堆了许多旧家具，便停车，把茶几藏在里面，以为它很快会被垃圾车收走。但后来茶几被拾荒者发现，卸走了腿。

最后他把尸体带去了哪儿呢？

一种可能是带到兽医学院，因为 6 月 6 日是国假，系里没有人，他可能像许多人猜测的那样，在手术室肢解了尸体，把她和那些动物尸体混在一起，并打包密封。但我个人认为这么做风险其实很高，毕竟是公共场所，万一这期间刚好其他师生来学校撞见呢。

有了车以后他其实完全可以去到更远的地方抛尸，抛入大江大海或者荒山上掩埋，除非罪犯自己交代，否则如同大海捞针。

金某回去后细想，才发现自己还有许多疏漏，譬如和李允熙的聊天记录没删，以及毯子上可能蹭了自己的体液，家里可能有指纹、脚印，惶惶不可终日，但他因为不知道李允熙家门的密码，无法回去补救。

6月8日中午，当他听说有同学要去找李允熙时，急忙加入了他们。当另外两人去警局做笔录时，他必须留在306，寻找机会补救。他可能以某种不明显的方式引导A，譬如："唉，被狗搞这么乱，待会他们来了怎么住？"A自然会说："是啊，那我们要不要帮忙整理呢？"借着这个机会，他清理掉了自己可能留下的痕迹，甚至可能是他先提示A："这毯子被狗拖地上了，太脏了。"于是A把它扔进洗衣机。

金某可能趁A在厨房、卫生间打扫或者出门扔东西时，打开电脑，因而下午2点18分电脑就被开机。但因为A很快回来，他不敢继续操作。

当他们四人离开后，他又独自折返。他可能走的时候故意没锁死门，或者门锁被警方破门而入时损坏，锁不上了。

他算准了李允熙家人从其他市坐车到达的时间，趁这两三个小时下载软件，清理电脑。他主要目的是清理自己之前向李允熙表白并被拒绝（或许也有案发凌晨）的聊天记录，以及浏览历史里关于性骚扰的页面。但为了不引起怀疑，他还故意多删了前后几天的浏览记录，并删了除他以外其他几个人的聊天窗口。可惜，搜索引擎的搜索记录无法删掉。

这也解释了为什么6月6日、6月7日，某人没有进去操作电脑删东西，反而要等到6月8日警察来过后、家人来之前那个间隙才做这件事。**如果此前凶手就是通过爬三楼窗户进入306室的话，他随时可以爬进去删电脑、打扫卫生。**但正因为他之前就是走正门进去作案的，所以只能等到警察来破门而入后，才能找机会再次进入。

那么他是怎么通过测谎仪的呢？测谎仪是通过人的心率和呼吸来判断说谎与否，知道这个原理后，其实是有办法糊弄的，以前的案子里也写过被确认的罪犯此前通过了测谎。兽医系或者其他学医的人可能更有办法，我就不详细写了。

我认为以上是最顺畅的,和所有确认的证据之间都不会产生矛盾的一种推论。

警方既然怀疑金某,应当定位他那几天的手机信号以及调取通话记录,了解他在那个凌晨移动的方位,以及是否和谁通过话,或许才能找到抛尸的地方。但节目中多个警察接受采访,讲述了查他衣服上和家里的血迹、查他家人的车、四次测谎……没有提及调查手机记录,不清楚是不是 2006 年韩国的这个技术还不成熟。

十四、后续

2006 年 6 月 10 日晚,也就是李允熙失踪的第四天,有人试图用李某的账户访问音乐网站(应当是输入了李允熙的邮箱手机号之类接收验证码,那些设备掌握在警方手里),警方调查 IP,发现是在首尔的一家酒店。他们调取监控后找到了一对情侣,认为是误操作。

2007 年初,李允熙的姐姐接到一个陌生电话,打电话的人声称“允熙没钱打电话,所以让我代为转达,她好想你。”警方追踪来电号码,发现是光州市中心的一个公用电话亭,最后通过分析附近的监控录像,找到了一名 27 岁男子。他和李允熙案无关,只是一个在车祸中脑部受损的精神分裂症患者。

还有一个 40 多岁的通灵者到警察局,声称李很可能被藏在了地下供水和污水处理设施中。警察和她一起搜查了公寓附近的排水系统,没有任何发现。

李允熙失踪后,她的父母从京畿道安山市来到全州寻找女儿。他们在全城张贴海报,并拜访她过去的朋友了解女儿的下落。他们像侦探一样,拆下大门的密码锁研究,绘制了酒吧当晚座位的平面图,重新走女儿当晚走的线路。他们还用全家所有的资产,悬赏一亿韩元(约 52 万元人民币),征集女儿的下落。

每年,警方都会在李允熙失踪的6月,召开新闻发布会,通报进展。

李允熙的家人慢慢老去,他们始终坚信金某是凶手。但这个案子错失良机,凶手也不太可能主动招认,或许将永远成为悬案。但李允熙的家人和社会不会忘记李允熙,人们一遍遍的追问和媒体的反复重提,或许也会让凶手的内心不得安宁。

3.

一段孽缘，两条人命，30年前震动华人世界

"华人辛普森案"

一段孽缘，两条人命，30 年前震动华人世界

31 年前，25 岁的青岛姑娘张蕾与她年仅 5 个月的孩子在美国一间高档公寓内被人残忍杀害。4 个多月后，此案才宣告侦破，张蕾情人蔡信泽的妻子苏美云因涉嫌谋杀被美国警方逮捕。

同时期，南加州发生了辛普森杀害前妻案，两个案子几乎同时在洛杉矶开庭审理，此案也被称为"华人版辛普森案"。

此案的审判一波三折，对于苏美云到底是不是真凶，至今有不少争议。除了法律问题外，此案也被某些媒体冠以"全球华人包二奶第一案"，一部分人认为苏美云丧心病狂，为了争风吃醋连婴儿都不放过；另一部分人则认为张蕾插足他人家庭咎由自取。

我在本文中参考书籍和媒体报道，对互相矛盾的信息进行了辨别，以我自己的线索讲述这起案子的经过，后半部分是我个人对苏美云到底是不是凶手，以及该如何评价本案的三位当事人，给出的分析和看法。

一、发现尸体

1993 年 8 月 17 日，炎炎夏日，台湾富商蔡信泽先从北京坐飞机来到香

港,随后飞往美国,打算去看望张蕾母子。张蕾是蔡信泽的情人,5个月前在洛杉矶一家医院诞下一子,随母姓,取名张启威。

蔡信泽在香港登机前给张蕾打了电话。张蕾的声音听上去十分开心,表示自己会开车去洛杉矶机场接他。不曾想,那个电话成了两人之间的最后一次联系。

8月18日上午10点多,蔡信泽搭乘的联合航空航班降落在旧金山机场。他趁着转机时,匆匆在机场商店为儿子张启威选购了一只玩具熊,又立刻坐上美国国内航班,前往洛杉矶。

但是,当18号下午2点左右,他降落在洛杉矶机场后,却没有在接机口等到张蕾的身影。于是他只能叫了辆出租车,前往张蕾母子在橙县米逊威荷市的住所。

张蕾租住在一个带公共泳池、假山和喷泉的高档小区。小区里有许多栋相似的新建两层公寓楼,而母子俩住在其中一栋二楼的一间公寓。

蔡信泽在下午两点半到达。他看到张蕾那辆红色本田小车停在楼下,判断她在家,便上楼按门铃,却始终无人应答。他猜想,或许张蕾带着儿子搭朋友的车出去玩了,便在玩具熊的发票后留言,说自己在物业办公室等她,随后把发票夹在门上。

蔡信泽带了行李找到附近的公寓管理处,自称是张蕾的丈夫,希望能拿到公寓门的钥匙,但由于他的名字不在租约和应急联系人名单上,物业工作人员不能提供,而是让他在办公室休息等待。

他在沙发上打了个瞌睡,一直等到17:30,物业下班,依然不见张蕾回来。物业工作人员只能把他请了出去,还笑道:"这下张蕾回来要挨骂了。"

蔡信泽没地方去,只能继续在公寓门口和楼下来回走动,直到深夜11点多。等了8个小时的蔡信泽实在等不下去了,便再次踱回公寓门口,用力推了推门。没想到，门却推开了，原来它并未上锁。

接下来触目惊心的一幕出现在蔡信泽的眼前。

张蕾穿着无袖黑底白点连衣裙，斜躺在客厅沙发上，脚上没穿鞋子。她的胸前及左腰被大片血迹染红，一条血染的内裤被退到了大腿处。她的左手捂住胸部（警察拍的现场照片里左手是放下的），右手张开、横在身前，似乎要抵挡袭击，左脸有青肿，左眼张开，右眼微闭。

蔡信泽在房子里转了一圈，没有看到儿子张启威。他奔出门去，敲开了邻居的大门。他后来声称想打电话报警，却一时没找到电话。

邻居约翰正在看 NBA，开门后见到一个亚裔男子满脸惊恐地说，他的太太被杀害，儿子也不见了。

约翰让他进屋借用电话报警。

8 月 18 日 23 时 35 分，橙县警局接到报警电话。

据第一个到达现场的警察巴伦所言，他在 23 时 40 分就来到现场，看到蔡信泽正在公寓的一间卧室里来回踱步，巴伦立刻持枪上前，叫他出来，问他发生了什么事。蔡信泽神情紧张地说："我的儿子不见了。"

后来警察在婴儿床上发现了男婴尸体。这个胖胖的可爱男孩，双眼紧闭，右手严重充血，皮肤发紫。他的嘴巴里被塞了一件衣服，塞得很深，巴伦用了很久才掏出来。

来自中国的这对母子惨死在治安良好的富人区，立刻成了当地的轰动新闻，也在平静的华人社区炸开了锅。

有邻居常常看到这位美丽高挑的亚洲女子独自推着婴儿车散步，一度猜测她和孩子的来历。而现在，她和那段不能见光的情缘，也随着这起凶残的谋杀案暴露在阳光下。

二、相识

张蕾于 1967 年 10 月 13 日出生于内蒙古自治区包头市,父亲是建筑师,母亲是医生,家庭算得上是书香门第。

张家三个女儿都培养得很优秀。姐姐张可可(化名)在案发时是电机工程师,妹妹正在念大学。

1985 年,18 岁的张蕾考上了青岛海洋大学的海洋化学系。在同学的记忆中,她性格活泼,成绩优异,每年都能拿到奖学金。

她身高 1.72 米,网球、排球、篮球都很在行,尤其擅长排球,多次代表学校参加比赛。

许多见过张蕾的人都提到了她的美貌:高挑白皙,苗条秀丽,大眼睛,高鼻梁,乌黑长发带点天然卷,像个模特儿。

1989 年,21 岁的张蕾大学毕业。当时刚改革开放不久,涉外的工作比较吃香。张蕾通过层层选拔,进入青岛中外合资的五星级酒店"王朝大酒店",担任公关及销售部经理的助理兼秘书。她的工作能力受到同事和经理的肯定。

工作第二年,她就遇见了改变她人生的蔡信泽。

蔡信泽 1943 年出生在台南,比张蕾年长 24 岁,是一家跨国电子通讯设备公司——程远电子公司的老板。据他自己对记者介绍,当年上海出租车上使用的移动对讲机都是他公司生产的。

在台湾有这样一批商人,20 世纪七八十年代去美国销售自家产品,到了 80 年代后期美国经济下行,而大陆又改革开放了,他们便纷纷前往大陆开拓市场。

蔡信泽就是其中一员。他在新竹、台北有两家工厂,在上海、厦门、深圳、青岛、新加坡、美国圣地亚哥都有分公司。据记者估算,在 20 世纪 90 年代初期,他的身家已超过两亿美元。

蔡信泽已经结婚,太太是与他一起打拼了 20 多年的台湾女子苏美云,比他小 6 岁。当蔡信泽在大陆开展事业时,贤惠的苏美云留在台湾照看两家工厂。而他们的两个儿子则分别在美国加州的一所大学和一所高中读书。

认识蔡信泽的人评价他的性格温厚敦良、沉默寡言,很有礼貌。曾见过他的记者吴琦幸这么描述他:"外表上看不出蔡信泽已是 50 岁的人了,他一头乌黑的头发,双眼炯炯有神,厚实的嘴唇紧闭,显示出一种信心和毅力,方方的脸庞上刻着几条风霜留下的纹路。说话的声音低沉有力,还真是一个有魅力和实力的男子。"

1990 年 8 月,蔡信泽在自己的经理以及犹太好友马乐伯等人的陪同下到青岛开会,共待 4 天。据蔡信泽回忆,有天晚上,他们去海天大酒店的 KTV 唱歌,海天的一位经理介绍,可以叫上在王朝大酒店当公关的张蕾。

他们的车开去张蕾的住所接她。看到高挑的张蕾上车,蔡信泽对同行的马乐伯用英文评论道:"果然青岛姑娘都是大高个啊。"没想到坐在副驾的张蕾听懂了,回头朝他们一笑,往旁边挪了挪身子,怕遮挡他们的视线。

蔡信泽发现这个年轻女孩不仅漂亮,而且英语很好,便心生好感。

当晚,他们三人加上张蕾的一个女友,一同在酒吧喝酒、聊天。结束后,蔡信泽又通过他的下属,邀请张蕾和女友参加第二天公司的晚宴。

马乐伯在晚宴时就注意到,蔡信泽对张蕾似乎一见钟情,说话的声调和眼神都比往常温柔,时刻关注着张蕾的一举一动。

三、交往

虽然举行晚宴后的第二天,蔡信泽就回了上海,但此后两个月,他无论身在上海还是台湾,都和张蕾私下保持着密切的联系,感情迅速升温。

蔡信泽曾在给张蕾的信中写道："你年轻热情的精神，使我无法忘怀，每天晚上在梦中与你相聚。"

浓情蜜意时，他还称呼她为"冰宫里的小公主""张蕾吾爱"。

两人似乎熬尽相思之苦，他说："我很快会有 10 天时间与你相聚。"

于是那年 10 月，张蕾收到了蔡信泽汇去的 300 美元旅费，从青岛赶去上海与他见面，并一同去哈尔滨参加一个为期两三天的商展。

在旅行中，蔡信泽买了两条长裙送给张蕾，而张蕾则回赠一件王朝大酒店的广告衫。此后也是这件广告衫导致苏美云发现两人的私情。

1991 年元旦，张蕾说服了家人，离开她成长、读书、工作的城市，前往上海，担任程远通讯公司上海分公司总经理助理兼执行秘书，而总经理正是蔡信泽本人。

蔡信泽在一封信中写道："让我们两人手拉着手向前，不管困难有多大，要为一个目的去争取。"

他后来称，这个"目的"只是指做一番事业，这也是张蕾的心愿。

张蕾在王朝大酒店的月工资是 90 美元，蔡信泽给她开的月工资起薪是 750 元人民币，并不比之前的工作高多少，但是同时蔡信泽为她支付了其他费用。譬如，他为她长包了静安寺的希尔顿酒店，月租高达 1000 美元左右，张蕾一住就是 9 个月，从公司账上付了 9000 美元。在上海人均月工资也只有 281 元人民币的 1991 年，这笔住宿开销可以说十分奢侈了。

出于对张蕾的信任和能力的欣赏，蔡信泽很快就让她担任上海分公司的财务主管，而他在台湾两家工厂的财务主管一职，正是由他的太太担任的。

自从张蕾到了上海分公司后，流言蜚语就传了开来。据其他同事说，从那以后，蔡信泽的办公室门上就多了一块"请勿打扰"的牌子。

用其他人的眼光来看，张蕾就是蔡信泽包养的"二奶"。

蔡信泽曾在案发后为张蕾辩解，称她并不贪图他的财产，她本身聪慧、能干，对他的事业帮助很大。

1991年10月，张蕾到美国参加培训，在程远通讯公司所在地圣地亚哥，学习财务管理及市场营销。后面我会写到，此次出国"培训"其实另有隐情。

1992年3月，她回到国内，两个月后就被派到青岛，筹建捷安捷电子公司。这个公司由蔡信泽出资，由张蕾任董事经理，马乐伯任总裁。有资料说公司一直到案发前都处于筹备阶段。

四、赴美产子

1992年六七月，张蕾发现自己怀孕。照蔡信泽的说法，两人本打算在上海租房养胎，但怕人多眼杂，曝光私生子的事，于是张蕾主动提出去美国生孩子。

1992年8月，张蕾以蔡信泽名下圣地亚哥分公司雇员的身份持商务签证来到美国。她并未告知家人自己怀孕的事情，而是骗父母自己是到美国参加公司培训的。

她到了美国后先住在一家旅馆，后来住进了一个合租独立屋的主卧，直到快生产前一个月才搬出来，住到案发的公寓中。

那间公寓距离蔡信泽夫妇那栋当年价值38万美元的豪宅不过五六公里的路程。

张蕾到美国产子的费用都由公司支付，包括每月850美元的房租和其他开销。她也确实很勤奋，哪怕有孕在身，也没放弃远程的工作，周围人经常听到她给国内打电话谈论捷安捷的业务。同时，她还考了托福，准备去读工商管理硕士。在租房的表格里，张蕾称自己的职业为自雇，每月收入2000美元。

1993年3月16日，25岁的张蕾在美国纪念医院生下一个男孩，当时蔡信泽陪在左右。张蕾提出，想让孩子随自己的姓。他们在出生证上分别列为父亲和母亲。

张蕾在出院后，和蔡信泽一起雇了一个叫李妈的中国保姆。之后，蔡信泽很快回了大陆，李妈和母子俩朝夕相处了三个多月。

据李妈回忆，在这期间，蔡信泽只去短暂探望过一次，但几乎每天都会和张蕾通话，若有几天蔡信泽不方便通话，张蕾便怅然若失。她把感情全都倾注在孩子身上，十分疼爱他。

李妈曾好奇地问张蕾，蔡先生是否有家室，张蕾听到这个问题，脸刷地变白，表示自己不知道。

李妈自称在1993年7月20日左右辞职，但也有知情人说李妈是被辞退的，因为张蕾嫌她爱打听私事，嘴又碎。

从李妈离开到张蕾遇害的近一个月时间内，张蕾一直在物色新保姆，却没找到合适的。所以案发当晚只有她和儿子独自在家。

张蕾在美国期间认识了一个年纪相仿的在餐馆打工的女孩王娜，两人成为好友。张蕾向王娜倾诉了自己和蔡信泽的情人关系，并表达了想嫁给蔡信泽的渴望。

就在案发前三天，8月15日（星期天），王娜和她的飞行员未婚夫举行了婚礼，张蕾当伴娘，推着婴儿车，带了儿子一同参加。

婚礼结束后，她陪新郎新娘去海边拍照，当时张蕾羡慕地对王娜说："什么时候我也能跟蔡先生走上这一步！"

五、证据

警方对蔡信泽审问了10个小时，了解到他持台湾护照，在圣地亚哥拥有一家电子设备公司，有个台湾太太，与张蕾是情人关系。

根据其他人回忆的张蕾生前的活动、尸体的状况，以及她胃里的食物残留，有过一万多宗案例经验的法医，把死亡时间定在 8 月 17 日 21 点至 18 日凌晨 3 点。由于蔡信泽是在 8 月 18 日下午 2 点才降落在洛杉矶机场，自然有不在场证明。

在排除蔡信泽的嫌疑后，警方放他回家。

关于本案的线索，我整理如下：

（一）法医判断：张蕾被刺身亡，身中 18 刀，另有一刀为擦伤。凶手把一件 T 恤衫塞进 5 个月大的张启威的喉咙处，并用毛毯和枕头重重压住他的脑袋，估计长达四五分钟才松手，致其窒息死亡。（可能因为有毯子遮盖，蔡信泽未第一时间发现儿子）

（二）张蕾的内裤被脱到大腿处，显示出猥亵或性侵的意图。负责收集证据的刑事专员富勒从张蕾的下身、内裤及地毯上采集了分泌物，但后来并未检测出精液和其他人的 DNA。

（三）尸体旁边有奶瓶和毛巾。她的左肩下压着一条血染的奶巾，右侧沙发上放着一个奶瓶。

（四）张蕾身上穿着一件波点无袖连衣裙。据李妈回忆，张蕾居家时穿着随意朴素，只有出门、会客或者蔡信泽在家时，才会换上洋装并打扮。因此，警方推测她晚上可能要会客。

（五）卧室门口发现一个纽扣，但与张蕾屋内的衣服都不匹配，来自外面的人。

（六）在张蕾公寓门外发现了一根染成棕色的长卷发，这不是张蕾的头发，最终也没找到头发的主人。因为是在公寓门外，所以未必和本案有关，任何经过的人都可能留下。

（七）据李妈回忆，张蕾是个非常谨慎小心的人。她平时说话都轻声细语,唯一一次生气,是责怪李妈给一个送挂号信的邮差开了门。她时常叮嘱李妈出入要锁门,若陌生人敲门,都不要开门。本案案发是晚上,且只有母子在家,若是陌生人敲门,以张蕾的性格恐怕是不会开的,因此这个人应当是她认识的人。

(八)案发后的第二天早上,一名警察拍摄了36张现场照片。血迹从张蕾公寓门内的地毯一直延伸到沙发。此外,大门外平台地上、大门内侧手把下方、大门外离地10厘米的地方、浴室门边及婴儿摇椅上都有。在客厅与婴儿室的门框上,距地面一米多高的地方有两处血渍。

在大门外有一个由极细小的血珠形成的扇形区域,前门外侧也有类似的小血珠区,警方推断是从张蕾身上直接喷出来的痕迹。检方后来推断,张蕾在开门一刹那,凶手就拿刀刺向她的左胸,血液飞溅到了门外。她后退到屋内,倒在了沙发上,凶手跟进屋进一步行凶。凶手在杀害她后,又进入婴儿室闷死了张启威。

(九)现场提取到了70枚指纹以及不少脚印。由于张蕾社交少,认识的人有限,华裔女法医郭方之美(美国加州橙县警局法医处主任)把脚印指纹一一比对,全都找到了对应的人:要不是张蕾自己的,要不就是她朋友的,而她的朋友已经排除了嫌疑。所以,凶手很可能是戴手套、鞋套作案的。

与之印证的是,警方在客厅茶几上采集到一枚塑胶手套的沾血水印。这个手套印的纹路呈钻石型,是家庭厨房常用的大塑胶手套,但与张蕾的厨房洗水槽内发现的塑胶手套纹路不同。由此可见,凶手心思细密,准备充分,自带手套。

(十)在沙发下找到一把厨房用刀,刀的形状与伤口形状符合,但是刀上却又干干净净,没有找到指纹和张蕾的血迹,此外在现场没有发现其他疑似凶器。

没药花园分析：

把（九）和（十）结合来看，凶手既然连手套、鞋套都自备，不太可能是进入屋内临时找的凶器。而且凶手离开时，把鞋套、手套一并带走了，没有理由留下最重要的凶器。由此可见，这把刀可能是凶手从张蕾家厨房拿了以后，故布疑阵丢那的。而真正的凶器也是类似的厨房刀，已被凶手带走丢弃。

（十一）细心的警察富勒发现，张蕾的左臂上近手肘内侧有一块青紫色，在紫外线灯下有荧光，疑似含有体液。在尸体火化前，这块皮肤被切割下来保存。在仪器下，皮肤上显示出清晰的牙齿印，经检测有唾液。

由于唾液样本中的细胞数目太少，无法用传统的 DNA 技术分析，郭方之美决定采用当时最新的技术"聚合连锁反应法"（PCR）。这种技术可以复制部分 DNA，使其样本变大，从而足够分析，但当时这种技术还不成熟，实验室还在缓慢摸索中。

六、嫌犯

当记者第一时间打给张蕾的姐姐张可可，问她是否知道她妹妹有什么仇家时，张可可脱口而出："一定是蔡信泽的太太干的！"

她为什么这么说呢？

原来苏美云早就知道张蕾的存在，而且两人之间还发生过多次冲突。

张蕾和蔡信泽第一次出游时，曾把皇朝大酒店的广告衫送给他，但因为她试穿过，上面蹭了一点口红。苏美云在替蔡信泽收拾行李时发现了这件汗衫，醋意大发，把广告衫撕烂。她还查了家里的电话账单，发现自从蔡信泽回来后，有大量打给青岛的电话。

蔡信泽声称这是个误会。苏美云逼问给他送广告衫的人叫什么。蔡信泽后来在法庭上说，因为当时他和张蕾并未发生过亲密关系，所以他内心"坦然",给了张蕾的名字和酒店的电话。苏美云立刻打电话给张蕾,警告她不要纠缠自己的丈夫。张蕾当时也否认两人之间有关系。

苏美云的警觉和干涉并没能扼杀这段感情。

1991年4月,在张蕾已经为蔡信泽工作三个月后,听闻流言的苏美云赶到上海,要求见见这位新上任的总经理助理和财务主管。三人在希尔顿酒店会面,这也是两个女子第一次见面。

此后,苏美云一再要求蔡信泽辞退张蕾,蔡信泽口头答应,却只是拖延。

1991年5月,苏美云以蔡太太的身份打电话给张蕾的姐姐张可可,要求她将妹妹带回去,并威胁她"否则将不会放过张蕾"。这也是张可可第一反应是苏美云作案的原因。

迫于压力,蔡信泽和张蕾不得不"假分手"。1991年10月,蔡信泽对苏美云称,张蕾已经离开公司,实际上,他把张蕾送到美国圣地亚哥的分公司学习了一个月的财务管理和市场营销,并享受四个月带薪假期。公司负担了所有开销,额外给她2000美元用来买衣服。

虽然空间上分开了,但两人一直保持联系,一同出游,感情越燃越烈。

1992年2月,蔡信泽从台湾赶到美国与张蕾相会,甚至把她接到自己在洛杉矶的豪宅中住了下来。然而,两人的快乐没有持续多久。第三天,苏美云打电话到该住所,张蕾拿起了听筒。尽管张蕾在电话中没发出声音,但敏感的苏美云还是觉察出不对,立刻从台湾飞到洛杉矶。

她到家时蔡信泽和张蕾刚好外出,她发现自己的衣橱中挂满了张蕾的衣服。失去理智的苏美云,用剪刀把这20多件衣服和鞋子全都剪毁。张蕾回家后,看到这一幕,与她发生了激烈的争执。蔡信泽当着张蕾的面,扇了苏美云一记耳光。

两个女子都深陷痛苦,蔡信泽却依然没有打算结束这种局面。他先陪张蕾去酒店住了一个晚上,第二天又回到家中安抚苏美云,陪她一同飞往台湾。

蔡信泽临走前打电话让马乐伯帮自己安慰一下张蕾。据马乐伯回忆,当他来到旅馆中,只见张蕾情绪崩溃,有自杀倾向,不断重复念叨着:"我以为他会和我结婚的。"马乐伯送她去看心理医生,并告诉她:"男人的许诺怎么可以相信? 蔡信泽是不可能离婚的。"但张蕾不听劝。

蔡信泽在台湾住了几天,其间向苏美云许诺会和张蕾分手,并让她离开公司。但接着他又来到美国,陪张蕾住了一周,两人一同飞往大陆,中途还在香港住了 5 天。

1992 年 5 月,蔡信泽表面上让张蕾回了青岛,实则暗度陈仓,出资让张蕾在青岛筹建捷安捷电子公司。

这个新公司是在他和张蕾、马乐伯三人的名下,计划在一年之后兴建面积 3000 平方米的两层楼厂房。显然,他并没有和张蕾断绝往来的意思,反而在他和妻子共有的商业帝国之外,有意布局他和情人的商业版图。

张蕾在 1992 年 8 月意外怀孕,不得不前往美国待产,她委托自己的姐姐张可可为总经理,而自己则作为雇员,继续领取薪水。

蔡信泽在自己家附近的小区替张蕾租了一个公寓。张蕾 8 月 18 日被发现身亡,而巧的是,平时都住在台湾的苏美云,8 月 15 日刚到洛杉矶,案发时就住在 5 公里外的家中。

那么,警方是如何锁定凶手是苏美云的呢? 她又为何多年来一直喊冤?

七、逮捕

由于凶手小心谨慎,几乎没有留下任何线索,所以警方手上唯一有用的物证,就是那个带唾沫的齿印。警方比对了苏美云和蔡信泽的齿模档案,发现齿印与蔡信泽差异大,和苏美云的齿模却十分匹配。但因为不是完整齿印,误差率高,不足以成为认定凶手的证据。

到了这时,大家只能耐心等待郭方之美领导的法医团队用最新技术对唾液进行 DNA 检测。

华人圈里议论纷纷,许多人认为凶手就是苏美云,张蕾遇害的起因就是与蔡信泽的这段感情。张蕾的家人到达美国后,也公开指责蔡信泽。

蔡信泽则坚称张蕾遇害与她在美国的交友不当有关,凶手另有其人。他不断催促警方破案,替他和家人澄清流言蜚语。

4 个多月后,唾液的 DNA 分析终于有了结果!

此时,蔡信泽和苏美云已经搬回台湾居住,美国的房子也租出去了。警方不动声色,为了骗他们回美国,打电话告诉蔡信泽,案子一直没线索,需要他们回来一起找私家侦探,因为例行公事还要给他们夫妻俩再验一下血。

据书中描述,苏美云听到这个消息表现出不安的神色,不愿去,但是蔡信泽急于证明自己和家人的清白,要求苏美云必须和他一起回美国。苏美云没有理由拒绝,只能和他一同回了美国。

他们过去后抽了血,并且一家人都做了测谎,但只有苏美云连续多次测谎未通过。书中记载,其中一个问题是:"你是否知道张蕾的住处?"苏美云回答:NO! 但测谎仪显示她在说谎。

当警方宣布苏美云被逮捕后,蔡信泽大为震惊。

当时,他和苏美云当着另一个警察的面,在警局房间里用中文交谈起来。该警察因为听不懂他们在说什么,中途按下了房间内的录音键,没想到却录下了苏美云近乎认罪的话。

下面选取了十分钟录音的部分对话,供大家判断(源自《海外孽缘》一书)。

警:蔡先生,你还有什么话,她要走了。

蔡:他催着我走。**你说,是不是你做的?**那天晚上睡觉时,你摸我的手,我就觉得不太对,是不是?

苏:**是又怎样**?

蔡:你可以回台湾啊!可以拒绝啊!你是台湾人,在这里,连保释金都不可以……我去台湾时,你为什么不肯跟我说?你怎么会做这种傻事?(警员打断)

苏:(不语)

蔡:上次你去压齿模……已经告诉你了,所以你应该心里有数。

苏:发生的时候你一直跟记者说你多爱她,她多爱你……她买一件猎装给你,你很喜欢,我看了实在很难过,好像把我当瞎子聋子。我也是人,我看到这个时候,感触很深,心里就生气。

蔡:我看不是你动手的是不是?不是你动手的是不是?说你做5次测谎没有通过,人家用多种科技方法来证明这个,我在家里跟你讲的那个小红刀有没有发现?(作者注:此处疑似提及凶器,家里少了一把刀)

苏:没有。

蔡:如果不是你。你刚好去那边买汉堡包碰到她?跟着她回去的?有没有?确定吗?你有没有到过她住的地方?没有?手臂上的那个是不是你留下的?

苏:**他们说是我的**。

蔡:那你说呢?我没讲他们呢?是不是你的?

苏:**你这样想知道**?

蔡:你什么时候到她那里去的?

苏:我是气你,气你!去年发生时,你还跟报上公开说你多爱她,怎么认识的她……

蔡:他们把我当嫌犯,我是说我没有理由去杀她。

苏:她每次说"你们两人哪里像夫妻",你根本没去关心我、注意我,你走你的,我走我的。你还跟她姐姐说,不管承认不承认,你都是她的妹夫,你要结亲家,不是结冤家,你还是要伤害我。

蔡:我不相信你会做此事,我想办法一定要将我们家人的嫌疑先除掉,现在你完成你的心愿了,家破人亡,我的事业也到此结束。怎么会聪明一世,最终搞到这种地步?

……

蔡:你有没有进她的房子?没有?张蕾有没有开门让你进去?有没有在门口争执?你有没有咬她的手?

苏:她一直打电话给我,逼我跟你离婚。

蔡:不是,我说那时你有去她房子了吗?没有?

苏:你的心愿一定要实现,我跟你讲,你不相信我讲……

……

苏:你用行动表示,我问你是不是为她?

蔡:我不是为她,是为我们公司的事,为我们的事业。采购的东西送到马来西亚,送到台湾,又没有什么不对,为我们的公司又不是为她。

苏:你们有小孩子,她就逼你跟我离婚。

蔡:有小孩又怎么样?现在外面有多少人在一起有小孩?对不对?什么时候知道她有小孩?孩子是不是你做的?你什么时候知道她有孩子?星期一(指1月14日)上法庭,你要我留下来照顾孩子就照实告诉我,如果要我死,就陪着你。孩子送回去叫妈妈照顾他们。

苏:小孩子有什么……还不是你伤害了我?又不是你杀的。

蔡:事情由我而起。现在台湾、美国、大陆没有我可以去的地方。

苏:事情发生时,你还不是到处跑?

蔡:我要想办法嘛！让我过日子啊！

（警员进出而打断）

蔡:想不到事情到了这种地步！

苏:谁让你这样做的！早在两年多前,你赏了我一巴掌,还让张蕾看到,你这样伤害我……她在你面前不敢承认不是真心,所以我打电话去问她为什么不承认。我骂她会断子绝孙,现在果然应验了,你还是相信她真心对你？

蔡:你什么时候在她手臂上留下的这个？什么时候？我想我们没有机会谈了,没机会谈了。是下午、傍晚的事？**你要告诉我,是她先拿刀子来砍你？**你怎么找到她住的地方？你是去买汉堡包时碰到的？知道她住在哪里？她打电话告诉你的吗？（蔡信泽首先提出,是张蕾先拿刀子砍苏美云的假设）

苏:她告诉我住在一个很舒适的地方,靠近尔湾,生活过得很惬意,有游泳池……

蔡:那你根据这个找到了她,是不是？你去问租房子的人？怎么找到她的？什么时候找到的？

苏:**在那一天看到她！**

蔡:在哪一天看到？在哪里看到的？在购物中心？在路上你开车的时候看到她的是不是？还是她推小孩子从家里出来的时候？

（警员催促蔡结束谈话）

蔡:吃一点东西,安定一下。

苏:（开始哭泣）你说我们可以找律师？你给我找律师。

蔡:（可能是点头,不语）

苏:**她先自己弄自己。**

蔡:**她自己弄自己？**为什么呢？她为什么要弄自己？

苏:**她自己跌倒。**

蔡:自己跌倒刺到胸口？她身上好几个伤疤,她身上不止一刀啊。

苏:对!(像夫妻俩在合谋如何解释,才能圆谎)

蔡:为什么会这样子？好,现在不要多讲了,我找律师。要你跟我讲又不讲!

苏:(大声哭泣)她用……孩子……逼我离婚……

蔡:那你怎么咬她的手臂呢?

苏:她拿刀子要杀我!她打我,我手上没有东西啊!(大哭)

蔡:怎么她身上有这么多这个(指伤口)？

苏:我看她好像……她自己跌倒的嘛!

蔡:是她自己跌倒刺到的?

苏:是!

蔡:那纽扣是不是你的?

苏:纽扣不是。

蔡:你几点钟到她那里去的?

苏:很晚去的。

(警员再度讲话打断,催促苏美云入狱)

苏:你不要讲,我不会承认!

(录音到此结束)

从上面对话可以看到,苏美云面对丈夫的质问,从头到尾都没有否认:A. 在案发当日见过张蕾;B. 到过张蕾的住处;C. 咬过她。D. 目睹张蕾的死亡。只不过她没承认自己谋杀了张蕾,而是声称是张蕾先拿出刀要杀她,且是张蕾自己摔倒,把自己刺死的。

这个摔倒的说法显然与19刀伤口以及现场的所有证据不符。

蔡信泽知道妻子是凶手后,并没有流露出多少对情人和私生子的痛惜和对残杀行为的愤怒,只是责备苏美云此举毁了他俩的家庭,毁了他的事业,随后便追问细节,疑似考虑起如何圆谎。

八、开庭

1995 年 7 月 31 日,案发近两年后,本案才开庭。12 名陪审员为 5 男 7 女,一半为 50 岁以上的中老年人,没有华裔。检方决定不寻求死刑,而是以最高刑期无期徒刑起诉苏美云。他们相信这样更可能让陪审团定苏美云的罪。张蕾的父母得知后,曾表示失望。

蔡信泽斥重金请了一个非常知名的 70 多岁的犹太律师薛曼为妻子辩护。或许在律师的指点下,苏美云在出庭时剪了直发,穿了浅色连衣裙,显出柔弱无辜的模样。

下面是双方各自的版本:

检察官莫可思路清晰,逻辑严谨。

他推测的版本是这样的:证据显示 1992 年苏美云就曾向马乐伯打听过张蕾的住处,证明她一直有上门找张蕾的打算。1993 年 7 月(案发前一个月)蔡信泽从台北家中打过电话给张蕾,苏美云从账单上看到这个号码,拨了过去,两人在电话中又起争执,张蕾说自己现在生活愉快,住的地方还有泳池。

说实话,在南加州带泳池的公寓实在太多了,那么苏美云是怎么知道张蕾的确切住址的呢? 这个我没找到莫可的推断,我自己补充一下。据其儿子们的口供,8 月 17 日白天,苏美云和孩子们在家附近商场购物时,突然以自己要去上厕所为由,支两个孩子先回家,而她自己晚了 15 分钟才到家。这段时间她干了什么?

我认为有两种可能:(一)她可能用公用电话打到张蕾住所,以谈判为名,要了她的具体地址。她不用家里的座机打,是因为已起谋杀的心思,不想留下通话证据;(二)也可能她在商场刚好撞见张蕾推着婴儿车,顿时明白了自己的处境,心生杀意。她支走了两个儿子,追上了张蕾,以晚上谈判为名,索要了她的地址。张蕾一直渴望苏美云能让位,成全她和蔡信泽,所以若苏美云说现在因为他俩有了儿子,自己愿意退出,张蕾很可能会相信,给出自己的地址。

继续说回莫可的推断:得到地址后,8月17日深夜当儿子们都已入睡,苏美云携带手套、鞋套和凶器,前往张蕾的住所。张蕾因为要和情敌谈判,刻意打扮一番,不想在气势上输掉。但她没想到,自己一开门就遭到袭击,被刺中左胸。她连连后退,苏美云追着又连刺18刀。她奄奄一息时,苏美云还不解恨,冲动地在她胳膊上咬了一口(由于当年普通人都没听说过DNA,她未必知道这么做会留下罪证)。之后,苏美云脱去张蕾内裤伪造性侵场景。此后,她又去张启威房间,用足足四五分钟时间闷死婴儿。

莫可说道:"这是一起罕见的国际谋杀案,充满着嫉妒、仇恨、报复和凶残……其动机非常清楚,是由嫉妒而生的愤怒,张蕾抢走了蔡信泽对苏美云的感情,苏美云进而报复,甚至连5个月大的婴儿都不放过,其手段之残忍,用心之狠,实属罕见。"

DNA证据确凿,而且苏美云自己也在录音中承认当晚去过张蕾的住所并目睹她的死亡,那么,辩方要如何才能把这两点圆回去呢?**令在场人吃惊的是,辩方律师薛曼说,咬人者不是杀人者!真正的凶手是蔡信泽,而不是苏美云!**

他的版本是:8月17日下午苏美云在商场偶遇张蕾,然后支走两个儿子,追到张蕾家。两个女人发生了争执,苏美云确实在张蕾的胳膊上咬了一口,然后离开。当时,张蕾还活着。

8月18日下午2点,蔡信泽下飞机来到张蕾的住所,张蕾精心打扮迎接他的到来。两人为离婚的事发生争执,蔡信泽杀了坐在沙发上的张蕾,又亲手闷死了自己的儿子。他清理身上的血迹，毁灭证据后，才假装去物业办公室要钥匙，制造不在场证明。薛曼认为法医鉴定的死亡时间不准确，张蕾的死亡时间不是 8 月 17 日晚上，而是 8 月 18 日下午 2 点以后。

相信经常看没药花园的同学一定非常熟悉这种辩护策略了。譬如康奈尔学霸涉嫌为了保护母亲弑父，其律师却在法庭上把罪名推给他母亲；譬如凯西涉嫌杀害女儿，其律师却在法庭上推给她父亲。其策略都是希望家中另一个人愿意牺牲名誉，承载嫌疑，协助被告脱罪。

在美国法庭上，只要陪审团合理怀疑有可能是 B 干的，就不能判被告 A 有罪。至于到底是不是 B 做的，那就得重新走一遍程序，逮捕，找证据，起诉；而在法庭上，B 也可以采取同样的辩护策略，把嫌疑推给 A。通过这种方式，A 和 B 都可以脱罪。

薛曼为了证明苏美云的无辜，猛烈攻击蔡信泽，称这个案子是"**迄今为止最为残暴的人的贪欲、商业和邪念。**"他说蔡信泽不爱自己的情妇，哪怕苏美云主动提离婚，他也坚决不肯。现在张蕾要分手，他担心她会拿走捷安捷的股份以及索要一大笔赡养费，所以杀了她。

辩方的版本显然有不少漏洞，我指出其中几点：

（一）检察官莫可问了张可可和李妈，死者的洗澡习惯，得知她平时每晚睡前都会洗澡，有时早上起来也会洗澡。如果真的如此，张蕾怎么可能在 17 号下午被情敌咬了一口，并一直把唾液留到 18 号下午被杀害时？当时正处夏季，而且她还要梳妆打扮、准备见自己的男友。就算她那天真的不洗澡，她难道不觉得恶心，也不擦洗一下伤口上的唾液？

（二）薛曼为了配合两个儿子说的苏美云独自跑开 15 分钟的时间，只能把咬一口的时间放在 8 月 17 日下午 2 点多。但张蕾的好友王娜作证，17 日下午 3 点多，她曾打电话跟张蕾聊了 10 多分钟，张蕾情绪愉悦，丝毫不像刚刚和人争执打斗过。到了4点多，张蕾又高兴地打电话给王娜，说蔡信泽刚打电话来，说第二天就来看她了。王娜是张蕾为数不多的倾诉对象，如果她刚刚被情人的太太上门闹过咬过，情绪应当受影响。

（三）更可能是女性凶手才会想到脱下内裤，伪造性侵，引导警方认为凶手是个男人。

（四）蔡信泽来美国探望母子，若刚下飞机不久就因为争吵而激情杀人，不太可能在跨洋包里带着厨房手套、凶器和鞋套。

（五）捷安捷未开展业务，蔡信泽总共只投入5000美元启动资金，分手不同于离婚，张蕾根本分不走什么钱。而且据我观察，为分财产杀伴侣的都是夫妻关系，因为只有处于婚姻中才有法律上被分财产之忧；如果是情人关系，通常是男方担心情人把这段关系捅出去，影响其事业（通常是公职）以及家庭和睦（通常妻子强势或掌握经济大权）而杀人。但是蔡信泽是私营业主，捅出去对他几乎没影响，本来公司上下就议论纷纷了，而且妻子也早就知道了。说到底，若蔡信泽真想抛弃张蕾，不理她就行，她完全奈何不了他。**因此蔡信泽杀张蕾的动机不成立。**

（六）蔡信泽更没理由杀死自己的亲骨肉。他是超级富豪，并非穷困潦倒养不起孩子。如果他一开始就不想要这个儿子，完全可以在国内就阻止张蕾生育，无需送她到美国待产；其次，如果是其他人作案，无论目的是劫财还是劫色，都没必要杀害一个婴儿，婴儿又不能指认凶手。**只有苏美云才有赶尽杀绝的充分动机：一是憎恨这是丈夫和其他女人的结晶，二是怕婴儿留下来会分走丈夫的爱和财产。**

（七）苏美云在和蔡信泽的录音对话中，承认张蕾死亡时自己在现场，看到她摔在刀上，这和辩方律师提出的版本矛盾。

综上，检方的版本才是和所有证据相吻合的，辩方的版本只能是死马当活马医了。

九、判决

在美国的司法制度中，必须是 12 名陪审员全部达成一致，才能做出有效的判决。但是自从 1995 年 9 月 19 日，这 12 人进入会议室开始闭门讨论后，迟迟没有结论。

9 天后，法官终于宣布，12 名陪审员始终无法达成一致，此案流审。流审意味着之前耗费的两个半月的时间、数百万美元的花费，以及控辩双方付出的心力，全都打了水漂。一切要从头再来。

后来媒体发现，12 人中有 10 人认为苏美云有罪，只有两个男性陪审员不同意。其中一名黑人陪审员一直唱反调，似乎从一开始就故意要让案子流审，如果大家都说无罪，他也会说有罪。这也暴露了这种制度的漏洞，如此严肃重大的审判只能寄希望于运气好，挑选到人品、智力、心理、责任心都靠谱的非专业人士做陪审员。

控辩双方只能再次准备应战。在此前的交锋中，双方都暴露了自己的底牌，包括用什么招数，所以知己知彼，难上加难。

1996 年 2 月 28 日，橙县高等法院重审此案，新挑选出来的、此前未接触过本案信息的 7 男 5 女坐上了陪审员席位。薛曼还是延续之前的策略，指出凶手是蔡信泽，而不是苏美云，而检察官莫可则是坚持苏美云上门杀人的版本。所有证人又重新出庭作证。庭审持续了两个月。

这次，新的陪审团在讨论了 8 天后，终于达成一致的裁决：**苏美云杀害张蕾，为二级谋杀；杀害张启威，为一级谋杀，罪名成立。**法官判处她终身监禁并且永不得假释。

这里解释下为什么两个罪名不一样。按照检方的版本这应该是两个一级谋杀,但陪审团可能考虑到张蕾存在一定过错,定两个一级谋杀太重了,因此,他们把苏美云杀张蕾定为因争执等原因临时起意的故意杀人;但杀害婴儿怎么都说不过去,只能是一级谋杀。

苏美云本来很自信会被判无罪,但听到这个判决结果后,她立刻号啕大哭起来,大喊:"不是我!"据说,马乐伯向蔡信泽转告了判决结果,后者只是久久不说话。

十、翻案

很快,苏美云就上诉了。蔡信泽也曾为她写信向法官求情,希望能减轻量刑。经过长达三年的审理、听证后,加州第四区上诉法庭在 1999 年 9 月 30 日宣布:苏美云上诉成功,她的谋杀罪名被推翻。

是因为这三年中出现什么新的证据为她洗清罪名吗?不,主要是因为警方当年的办案程序有问题。

(一)当年的关键证据之一是苏美云和蔡信泽的录音。审判时法院认为这个录音是合法的,因为他俩身处警局的办公室,且有警察在场,并不是只有两个人的私密场合,那个警察是因为听不懂中文,才按了录音键;但是上诉法庭认为,这个证据是非法偷录的,不能纳为证据。

(二)调查人员审问了苏美云四个(有说九个)多小时,却没告诉她可以请律师等权利,哪怕她中途提出来要见律师,他们也没理会。

基于以上两个原因,以前的判决被撤销了。这个案子又被发回了橙县检察官办公室,此时检方需要决定是否重新起诉苏美云(录音不能再作为证据),如果不重新起诉,苏美云将会立即被释放。

检察官莫可此时已是首席检察官,他做事很有毅力,决定第三次起诉苏美云。2001 年 3 月中旬,此案的第三次审理在圣塔安纳高等法院开始。

苏美云的律师换成了更年轻的白人律师巴奈特，他的辩护策略和薛曼一样，提出蔡信泽才是真正的凶手。

这次，巴奈特请到了自己的好朋友李昌钰出庭。刚刚结束庭审的辛普森杀妻案十分轰动，李昌钰的证词为辛普森的无罪释放添砖加瓦，也让他名声大噪。

在 1993 年唾液 DNA 检测出结果时，郭方之美曾与自己的同行李昌钰讨论，当时李昌钰夸奖他们做事非常认真，他在当时还对记者说过："凶手一定是要有动机的，苏美云有这个动机。"

但此时，他站在法庭上是受到辩方的聘请。

拿人钱财替人办事。辩方可以找自己的法医、笔迹鉴定、心理专家、现场勘查专家作证。因此我们常常看到，明明是同一个现场，双方的专家却给出了截然相反的观点。毕竟只要不出现常识错误，怎么解读的灵活度是很大的。笔迹鉴定专家可以说 80％像，也可以说 40％像；精神鉴定专家可以说精神分裂，也可以说人格障碍。

据传，李昌钰替苏美云作证的收费是每小时 600 美元，在辛普森案中他共收了 25 万美元。当图书的作者吴琦幸向李昌钰求证时，李昌钰表示这些钱都捐掉了。

李昌钰根据当时警方拍的 36 张照片分析出以下疑点：

（一）公寓门内地垫上有几滴圆形的血迹，检方认为这是张蕾刚开门就遭到刺杀的血迹之一，但李昌钰认为它们是垂直落下的，应该是凶手带走凶器时滴落的。据此，他认为张蕾不是在门口第一次遇袭，而是在客厅内。（他未解释门外面的扇形喷溅血迹）

没药花园分析：

我相信李昌钰的专业判断，但也认为垂直落下和在门口遇袭不矛盾。

这也可能是受害人中刀后从身上滴落的血，或凶手在门口刺杀后，拿着滴血的凶器追杀进屋时滴落的。

（二）死者右脚边滚落了一只奶瓶，里面的液体未化验，但从照片上看像是棕色的。李昌钰认为瓶子里是橙汁，并认为张蕾不会在晚上喂孩子橙汁，因此，推测她是白天遇害的。

（三）照片上垃圾桶里有一堆苹果皮，但没有拍到果肉和果核，而张蕾的胃里没有苹果，李昌钰因此认为来客是熟人，吃掉了苹果和果核，而张蕾不可能请苏美云吃苹果。

没药花园分析：

首先，一般人吃苹果不会连核一起吃，更可能是那个苹果本身没什么果核。那苹果肉去哪儿了？我认为一种很大的可能性：张蕾削皮、做了苹果汁，装进奶瓶给张启威吃。5个多月的孩子可以吃辅食了，加上苹果易氧化，所以奶瓶里的液体像是棕色的。至于妈妈会不会在晚上喂苹果汁、喂橙汁，这完全看个人的习惯。

（四）照片显示，沙发垫上有一些血迹，李昌钰认为其中一个是血手印，而且拿自己的手比了比说，这是个男人的大手印，不是娇小女子的，所以现场至少有一个男人作案。

没药花园分析：

之前的专家没看出来血迹是手印，应当不是很清晰。如果真的是血手印，血迹被沙发织物吸收后会形成晕染的效果，看起来更大，且已知凶手是戴着厨房橡胶手套作案的，也可能让手印比实际的手大。

那么是谁杀了张启威呢？李昌钰私下对书的作者说，婴儿饿了会胡乱吃东西，可能是自己不停吞咽毛巾（其实是件衣服）后把自己给噎死的。

这种可能性也很低，就连狗饿死都不会去吞衣服，更别说婴儿了。确实有些两个月的宝宝会啃手、啃衣服，但这并非是饿，而是因为正处在口欲期，需要用嘴探索这个世界。任何人一旦把衣服吃到口腔就会难受、呕吐，这是动物的本能反应，不太可能往下咽。此外，张启威身上还有被按压的淤青。

因为李昌钰的地位和声望，他的证词起了很大的作用。

控辩双方经历 3 个月的激战后，12 名陪审员闭门讨论，这次有 8 人认为苏美云有罪，而 4 人认为她无罪。最后又流审了！

此时控辩双方都已经疲惫不堪。莫可认为这个案子证据确凿，苏美云就是凶手，他会第四次起诉，直到打赢为止。但法官提议，双方还不如坐下来商谈和解。

莫可也意识到，哪怕再一次开庭，也可能面临陪审团无法达成一致的状况。而苏美云一方则表示，想通过认罪来换取提前出狱。

2001 年 6 月 29 日，苏美云承认自己激情杀害张蕾和婴儿的两项罪名，法官按此罪名的最高刑期判其 11 年有期徒刑。 鉴于她此时已经服刑 7 年多，且在狱中表现良好，法官同意她在两周内出狱，此后驱逐出境，永远不得进入美国。苏美云听到新的宣判后立刻转涕为笑。

自从 1993 年夏天张蕾母子被杀害，此案三次流审，三次起诉，终于在 8 年后画下句号。

蔡信泽为了救妻子，前后花了数百万美元请知名律师、专家，持续多年与司法体系纠缠，利用其漏洞寻求脱罪。

2001 年 7 月 15 日，苏美云回到了台湾，与家人团聚。

虽然大部分人看到本案的证据后，都会相信苏美云是凶手，但确实也有人不信她是凶手。譬如一位在美国的台湾记者写道："从摄影机镜头捕捉苏美云的画面时，看到她哭喊无辜的绝望与无助实在令人凄恻。我总想，若真的行凶人是她，苏美云会如此声嘶力竭，无助地哭喊要回家吗？"随后话锋一转，他承认可能因为自己是台湾人,所以主观了。

是不是无辜还是得看证据,不能只看罪犯站在法庭上的表现。事实上,会演戏的罪犯数不胜数,不少罪犯都会痛哭流涕,大喊无辜。那是源自他们知道自己要坐一辈子牢或者面临死刑后的绝望和无助,和有没有被冤枉没关系。

也有理性的分析认为:张蕾身材高挑、年轻,而苏美云身材娇小、年长,怎么打得过张蕾? 会不会是有其他同谋?

有人怀疑她雇凶杀人。

这种可能性并不高。当年网络不发达,也没手机,一个英语沟通困难(苏美云是后来在狱中自学了英语)、常年居住台湾的妇女,哪能这么容易在美国联系上杀手? 案发时,她才到美国三天,知道张蕾的地址很可能是案发前一天,更来不及雇杀手。此外假设她早就知道地址,长期策划雇凶杀人,案发时自己留在台湾岂不更安全? 哪怕她在美国,也应该避免自己在案发时出现在现场,又为何承认张蕾死时自己也看到了? 而且雇凶杀人的电话联系、现金提取等等,都很容易留下证据,被警方逮到。

有人怀疑她的两个儿子(一个 20 岁,一个 16 岁)之一也参与其中,是帮凶。我个人认为可能性也不大。苏美云虽然恨极了张蕾,但她很爱儿子,不太可能让有着大好前途的儿子拿人生冒险。而且两个儿子一直独立在异国读书,相信他们都有法律意识,如果事先知道很可能会阻止母亲这么做(两个儿子的测谎都顺利通过了)。

有些人觉得还有一个男性在场,主要是因为多年后李昌钰根据照片提出的大手论,以及两人身材的差异。但是,虽然张蕾个子更高,但苏美云可是有备而来,持有武器。而张蕾一边喂奶,一边等着和情敌谈判,毫无心理防备,她很可能被第一刀刺中心脏后,就失去抵抗能力。而且战斗力不光是体力,还有精神。苏美云本是个刚烈、坚韧的女子,支持她发起攻击的是内心长期积压的愤怒和嫉妒,人在这种精神状态下的战斗力是不能低估的。

再以苏美云的性格看,她不喜欢倾诉,特别爱脸面,觉得家丑不可外扬,更可能一个人默默解决这件事。

无论是确凿的 DNA 证据,还是录音中的口供,或是作案动机,都清晰指向苏美云是凶手。这本是个很清晰的案子,因为被告有的是钱和司法体系长年累月地斗争,所以在 8 年中也搅起了无数浑水。

那么,要如何评价蔡信泽、苏美云和张蕾三个人? 只能说这个案子淋漓尽致地表现出了人性的自私和丑陋。

十一、苏美云——嫉妒扭曲的妻子

本案发生后,华人社区分为两派。当年还没有 BBS 论坛,每个人只能在报纸上各抒己见。一派以台湾太太为主,她们认为张蕾破坏他人家庭,咎由自取,她们还到法庭外举标语,声援苏美云。

这个群体的心情要放到那个时代中去看。20 世纪 80 年代末大陆正处于转型期,经济刚刚对外开放,大陆民众和港台商人的收入差距巨大,和美国的差距更大。许多台商知道大陆市场打开后,纷纷来此淘金,留妻子照料家人和企业。

妻子不在身边,这些丈夫便对更年轻、更漂亮的女孩动了心。**财富和美貌,是容易互相吸引并且有效交换的两种资源。"包二奶"也成了这些太太们的心病。**在前几年台湾的一个电视节目上,一个美国律师(台湾人)称,当年在大陆做生意的台商 97% 都有情人。而本案发生时,这种风气刚开始不久。

一个笔名为"殷其明"的女子在报上发文道:

> 现在大陆的姑娘们……看到这些美国华侨,年龄也不过四五十岁,腰

缠万贯,哪里肯放过? 一个个主动投怀送抱、勾引纠缠,不达目的不肯罢休。我们这些在美国看家的太太们,觉得丈夫去大陆,简直是"羊入虎口",整天忧心忡忡,愁眉不展。怕丈夫婚外生情,夫妇恩断义绝,怕家庭从此分裂,怕孩子身心受到重创。……我认为,张蕾作为一个第三者,介入有妇之夫的家庭,婚外生子,还一再要求同男友结婚,明目张胆地拆散别人夫妻。她扮演的是一个极不光彩的角色,她不应该得到舆论过多的同情,当然杀害她也是不对的。

这篇评论是属于比较文明理性的,其他持此观点的文章言辞更加激烈。这些太太们的愤慨可以理解。20 世纪 80 年代的有钱人基本都是自己奋斗的富一代,妻子多是丈夫的同龄人,在他们的成功中扮演了不可缺少的角色。

苏美云和蔡信泽最初是工厂同事,知道蔡信泽有创业的念头,她和娘家人都大力支持,自己也辞去工作,辅佐其事业 20 多年,同时还承担生育抚养孩子的责任。**她们在自己进入中年时突然遭遇背叛,且对手是自己在年龄、容貌和教育程度上都无法抗衡的女人,自然会愤怒又委屈。但此类言论所反映的对阶级和性别的狭隘意识,也是显而易见的。**

她们把问题的根源都推到了更"穷"的"第三者"身上,认定错在穷人,是她们主动勾引有钱人。显然,她们故意不提那些女子身上也有她们丈夫会主动追逐的东西——美貌也罢,年轻也罢,能力也罢。**这些有钱有势的成功男性往往才是"包二奶"的发起者和主导者。**

她们认为自己的男人只不过是被虎捕食的羊,而对杀害两条人命的罪行也只不过轻飘飘地评价一句:"杀害她也是不对的。"由于张蕾母子已经惨遭杀害,她们单方面谴责受害人的言论,听上去就更加势利和刺耳。

当年一些在美国的大陆人士站出来反驳。譬如大陆联谊会会长胡迪青说道:"今天,命案发生,张蕾是最大的受害人,她被人刺了 18 刀,5 个月大的无辜婴儿也被害死,凶手的这种行为毫无人性,其手段残酷,令人发指。死者已经无法开口分辩,却有那么一些人,任意指责死者。这是一种更为冷血的行为。"

画家高小华也说:"现在有的报纸在同情被告,这简直是混淆黑白!张蕾再有错,也只是错误,每个人都会有错误,但是被告现在被起诉的是杀人,这是一种重罪,这两者绝对不能混在一起。"

纪录片《美国噩梦》采访了检察官莫可,他说:"是的,苏美云被她丈夫辜负了,没有人否认这点……你甚至可以说,她被张蕾辜负了。但张蕾的错不至死。还有那个可爱的小宝贝……也不应失去成长的机会。我们不能忘记。"

照苏美云和蔡信泽的说法,在两人过去 20 多年的婚姻中,蔡信泽从没有出轨过。她曾以为自己的丈夫是个特例,直到在他的行李箱里翻到了一件尺码偏小的带口红印的广告衫。警觉的她先发制人,但无济于事,她的对手不是一般条件的女子。

夫妻两人工厂打工起家,文化水平不高,个子不高,英语不好,但张蕾却是大学毕业、英语好、个子高挑、容貌美丽,属于蔡信泽在发家前只能仰望的那类女性。

蔡信泽瞒着妻子,与情人新成立了新公司。他很可能想学其他台商,安两个家、做两个企业,各有一个女人帮他坐镇。

张蕾对激怒苏美云负有责任。从证据上看,她虽然没有主动打电话挑衅苏美云,但当苏大闹时,张蕾也丝毫没有歉意,前期是否认,后来被抓包后则是反唇相讥。当苏美云在美国家中剪毁了张蕾所有的衣物鞋子后,遇上刚好从外面回来的蔡信泽和张蕾。苏美云质问张蕾:"你为什么会在我的家里?"张蕾看到衣服尽毁,也气愤地回嘴:"现在也许是你的家,以后是谁的家还不一定呢。"苏美云大骂张蕾，蔡信泽就打了她一个耳光。

不被爱，不被尊重，对背叛、伤害自己的丈夫却又无计可施，苏美云只能把满腔怒火发泄到另一个女人身上。

她起先还能等，等有天张蕾年纪大了、熬不下去了，主动退出，或者等蔡信泽厌倦。**但她等到的却是丈夫和张蕾有了儿子！** 这意味着，他们家永远摆脱不掉这个女人了，而这个有血缘关系的孩子长大后也会分走他们的家产，影响她两个儿子的利益。

嫉妒让她疯狂，不可挽回的现实也让她陷入绝望，于是她对另一个女人和婴儿痛下杀手。

哪怕在杀人后，她也摆脱不掉对死者的嫉妒。在警方录音中，她深感委屈，埋怨丈夫对死者的爱护，甚至还声称死者不爱丈夫，不忘挑拨离间丈夫对死者的感情。

有意思的是，记者采访苏美云的母亲林吴梅时，她也表示不责怪女婿。并说："女婿的辩解似乎也不无道理，'大陆女子看我长得俊，又事业有成，所以缠着我不放，又要帮我做生意，又要给我生儿子……'其实我女婿当初并不想要她的！"

在法庭上，当张蕾父亲上台发言谴责凶手时，苏美云的母亲姐妹则在旁听席上喊："是张蕾破坏别人家庭！"

苏美云的观念有那个时代台湾社会的烙印。但哪怕31年后的今天，这样的想法也很常见，只要能保住正室的地位和夫妻的名义，哪怕丈夫常年不回家也可以，她们沾沾自喜自己是正牌，不管他做了什么，都有护犊子心理，奚落其他女人只能是情人。但一旦丈夫敢提离婚，或者威胁到自己的正宫地位，她们就会做出疯狂举动。

其实退一步看，苏美云的人生并非走投无路。她的两个儿子已经成年，夫妻共有财富(她还是财务主管),她完全可以分走一半甚至更多,放弃这个男人,能过上更舒心、豁达的生活。但她对这个已没有爱的婚姻的执念,让她的人生陷入僵局,活得极其扭曲和压抑。

她在法庭上一直表现得平静温婉。但莫可记得,当苏美云听到自己被判无期徒刑后,立刻奔出庭审室,在走廊上大声哀号、嘶吼,充满愤怒,哪怕隔了两扇门都能听见,至今让莫可心有余悸。

这是她被压抑了几年后的终极发泄。

她想必从没觉得自己做错过,只觉得自己太冤。不是为杀人蒙冤,而是在她的逻辑里,自己是受害人,要抢正室身份的女人罪该万死。

她恨张蕾,恨到杀完人后还不解恨,要狠咬一口,她也恨那个流着张蕾和自己丈夫血液的婴儿,将半件 T 恤塞进 5 个月大婴儿的嘴里,再用毯子紧紧捂住他的头部长达 4 分钟,将他活活闷死。

莫可曾让大家在法庭上沉默 60 秒,感受下 4 分钟会有多长,试图说明只有心理极度扭曲的人才会对一个婴儿如此下手。

在这三人的感情中,她确实令人同情,但在这起双尸案中,她则是丧心病狂、自私凶残的角色。

十二、张蕾——错误的选择害人害己

张蕾的大学同学李先生向没药花园回忆,大学时期的张蕾是一个开朗、活泼、单纯、没什么心机的女孩,和室友们相处很好。

当年青岛海洋大学是一所重点大学,录取分数很高。张蕾在大学时就相貌出众,成绩名列前茅,毕业后因为英语和外形好,和另一个女同学小兵一起到青岛最好的酒店皇朝大酒店工作。

她毕业时月薪 90 美元,当时虽然官方汇率美元对人民币是 1:4.7,但其实

1美元在黑市上能换约10元人民币,张蕾的工资相当于900元人民币,远远高于一般同学。相比较,李先生当时在一家制药厂工作,工资只有100多元人民币。

那个年代,人们普遍个子不高,但张蕾的身高有1.72米,所以有自信、敢追求她的男生很少,只有外系若干男生表示过,而她没有接受。据她家人说,她整个学生时代没有谈过恋爱,而大学一毕业(21岁)就遇到了蔡信泽。

据蔡信泽回忆,张蕾曾对他说:"你是我第一个真正相爱的男人,也是我最后一个男人。"

蔡信泽在案发后赞美张蕾。"张蕾是一个非常有理想的女孩,我对她非常尊敬。我请她来公司做事,完全是看中她的工作能力,我们工作在一起极为默契。"

"现在华人社区对张蕾的这种指责,实际上是对张蕾的不了解。她不是那种轻浮、爱虚荣的人,而是一个向往做成一番事业的人,我觉得我可以帮她,我们才走到一起,而事实上,她对我的事业帮助也是很大的。"

他还讲了很多张蕾不爱财的例子,譬如他几次提出为张蕾买贵重首饰,她只挑了贝壳做的项链,另一次他从香港给她带礼物,她只要了一对音响。

那么,这两人之间的感情真有这么"纯粹"吗?显然也不可能。

蔡信泽美化张蕾,其实也是在美化自己,却依然掩盖不了这段关系中金钱交易的意味。

张蕾应当确实不是那种很物质的女子,但她也实实在在从这段关系中获取了机会和物质好处。由于巨大的财富差异,蔡信泽的九牛一毛,已足以让她过上完全不同的生活。用同学李先生的话说,就是"高高在上"。

她到上海后就长期住在当时最高档的涉外酒店之一,每个月的住宿费高达1000多美元(根据《新民晚报》的报道,1990年上海人均月收入只有168元人民币)。在法庭上,辩方律师出示了她到美国后蔡信泽给她的多笔几千美元的汇款。虽然她本人消费很节省,但她每个月的电话费就要1000美元,她给父母每个月汇1000多美元家用,并买了一辆价值上万美元的新车海运回青岛,供她父母使用(名义上是公司用车)。

据李同学回忆,当时他们同学用尽办法,都很难得到一本护照出国留学。从1989年底开始,只有在国外有直系或旁系亲属的人才可以申请因私护照。如果是直系亲属,那申请人不需要缴纳大学培养费。如果是旁系亲属,申请人工作不足五年的,需要缴纳大约8000元人民币,是当时普通人四年的收入。这个规定大概在1996年前后才彻底取消。

张蕾却因为有蔡信泽公司的担保,轻轻松松拿到了护照和签证。李延龙听其他同学说张蕾有出国门路后,曾在1991年夏天,去上海拜访张蕾,询问她的老板是否也能帮他担保。他当时明显感觉到,毕业短短两年,张蕾和其他同学已经不是一个阶层了。

我相信张蕾内心对这种关系感到很羞愧,特别在那个时代背景下,这类"包养"关系在平常人的生活圈中鲜有耳闻。据李先生说,张蕾曾把一个同班同学招聘到自己新成立的捷安捷公司,但对那个每天一起工作的老同学也隐瞒了自己和蔡信泽的关系。张蕾到了美国(待产)后,对外宣称自己是在美国读MBA,也没有和任何一个同在美国的同学联系。

当苏美云打电话威胁张可可时,张可可曾问过妹妹,但张蕾否认了自己和蔡信泽有私情。这么看,她更不可能告诉父母,而她的父母也自称不知情。至于他们是真以为女儿凭能力得到的工作报酬,还是放不下女儿的供给而自欺欺人,就只有他们自己知道了。

在张蕾的心底,她恐怕不会承认自己和蔡信泽在一起是因为钱,而会自我催眠为这是惊天动地的爱情。**在她的下意识中,可以为她提供优渥生活和摆**

平各种难题的财富本身已经转化成能力、魄力等特质，内化成财富所有者魅力值的一部分。

她肯定也不认为自己是二奶、两人是包养的关系，或许她会认为自己一直在努力工作，蔡信泽给的钱既是情谊，更是对她工作的酬劳。

如果她不这样去理解，恐怕过不了自己内心道德这一关。

如果蔡信泽完全不富有，以他的魅力可以追到张蕾吗？答案恐怕是否定的。但反过来说，如果她遇见的不是蔡信泽，而是另一个更有钱的人，性格不同，追求方式不同，她就一定会答应吗？也未必。

钱不是她铤而走险的充分条件，但却是关键条件。

1993 年 1 月 3 日早晨，已怀孕的张蕾在日记里记录了自己的一个梦境。

她痴痴地等待着蔡信泽来见自己，却一直等不到。逐渐地，她开始怀疑蔡信泽只是在利用自己，并计划抛弃自己。当蔡信泽终于来了，她当面骂他骗子，并狠狠地扇了他一记耳光。张蕾还在日记中抱怨蔡信泽迟迟不离婚，但接着又释怀地写道，自己腹中的胎儿十分活跃。

这个梦反映了她内心的焦虑：等不到婚姻，也离不开这段关系，选择怀孕生子，是放手一搏，也等于放弃了自己的退路。**她和苏美云一样压抑，对蔡信泽的做法心怀不满，又不敢对他发作，只能在梦里扇他耳光发泄。**

这时，苏美云若骗她，想上门谈判成全她和蔡信泽，她应当会很开心，并立刻把地址告诉她。

短短三年的物质充裕，换来的不仅是她自己的性命，也让她最爱的儿子惨遭杀害。她一直很孝顺父母，但却让父母在那个保守的年代蒙羞，捧着骨灰空手而归，折腾了许多年的民事官司，却没有从蔡苏夫妇那里拿到分文赔偿。

她有一番事业抱负，但她死后，许多人记得她的唯一标签就是"二奶"。

网上有网友不知道从哪儿看来的信息,声称张蕾威胁苏美云要让她们母子三人一分钱都得不到,全部滚蛋,才会逼苏美云拿起屠刀。

我想说,我们应该在有证据的事实基础上去评判一个人,而不是当一个人犯错了,就可以添油加醋地抹黑,特别是对一个无法再为自己辩驳的凶案受害人。张蕾固然有错,但我读遍中英文资料,都没看到"她要抢走所有财产,一分不留给原配和儿子们"的内容。而且相信读到了夫妻被偷录对话的读者,也不会相信这个消息。当时蔡信泽连离婚都不愿意,张蕾怎么可能提这种要求?如果张蕾真这么贪财、强势,像蔡信泽这样抠门、提防的企业家,必然早就与她分手了。

李先生为张蕾惋惜。他认为蔡信泽已经为张蕾打开了一扇门,让她站到了一个全新的平台,她完全没必要生这个孩子,执着于结婚。她可以以此为跳板,从此"扬帆出海",过上精彩的人生。

从张蕾的利益出发看这个问题,他的建议是有一定道理的。当时成绩和英语不如她的同学都在美国申请到了化学专业的研究生,他们很羡慕她可以在美国读昂贵的商学院 MBA(她应该是考了托福,还没去读)。当年 MBA 的含金量很高,能拿到这个学位的人大多前途无量,谷爱凌母亲就是在 1992 年读的斯坦福 MBA。

张蕾早年的人生像开挂了一般,学习、运动都好,有能力,又貌美,并且找到了令其他同学羡慕的工作。作为条件如此优越的 20 世纪 80 年代的大学生,无论是一开始就拒绝蔡的差旅邀约,还是迷途知返,后来的人生应当都有一番作为。作为对比,当时和张蕾同去皇朝大酒店工作的同学小兵,后来就在青岛的一个德国运输公司做中国总代理。

张蕾就算没死于苏美云刀下,她在这条路上一直走下去,最后多半也是悲剧。如果她及早放弃和这对夫妇纠缠,走一条靠自己能力的路,现在和蔡信泽比,还说不准谁更有钱。

本案发生 30 年后的今天,风水轮流转,大陆和台湾的经济地位非同往昔,技术更新换代,蔡信泽的半导体公司一落千丈,大约在 2007 年时就只剩个空壳,当年的张蕾又怎么能预见这些?

可惜当巨大诱惑来的时候,她还很年轻,没有这个眼力去看透未来的全貌,更何况,她当时可能会自欺欺人地以为这个选择是出于爱情。

茨威格的那句话放这里格外合适:她不知道这些看似幸运中奖的东西,其实都标了昂贵的价格。

或许不能责怪她目光短浅。每个人都是困在时代中的一粒尘埃,很难透过当下眼花缭乱的诱惑和抉择,去看透急剧变化的未来。

人在年轻、一无所有的时候,若不明确自己的价值,容易经不住诱惑,拿一些更无价的东西(健康、名誉、感情)去和利益做交换。

我们现在做的正确决定,未必在几十年后回头看还是正确的,我们现在失去的,也未必真的是损失。

如李先生所说,如果当时有人点醒张蕾,她是那么年轻,有那么大的价值和潜力,未来人生路上还有那么多事可以做,她是否还会执迷不悟地走上未婚生子这条路?

十三、蔡信泽——精明无情的商人

苏美云的辩护律师说了句话:"两个女人都是这个自私男人的牺牲品。"这句话倒没错。在我看来,他虽然不是动刀的那个凶手,却也是罪魁祸首。他是个精明的商人,维持两个女人的局面虽然有时有点麻烦,但对他个人无疑是最"有利"的选择。

他虽然没答应张蕾会离婚,但应当也没彻底浇灭她的希望,他只想拖住她，直到她的沉没成本越来越高，只能跟着他永远当"二房"。他不想离婚，不是因为爱妻子，而是因为那样会分掉一半家产，有损他在本土圈子的口碑，且影响他和儿子的感情。安两个家既可以享齐人之福，又能利用两个能干、节俭、死心塌地的女人为他在两岸打拼事业。

他最初看上张蕾或许因为容貌和身材，但他留住张蕾，愿意为她花钱，显然也因为她的头脑和能力。苏美云不会说英语，而张蕾英文出色，在那个年代会说英语的人才对他们行业的外贸出口特别有用，她工作又很卖力，对他的上海公司、厦门公司都有贡献，后来又一手创建青岛的分公司。**显然他愿意付出多少，也计算了张蕾对他的回报，无论是情感、生理还是事业。**

在录音中，当苏美云质问蔡信泽做某件事（疑似青岛开公司）是不是为了张蕾，蔡信泽否认，称："我不是为她，是为我们的公司，为我们的事业。采购的东西送到马来西亚，送到台湾，又没有什么不对，为我们的公司又不是为她。"他哄骗张蕾去青岛替他创立公司时，想必又是另外一番说辞，是为了另一个"我们"。

虽然对张蕾来说，她和她家人的生活水平提高了，但并没有获得什么资产，还是依赖他的一笔笔几千美元的转账过活。对于当时身价2亿美元，年收入四五千万美元的蔡信泽来说，只是九牛一毛而已。她到了上海公司后，月薪750元人民币，反而低于她本来在青岛的900元（90美元）。他给她的最大福利就是希尔顿酒店每月1000美元的长包房间。但这是他自己也要住的地方，他自然不会亏待自己。

张蕾除了对自己娘家人阔绰，以及花很多钱给蔡信泽打电话、给青岛公司打电话外，平日里十分节省。刚到美国时，她怀着身孕和几个陌生人合租房子若干月，直到快临产才搬到那个850美元月租金的公寓。

蔡信泽爱张蕾吗？从种种细节看，他是没有资格谈爱这个字的。以下就

是证据：

（一）**他明知张蕾生前十分孝顺父母，若有遗愿，必然是希望他们过得好，他却没有善待他们。**蔡信泽为了骗他们尽快去美国处理后事，许诺了很多经济条件，譬如给他们买别墅，给予十万美元安葬费，给他们养老等，但是等他们到了美国后却变脸了，只是不停催促他们赶紧签字火化，离开美国，甚至反对他们公开举办追悼会（他为了自己的名声，想尽可能低调快速解决）。

当张家人追问，张蕾和他的感情是怎么回事？张蕾有没有留下什么财产？青岛的公司捷安捷怎么办？……蔡信泽便心生不悦，觉得这家人是冲着他的钱来的，推翻了自己所有的口头承诺。后来索性关闭了捷安捷公司，生怕被张家占便宜。

他多次向记者表达，张蕾节俭、不爱他的钱，其实也是想把张蕾和她的家人切割，点出她家人要钱的行为不是张蕾生前的意思。

最终苏美云和蔡信泽夫妇对张蕾家人没有一句道歉和赔偿。

其实，他骨子里不时流露出对大陆人的轻蔑。他在法庭上提到曾带张蕾去香港在银行开户。律师问他为什么这么做？他说这是张蕾要求的，他也不知道为什么大陆人都想要有个香港账户。

（二）**他在案发后提到，张蕾曾在第一次见面后主动打电话给他，暗戳戳给人留下张蕾主动勾引的印象，**似乎想要印证他妻子和丈母娘的说法。但他的好友马乐伯曾出庭描述他如何对张蕾一见钟情、大献殷勤，台湾家里的电话账单显示两人第一次分别后，他主动从台湾打大量电话给她，并且认识不久信里已经热情地示爱。从两人外表、年龄和经历来看，更可能是他主动出击，发出去上海工作的邀约，张蕾接受，他再用各种物质和权力腐蚀她的防线，让她成为情人。

（三）苏美云追问广告衫的赠送者名字，他竟不避讳地说出张蕾的名字和

电话,把矛盾推给两个女人自己去解决。他为了自己的利益最大化,维持着两边的平衡,哪边闹得厉害,他就抽一耳光,随后又安抚一下。他明知道妻子可能会发现,却依然带张蕾回家住,引发当面冲突,让两个女子痛苦不堪。他最后安排情人母子住在离妻儿不过五公里的地方。这一切,说明他根本没考虑张蕾的名誉和安危,一切只图自己节省和方便。

(四)当凶手未明确时,他信誓旦旦地说:"**我心中的怒火燃烧着,我绝不会让凶手逍遥下去,我会用一切力量,一切方法,协助警方缉凶破案!**"可当张可可打电话给他,提出凶手可能是他太太时,他却勃然大怒,称:"我不能忍受这种恶毒的咒语……警方破案会还我家人清白的!"

他的义正辞严是出于对情人母子的感情吗?不,不,他只是在表演,怕这事会影响自己的名声、被人谴责。你看,当他发现凶手真的是他太太后,立刻不再提追凶一事,而是积极筹谋为凶手脱罪。

他一直对记者说,他知道自己的太太是好人,不可能去害人。而且太太没动机作案,因为自己不可能动摇太太的地位,太太早就知道了这个情人的存在,虽然不满,但能够容忍。他还自称答应过太太,很快就会结束与张蕾的感情。

他为了替凶手脱罪,甚至不惜给张蕾泼脏水。他拿着张蕾在王娜婚礼上和新郎的单独合影(拍摄者是新娘王娜)说事,一再引导舆论,提出是张蕾在美国"交友不慎"才导致杀身之祸。

在录音中,我们也读到,当他明白了妻子是凶手后,竟没有丝毫愤怒(估计苏美云也惊讶,她早知如此,可以早点坦白了),而是立刻想到点子暗示苏美云如何撒谎:是张蕾先动了刀吧?

张蕾如果泉下有知,不知道会有多么懊悔和痛苦?**她做的那个噩梦——蔡信泽利用和抛弃她——可比他现实中的手段小儿科多了。**

蔡信泽对情人和儿子的死亡有不可推卸的责任,是间接害死她的人。但凡蔡信泽有一丁点良知,应该对张家父母负荆请罪。哪怕最低底线,也应该是保持中立,让法律主持正义,而不是在法庭上请律师为凶手撒谎造假。

(五)蔡信泽为苏美云脱罪是出于爱吗?显然也不是。这里面或许有他对妻子的歉意,但仔细想,其实也全是为了他自己。**他一开始就咬死张蕾之死和他、和他家人都无关。**

如果法院给他妻子定罪,他更会受到张家人以及社会舆论的指责,亏欠死者及死者家庭更多。一旦妻子定罪,他还要对已经撕破脸的张家进行民事赔偿。其次,他可能也受到了苏美云娘家人和自己两个儿子的压力。

2001年,苏美云认罪后,张家的民事起诉终于可以推进了,他们要求蔡信泽夫妇支付数百万美元的惩罚性赔偿和精神赔偿。但这个官司在20年后依然没有结果,因为蔡信泽关闭了美国的分公司,卖掉了房产,他和苏美云都不是美国人,他们一走了之,哪怕判决下来也无法执行。

蔡信泽对张蕾是欣赏基础上的利用。张蕾的梦说明,她在潜意识里其实已经明白了这点,只是她的意识还在自欺欺人。

李先生给我发来一段话:"她可能是把他因富有而具备的一些东西当作魅力了,从蔡在葬礼上的表现,以及后来的做法,蔡是极其冷漠的人,我确信张是不会喜欢一个冷漠的人的,张是会和人用心灵交流的人。一个用心灵交流的人一定不会爱上一个真正冷漠的人。蔡是装出来的绅士,张大概是没有看出来。让一个刚刚离开大学校园,一个穿10块钱不到连衣裙的女孩,突然来到金碧辉煌的地方,很难会有高的鉴别力。而让一个年纪可以做她父亲的人,隐藏自己的冷漠却是容易的。"

《海外孽缘》一书中记录了一件"证明"蔡信泽对张蕾有感情的事:他在案发几个月后回到美国,找到当时的保姆李妈和房东,想把张蕾用过的家具找回来（有些被送人了，有些被当二手家具卖掉了）。他把这些家具都运回上海，找了一间空房，按照张蕾生前所住房子的卧室、客房的样貌，把旧家具、遗物布置起来，用来怀念张蕾。

鉴于他其他的作为：和张家父母闹翻、给死者泼脏水、维护凶手……我不太相信他费这么大力气是出于感情。台湾人普遍比较迷信，他这样做比较可能的原因是他听了风水先生的话，想做法事让母子鬼魂不要纠缠他，甚至保佑他的事业。

可以说，人性的丑陋和黑暗在蔡信泽身上体现得淋漓尽致。在他个人的名誉和利益面前，真相正义，爱情亲情，都分文不值。

据《海外孽缘》的作者吴琦幸打听到的消息，苏美云刚被释放回台湾时，蔡信泽很开心，说一家人终于可以团聚了。但后来，两人还是离婚了。台湾媒体近两年的新闻也引用了书里的信息，但这对夫妻真实的情况不明。现在网上可以查到，夫妻二人以及两个儿子，还是那家公司的四个股东。

网上煞有介事地传言，2020年苏美云又起诉美国检察院索赔。我没查到相关信息，判断以上为谣言。首先，她都年近70了，不太可能在20年后折腾这个事。更别说莫可已经退休了，李昌钰也退休了，更不可能去当检方的证人。其次，如果她觉得是冤案，她应该向政府索赔，或者向法院申诉，不应该起诉检察院。再者，她当年是自己认罪才获释的，并不是平反后无罪释放，也不可能索赔。

那个年代，机会对普通人来说太少。**这个案件就发生于特殊的经济转型时期，金钱和欲望，包装着爱情和尊严的外壳，最终让两个女子以最惨烈的方式来打破一个自私男人炮制的僵局。**

但自1993年案发，中国的阶层在这30年中发生了天翻地覆的变化，特别是近年来网络的发展，改变了阶层流动的大生态。随着机会和选择的爆发，像张蕾这样条件的女性,想必明智一点都会把精力花在个人事业上,可惜她无法参与这个时代了。

从小到大我们都在做选择题。自欺欺人的人几乎都会走入绝境,对自己诚实一些才有胜算。只有撕破以爱之名的包装纸,才能知道真正的爱是什么,才能评价每一个选择的价值——今天你不愿失去的,过十年后还重要吗?世间万物变化无常,什么是不变的?什么才是我人生中最珍贵的?我可以承担最严重的代价吗?我今天的决定在二十年以后,甚至临终前看还是正确的吗?

（本文中人物用的是化名）

4.

天使脸，蛇蝎心？意大利小城谋杀案

天使脸意大利
杀人案

天使脸，蛇蝎心？ 意大利小城谋杀案

在意大利一个 20 年没发生过命案的小城市，一个 22 岁的英国女留学生在自己的卧室内被性侵、杀害。最先进入警方怀疑视线的是她的室友和闺蜜阿曼达·诺克斯（Amanda Knox）。

阿曼达来自美国，案发时年仅 20 岁，是一个大二学生。由于长相美丽，而被媒体称为"天使脸"。警方认为阿曼达、阿曼达男友和他们的另一个黑人朋友在一次失控的性爱游戏中杀害了不愿参与的受害人。

阿曼达和她男友在七年间曾经历四次审判，两次被判有罪，两次无罪。

第二次判决时，意大利法院门外聚集了成千上万的人和世界各地赶来的媒体。当法官宣告他俩无罪时，法院外的围观人群中爆发出一片哭声和抗议声。甚至有人高声演讲，安慰众人，"还有最高法院呢，我们一定会把她定罪的！"

那么阿曼达究竟是一个杀害闺蜜的蛇蝎美人，还是一个遭受意大利司法迫害的无辜天使？

阿曼达·诺克斯

案发经过

被告和意大利警方对于这个案件究竟发生过什么有很大出入,所以我先说一个较为中立的版本。

本案于 2007 年发生在意大利的一座位于山顶的小城佩鲁贾。虽然佩鲁贾只有 15 万人口,但一点都不冷清。因为这里大学众多,超过四分之一的人口是学生,且大量是外国留学生。市中心酒吧等场所鳞次栉比,一到夜间就灯红酒绿,年轻人彻夜喝酒作乐。

整个城市虽然纵情声色,但在本案发生以前,已经 20 年没有命案发生了。

案发现场位于 Via della Pergola 路 7 号的一栋小楼内。

它的一楼是一个四居室的公寓,住了 22 岁的来自伦敦的女留学生梅瑞迪思·克尔彻(Meredith Kercher),20 岁的来自美国的女交换生阿曼达,和两个

案发现场，**Via della Pergola** 路 7 号小楼

20 多岁的意大利女性：菲洛梅娜·罗马内利（Filomena Romanelli）（律师）和劳拉·梅泽蒂（Laura Mezzetti）。

它的地下室里住了四个意大利男孩，他们和梅瑞迪思、阿曼达的关系很好，经常在一起玩。

2007 年 11 月 1 日是意大利的公众假期，所以住 Via della Pergola 7 号的意大利室友全都出城了，包括楼下的四个男生，留在城里的只有阿曼达和梅瑞迪思。

那晚,梅瑞迪思与三个英国女性朋友在别人的家里共进晚餐。

梅瑞迪思在晚上 20:45 左右,与朋友在距离 Viadella Pergola 7 号约 400 米远的地方告别,独自回家。

此后发生了什么,再无定论。

当晚 23 点左右,一个街对面的租客声称听到从 Via della Pergola 7 号传出一声尖叫。

此后,租客听到不止一个人的脚步声匆匆忙忙从那个房子里奔出来,沿街朝不同方向逃走。

第二天

11 月 2 日中午,有人在离 Via della Pergola 7 号不远的公园里捡到一部手机,交给了警方。

警方查到,手机属于那个意大利女律师菲洛梅娜,于是派了两个通讯警去她所住的 Via della Pergola 7 号查看情况。

当他们到达时(对于几点到达有争议),他们看见阿曼达和她的意大利男友拉法埃莱·索勒西图(Raffaele Sollecit)站在房子门口,神色有点奇怪。

这对小情侣声称自己刚打电话报警,没想到这么快来了两个通讯警(通讯警和警察不同)。

他们为什么报警呢?第一个版本:

昨晚(11 月 1 日),阿曼达在男友拉法埃莱家住了一晚。第二天早上 10 点多,阿曼达回到 Via della Pergola 7 号洗澡、换衣服。

她在事后接受采访时称,她回家洗澡,是因为嫌拉法埃莱家的淋浴房太小。

她在进家门时就发现有点不对劲，大门竟然敞开着。她喊了几声，无人应答。

随后，当她走进浴室时，发现与梅瑞迪思共用的浴室水槽和水龙头上有几滴血迹。她觉得可能是梅瑞迪思弄的，并未太在意。

刷完牙，冲完澡后，阿曼达走出淋浴房，才发现地毯上有一大块血迹（后被证实是一个赤足血脚印）。但她认为可能是有人割伤自己了，还是未太在意。

随后她来到菲洛梅娜和劳拉的共用浴室（面积比较大）吹头发，发现在马桶里竟然有没被冲掉的粪便。她这才有了一种毛骨悚然的感觉。

此后，阿曼达回到了拉法埃莱的家，告诉他这些奇怪的事，又和他一起回到了 Viadella Pergola 7 号。

在这对情侣遇到通讯警后，拉法埃莱对警察说，他经过菲洛梅娜的卧室，发现房门敞开着。他一眼发现，里面一片狼藉，有一扇窗玻璃被人打破了。

通讯警听到这些情况，进入公寓查看。

不多久，菲洛梅娜的男友，以及菲洛梅娜本人，在接到阿曼达的电话后，也先后来到了房子里。

菲洛梅娜一听说丢手机的事，就有了不祥的感觉，因为在公园找到的那个手机，虽然是注册在自己名下，但其实是梅瑞迪思在用。而梅瑞迪思为了和她的英国妈妈保持联系，手机从不离身。

当她又听说梅瑞迪思的房门是锁着的时候，立刻表示担忧，希望警察能撞开。通讯警不愿撞门。这时菲洛梅娜男友的友人出马，用力一脚把门踹开了。

接着，大家看到了恐怖的一幕。房间一片狼藉、到处是鲜血。墙上留有一个血手印，地上有多个血脚印，还有一条厚厚的被子。揭开被子，梅瑞迪思半裸的尸体就躺在地板的血泊中。

经法医检测，梅瑞迪思的尸体有 16 处瘀青和 7 处刀伤。

她的脖子一侧是瘀伤，另一侧是一个很深的刀伤，切断了动脉。也就是说，她是在失血的痛苦中慢慢死去的。

位于她的鼻子、鼻孔、嘴巴和下颚的瘀伤，证明曾有一只手牢牢地按在她的嘴鼻处，不让她发出呼救。

她的下巴处有一些细小的伤口，好像有人故意用刀尖折磨过她。

佩鲁贾法医科学研究所的三名法医认为，梅瑞迪思身上所受的伤害，包括她生殖器区域的伤口，表明有人对她进行过性虐待。

最早一个英国记者从法医那里得到此说法后，把本案和"性游戏"联系起来，写了条头版新闻，而后这个说法广为传播。

成为嫌疑人

警方很快对阿曼达和她23岁的男友拉法埃莱产生怀疑，但当时也仅仅是怀疑而已。怀疑主要基于以下几点：

一、"伪造"的闯入现场

勘察现场的侦探表示，他一到现场，就觉得菲洛梅娜房间的碎玻璃窗，是有人故意伪造的。

为什么呢？

首先，房间被翻得很乱，菲洛梅娜的衣服被人从衣柜里拖出来，散落在地。而有些玻璃碎片却是在衣服上方发现的。

这证明是先有人在室内弄乱房间，才砸碎了窗玻璃。

其次，虽然房间被翻得很乱，但房间里的笔记本电脑、钱包等全都没有丢失。

再者，这扇窗户离地很高，大约两层楼高，又是朝向马路的，谁会选择这扇窗户入室偷窃呢？爬墙时岂不很容易被路人看见？况且，墙上没找到脚印或者痕迹，证明有人爬过墙。

但是谁会花心思故意造假呢？

本案的另一个重要人物，检察官米格尼尼认为，凶手这么做只有一个目的：为了撇清和这间房子的关系。如果是内部人作案，很可能为了转移视线，故意制造外来盗贼闯入的假象。此外，他想不出还有其他什么目的。对于这个争议，我会在后面详细分析。

二、不在场证明

根据阿曼达的说法，她 11 月 1 日一整个晚上都和男友拉法埃莱在一起，从未出门。拉法埃莱是佩鲁贾大学的计算机系学生，当年 23 岁，长相俊美，家境优越，开了辆奥迪车。据后来纪录片中的记者讲述，拉法埃莱性格腼腆，性经历较少，阿曼达可能是他经历的第二个女人。

11 月 1 日，他和阿曼达认识仅有五天。

10 月 25 日，阿曼达和梅瑞迪思参加了一个古典音乐会，遇见并认识了拉法埃莱。

阿曼达后来接受 CNN 采访说，她第一眼觉得拉法埃莱很像哈利·波特。而拉法埃莱则表示，当他回头时，不敢想象这个美丽的女孩竟在对自己微笑。当晚两人打了个招呼后，就出去玩耍了……此后五天，整天黏在一起。

那阵子，阿曼达在一家名为 Le Chic 的酒吧打工当女招待，本来案发当晚她要去上班的。但傍晚时，她接到酒吧老板（刚果人）帕特里克（Patrick）发来的消息，说当晚不需要她过去了。

她很开心，继续和男友待在他的公寓。案发当晚，他们像过去几天一样，看电影、做饭、抽大麻、喝酒、做爱。

但毕竟，两人的不在场证明，只有他们的互相作证。而且拉法埃莱的公寓距离 Via della Pergola 7 号很近，走路只需 5 分钟。

三、发现尸体时的表现

当菲洛梅娜的友人准备强行撞开门时，其他人都站在旁边焦急地围观，而阿曼达和她的男友拉法埃莱却待在客厅没过来。这或许也可以解释为她因为牵挂梅瑞迪斯而心情紧张，害怕打开门会发现什么。

当时在场的警察提出阿曼达的可疑之处。

后来警方发现，阿曼达曾在发现尸体前十几分钟，给她在美国的母亲打了个越洋电话。当时是美国的半夜，她为什么要在此刻吵醒母亲？

阿曼达一直没向警方交代这个电话的内容，当警方查到手机通信记录问起时，她说自己忘记说了。

而警方后来发现，阿曼达在通讯警到达前，曾打过几次梅瑞迪思的手机，而拉法埃莱也曾两次试图破门而入未果。阿曼达表示这么做是因为担忧梅瑞迪思。

可当通讯警来到后，问起这个锁住的房门时，旁人却听到阿曼达用蹩脚的意大利语说道："不用担心，她整天都锁着门，就连在对面卫生间洗个澡都要锁房门。"菲洛梅娜回来后则说了相反的话："梅瑞迪思从来不锁门。"这才有了后来撞门一事。

那么，阿曼达为什么这么说？是本能地害怕面对暴露，想拖延警方发现尸体的时间吗？阿曼达后来解释，是自己的意大利语太差了，造成了误解，她说的是相反意思。可她如果想说是梅瑞迪斯从不锁门，又怎么会提到洗澡？

阿曼达的律师辩论，如果阿曼达知道梅瑞迪思死了，就不会打她电话，并且试图破门而入啊。

但警方却说，打电话是因为他们要确认梅瑞迪斯的电话是不是真的丢了；

破门是因为他们有罪证忘记在房间了，想要拿出来，却没法弄开门。

类似的细节很多，也难以争论明白。

四、两人表现

一个记者碰巧拍到阿曼达和拉法埃莱在等待警方办案时，站在公寓外连续亲吻三次，安慰对方，显得神色凝重。这个画面也在西方各大媒体上被反复播出。对于这个表现，自然可以有截然相反的解读。

也有警察说，曾一度看到他俩躲在公寓外哈哈大笑和做鬼脸。

案发第二天，有个意大利店主声称曾在案发当天发现两人在一起替阿曼达选购内衣，两人在店里连连亲吻，还说晚上要热辣地做爱。

案发第三天，警方把阿曼达叫回来，让她到厨房里看看抽屉里的刀具有没有少，因为里面的七八把刀中没一把符合凶器的特征。而那时，阿曼达突然变得歇斯底里，不停地用手掌拍击自己的耳朵。

检察官米格尼尼认为，阿曼达如此反应，是因为她看到刀后联想到了案发时受害人的尖叫声，才捂住自己的耳朵。而阿曼达则说，她是从刀想象到闺蜜遇害，有些情绪失控。

还有一些检察官认为只有女性凶手才会想到用一条厚被子盖住女受害人，男性凶手不会想到做这种事。

两个女孩的背景

受害人梅瑞迪思，于 1985 年 12 月 28 日出生于英国伦敦南部的小城市，案发时 21 岁。她有两个哥哥和一个姐姐，她的父亲是一名自由撰稿人，她的母亲是家庭主妇。

梅瑞迪思本来在利兹大学学习欧洲政治和意大利语，同时她还打很多工，譬如酒吧女招待、导游和销售之类的。2004 年，她在歌手克里斯蒂安·莱昂迪奥(Kristian Leontiou)的歌曲"Some Say"的 MV 中露了个脸。她立志毕业后为欧盟工作或成为记者。

2007 年 10 月，她进入佩鲁贾大学，开始了现代史、政治理论和电影史的课程。同学们称赞她充满爱心、聪明、机智、人缘好。

阿曼达于 1987 年 7 月 9 日出生在美国的西雅图，她有三个妹妹。她的母亲埃德达·梅拉斯(Edda Mellas)是个数学老师，她的父亲是当地梅西百货的财务副总裁。他们在阿曼达几岁时离婚了，后来她的母亲嫁给一个技术顾问。

阿曼达 15 岁时首次和家人前往意大利度假，访问了罗马、比萨、阿马尔菲海岸和庞贝城遗址，她的母亲曾送给她一本《在托斯卡纳的太阳下》(大体讲了一个 30 多岁的女人在离婚后去意大利寻找自由和自我的故事)，这本书增加了对她意大利的兴趣。

阿曼达于 2005 年进入华盛顿大学学习语言学。那会儿她想要去意大利学习一年，可父母不能负担这笔费用。于是为了攒钱，她同时打好几份工，过得极为节俭，最终攒下 7000 多美元。

在亲戚们眼中，阿曼达性格外向，没什么警惕心。她的继父曾不太希望她去意大利交换一年，觉得她年纪小、性格太天真了。

2007 年 9 月 10 日，伦敦女孩梅瑞迪思搬进了 Via della Pergola 7 号。10 天后，阿曼达住了进来，这是两人第一次相遇。后来两人经常在一起玩，虽然到案发时刚认识一个多月，但两人已经成为好友。

梅瑞迪思的英国女性朋友很少见到阿曼达，因为阿曼达大部分时间还是喜欢和意大利人混在一起。梅瑞迪思的英国朋友说，如果有一个女孩和阿曼达截然相反，那一定是梅瑞迪思，暗指阿曼达会把男孩带回来过夜，但梅瑞迪思不会。

审讯和招供：一场媒体狂欢

媒体的关注让警方背负很大压力，并希望尽快破案。

11月5日，他们以问询证人的理由再次找到拉法埃莱，阿曼达自愿陪同他去了警局，等在走廊里。

有警察看到她在走廊里做作业，还做了空手翻和劈腿动作，觉得她是个神经病，但阿曼达表示自己只想拉伸下筋骨而已。

拉法埃莱后来在纪录片中回忆，警方在那次问询中对他态度粗暴，说阿曼达是个荡妇、婊子，欺骗了他，现在已经把他供出来了。

在经受了一段时间折磨后，拉法埃莱终于对警方说："至今为止，我说了很多的谎，是她让我这么说的。其实那晚我确实在家，但阿曼达没有和我在一起，她一直到凌晨一点才回来。"

后来他又改了三次证词，一会儿说他抽了太多大麻，不记得阿曼达到底是不是和他在一起了，一会儿又说阿曼达当晚出去打工了（在拉法埃莱被拘留四年释放后，他出了一本回忆录，说他当晚是和阿曼达一起在家里，但不确定她是否出去过）。

听到这个说法，警方立刻找到了等在走廊上一无所知的阿曼达，对她也进行审讯。审讯一直持续到11月6日早上。

他们拿到了阿曼达的手机，发现她当晚曾和她打工的酒吧老板帕特里克发过消息。阿曼达给帕特里克回复一条短信称："晚些见。"但帕特里克发来的短信却被删了。阿曼达显得很茫然，说帕特里克那晚叫自己不用去酒吧打工了，但自己不记得曾删过帕特里克的短信。

从意大利语看，"晚些见"的意思是，她在约他当晚稍后时间见面。可阿曼达却解释，自己回的意思相当于英语"see you later"，只不过自己意大利语不过关,没体会出其中的细微差别,造成了警方的误解。

在经历了漫长的审讯后,阿曼达首次承认,梅瑞迪思死时,其实自己正在公寓里。而杀死梅瑞迪思的是酒吧老板帕特里克。她说,当晚她叫帕特里克来公寓,给他开了门。后来,她看见帕特里克走进了梅瑞迪思的房间,随后她听到了一声尖叫。她"想象"门背后帕特里克正在杀死梅瑞迪思。

警方当时分两派意见,一派是立刻批捕阿曼达、拉法埃莱和帕特里克三个人,另一派建议暗中监视,搜集更多证据。最后,第一派获胜,他们迫不及待地于 11 月 6 日中午正式逮捕阿曼达并以谋杀罪起诉这三人,随后还开了个新闻发布会,宣告案子已破。

根据警方的新闻发布会,这三人当晚磕了药、喝了酒,想要梅瑞迪思一起参加他们疯狂的性爱游戏,但梅瑞迪思不愿意,极力反抗,最后被三人杀害。

如此劲爆的内容一经发布,美国、英国、意大利的媒体全都铺天盖地地在报道本案。他们用了"受害人认识凶手""一个女人已经承认自己的罪行""性游戏玩过火了"之类的标题。

由于阿曼达是美国人,是美女,又被认为是主谋,白然吸引了媒体的全部关注。意大利媒体跑到她的老家西雅图去挖掘她的个人历史,还把她的网络空间都翻了个底朝天。他们发现她曾坐在一个大型机关枪旁边,疯狂大笑,还配文:"内心是个纳粹"。

他们发现拉法埃莱这个外表斯斯文文的男孩,在一张照片里居然曾裹得像个木乃伊,手上还拿了个劈骨刀。于是媒体大做文章:瞧瞧这一对疯狂的情侣。

他们发现阿曼达还在网上给自己取了绰号:Foxy Knox(狐狸诺克斯)。但据阿曼达的母亲后来接受 CNN 采访表示,这只是阿曼达小时候在女足队踢足球时,小孩子为了好玩互相取的绰号,并没有什么特别的含义。

这是一场媒体的狂欢。他们共同塑造了阿曼达的形象：一个放荡、疯狂、有性瘾、对同性友情冷漠、喜欢暴力、无政府主义的蛇蝎女人。

意大利警方结论被证伪

意大利警方的愚蠢之处在于听到阿曼达的证词之后，甚至都没去好好证实一下，就开了新闻发布会。但他们的结论很快被证伪了。三周后，他们不得不释放帕特里克，因为他在11月1日当晚有毫无缝隙的不在场证明。

原来，11月1日当晚至凌晨，他的酒吧都是开张的。他给阿曼达先发了一条短信，让她晚上不用来上班了（短信不知何故被阿曼达删除，而她自己却想不起来自己曾删除过）。由于他放了阿曼达的假，所以都是他自己在酒吧招呼客人，当晚进进出出的客人全都可以作证。

阿曼达应当知道帕特里克当晚会在酒吧上班，那她为什么要诬陷他？

帕特里克说，阿曼达指控自己，只因自己是个黑人。他还指责阿曼达说谎。阿曼达此前曾告诉其他室友，帕特里克不付她工钱，而帕特里克说这是谎言，他从没少过她的工资。

阿曼达在后来一次开庭时，突然当着法官和媒体控诉警方逼供和诱供。她说，一个女警从背后扇她的脑袋，不给她吃喝，不让她去厕所，不给她睡觉。在场的英语翻译不断诱导她，譬如："你一定是看到了什么，但是创伤太深不记得了。你可以想起来的。"警察呵斥她："你究竟在保护谁?!"她表示自己被逼无奈，必须给个故事才能脱身。

但她坚持自己的证词三周没变，让帕特里克被拘留三周，蒙受不白之冤，名誉损坏，酒吧也不得不停业。后来帕特里克告阿曼达侵犯了自己的名誉权，阿曼达罪名成立，被判三年。

意大利警方则表示，他们完全没有打阿曼达，他们允许她去厕所，甚至还为她提供热的饮料。不给她吃的？那是因为当时是半夜,这两人是在朋友家吃过晚饭来的,还要提供什么吃的？如果真有人打她了,她为什么第二天见美国大使馆工作人员时不说呢？为什么给自己的律师写邮件时只字不提呢？

他们表示,阿曼达在最后一次审讯的两个小时后就主动交代了帕特里克,而不是 40 个小时后。

米格尼尼认为,阿曼达抬出帕特里克,纯粹是为了转移警方对她的注意。究竟是警察流氓,还是嫌犯狡猾？总有一方在说谎。

但不得不承认,阿曼达在说谎上可能有一点天赋,至少她让警方坚信不疑她说的版本是一个 20 岁女孩在崩溃后吐露的实话。阿曼达演得太过逼真,以至于他们沾沾自喜,没有一丝怀疑,就开了新闻发布会。

事实如何呢？接下来发现了更多的证据……

新证据:牵出有案底罪犯

案件很快有了新线索。

1. 一个叫安东尼奥(Antonio)的流浪汉突然出来作证:他曾在案发当晚,在案发公寓旁的小广场上见过阿曼达和拉法埃莱这对情侣。他说一次是 21:30 到 22:00 之间,一次是 23:00 到 23:30 之间。他还看到拉法埃莱扶在栏杆上向下张望。等拉法埃莱走后,安东尼奥也望了下,下面什么都没有,除了那栋房子(案发公寓)。

如果他的证词属实,这对情侣坚称两人整晚待在房间没出来,就是谎言。但这个流浪汉是个常年吸食海洛因的瘾君子,健康状况也不佳,没两年就死了,他的目击证词到底有多可靠也未知。

2. 几周后,警方在拉法埃莱的公寓厨房里搜到了一把刀,刀型刚好符合杀死梅瑞迪思的凶器特征。更关键的是,刀柄上验出了阿曼达的 DNA,刀刃上有受害人梅瑞迪思的 DNA。这是极为关键的证据了。

3. 浴室里有五处梅瑞迪思的血迹中混合了阿曼达的 DNA,分别在棉签盒上,在门上,在水槽中……根据 DNA 数据分析,应当是两人的血液混在了一起,而不是阿曼达碰了梅瑞迪思的血迹后留下的 DNA。但在龙头上的一滴血液,则完全是阿曼达自己的。

4. 在那个锁掉的房间里/案发现场,找到了不同人的 DNA,但没有阿曼达的。警方在梅瑞迪思的胸罩钩子上,发现了拉法埃莱的 DNA。这也是很致命的证据。当时梅瑞迪思的胸罩被人剪碎了,带子断了,其中带钩子的那一片织物掉在被封锁的现场地毯上,过了几十天才被警方发现。

拉法埃莱的律师提出质疑,这个胸罩带子都被扯烂了,怎么可能拉法埃莱的 DNA 只出现在金属钩子上,而胸罩布料上却完全没有? 他如果没碰到那个胸罩带子,又怎么解钩子?

警方确实在胸罩布料上发现了男性 DNA,只不过它属于另一个有案底的罪犯:鲁迪·盖德(Rudy Guede)。

鲁迪的 DNA 被发现在房间里到处都是,在梅瑞迪思的包上,在她的内衣上,在墙上的血手印上,在她的阴道里,甚至在擦过的马桶手纸上……鲁迪在 11 月 3 日就逃到了德国,最后被德国警方在德国乡间抓到,遣送回意大利。

那么,这个鲁迪是谁?

新的嫌疑人:三个人的交集

鲁迪是个本地的渣滓无疑。他在 1986 年出生,案发时 21 岁。他自从 5 岁开始就住在佩鲁贾。他爸妈从小不管他,是牧师把他养大的。

2003 年,鲁迪 17 岁时,被当地一个有钱的家庭收养,但在 2007 年,那户人家把他扫地出门。2004—2005 年间,他曾为当地的青少年篮球队打篮球。

鲁迪因为入室偷窃被抓到过好几次,留有案底,这也是警方能通过 DNA 锁定他的原因。

尽管抓到了鲁迪,但米格尼尼还是没有修改他的版本,只不过这次他把酒吧老板的角色换成了鲁迪。他认为是这三个人在吸毒喝醉后,陷入疯狂状态,想要玩性游戏,最后失控把梅瑞迪思杀了。

他这次的版本更为细致:当晚阿曼达和鲁迪、拉法埃莱三人在家中作乐。梅瑞迪思不喜欢这样,上前责备了几句,这激起阿曼达的恨意,后来就场面失控了……此后鲁迪逃跑,阿曼达和拉法埃莱则回到案发现场,进行了清理和打扫工作。他们故意没有清理掉鲁迪的痕迹。之后又伪造了入室偷盗的现场。

那么鲁迪和阿曼达、梅瑞迪思,以及拉法埃莱三人之前有交集吗?

鲁迪和阿曼达、梅瑞迪思三人确实是相识的。阿曼达和梅瑞迪思的楼下住了四个男生,其中之一是贾科莫(Giacomo)。由于贾科莫和这两个女孩一样爱好音乐,经常会上一楼的女生公寓玩。

10 月中旬的一个晚上,阿曼达、梅瑞迪思、贾科莫和另一个地下室租客,玩到凌晨两点。在他们回家的路上,遇到了鲁迪。鲁迪是在篮球场上打篮球时,认识了住在案发公寓地下室的那几个男孩。

这两个意大利男生邀请鲁迪一起回地下室玩,后来阿曼达和梅瑞迪思也下来加入他们。玩到凌晨 4:30,梅瑞迪思表示要睡觉了,便离开了,而阿曼达也跟她出去了。鲁迪一直在地下室待到第二天早上。

鲁迪很快和地下室的男生混在一起,并向其他人打听阿曼达(可能是对她有兴趣)。同样在 10 月中旬,梅瑞迪思和阿曼达参加了欧洲巧克力节。

10 月 20 日,一小群人去酒吧时,梅瑞迪思和贾科莫之间擦出火花,有了浪漫关系。那一次,鲁迪当天晚些时候也曾去地下室玩过。但阿曼达表示,女生们从未邀请鲁迪进入一楼的女生公寓。她说,她还见过鲁迪几次,一次是他出现在她打工的酒吧，一次是看见他和地下室男生一起打篮球……但她连他的名字都不知道，根本谈不上是朋友关系。

10月25日，梅瑞迪思和阿曼达参加了一场古典音乐会，阿曼达遇到了23岁的意大利学生拉法埃莱。两人相识仅五天后，就发生了凶杀案。但鲁迪却说了另一番故事。

鲁迪的版本：一个黑人替罪羊？

案发前三天，10月27日，鲁迪还因为闯入一个米兰的幼儿园而被捕，当时警方在他身上搜到了一把从学校厨房里偷出的28厘米长的刀。这把刀应当是被米兰警方收走了，不是本案中的作案凶器。可能因为他那次没偷到什么值钱的东西，所以米兰警方也没有逮捕他。

11月1日，鲁迪已经回到了佩鲁贾。案发当天他的行踪不明。没人知道他做了什么，直到23:30，他出现在一个朋友家。随后他去了一个酒吧，一直待到凌晨4:30。

案发第二天上午，他又和三个刚在酒吧认识的女学生去了昨晚那家酒吧。接着，他就逃去了德国。毫无疑问，他和案子有直接关系。

住在地下室的男孩作证，有一次鲁迪在他们家玩时，竟然在厕所马桶上睡着了，而马桶里的粪便还没冲走，满是臭味。而留在犯罪现场的，也有未冲走的粪便……

案发当晚究竟发生了什么？

警方在抓到鲁迪前，曾让他的朋友在Skype上套他的话并偷偷录音……鲁迪在不知情的情况下说了这么一个故事：

10月31日，他在某个酒吧里遇见了此前就相识的梅瑞迪思。他们约好了第二天在家里约会,所以 11 月 1 日晚上他就去公寓赴约了。

10 月 31 日晚上,鲁迪其实一直和两个外国女子在酒吧玩,她们告诉警方,她们看到鲁迪那晚唯一说过话的女孩,留着一头金色长发,不是梅瑞迪思。

鲁迪说 11 月 1 日晚上 21 点左右到达,梅瑞迪思给他开门,让他进了公寓。鲁迪说他和梅瑞迪思亲吻并互相抚摸对方,但没有做爱,因为他们没有现成的避孕套。

他随后肚子疼,便穿过公寓走廊,走到另一侧的(属于另两位室友的)洗手间去上厕所。他说他在蹲马桶的时候听到了梅瑞迪思的尖叫。当他穿上裤子赶过去的时候,他看到一个影子离开了。由于天太黑,他没看清楚对方的脸。而梅瑞迪思则躺在他的怀中流血,他惊慌失措,逃离现场。

他可能当时看到了铺天盖地关于阿曼达被捕的新闻,于是刻意补充了一句:"噢对了,阿曼达和这个案子没有关系。她不在那里。"他把谋杀完全推给了某个神秘人,显然,他没对这个朋友说实话。

被抓后,在审问中,鲁迪又在这个版本上多加了点细节,譬如他听到这名杀人的男子用地道的意大利语说了一句:"发现了个黑人当替罪羊。我们走吧!"

他的叙述版本明显与法医证据不符。譬如,他说他走时梅瑞迪思的穿着完整,那又是谁脱了梅瑞迪思的衣服?譬如,尸检发现生殖器上有他的 DNA,可他却说当晚没发生关系。

鲁迪最初说阿曼达并没有在公寓里。但他后来修改了他的故事,说梅瑞迪思死时阿曼达也在公寓里。他声称曾听到阿曼达和梅瑞迪思的争吵,而当他从窗户望出去,看到了阿曼达的背影,暗示阿曼达一人杀死了梅瑞迪思,和他无关。

2008 年 10 月,鲁迪的谋杀和性侵罪名成立,并被判 30 年监禁。但当时的米歇尔法官宣判鲁迪的"偷窃"罪名不成立。这其实暗示了法官的态度,他们依然相信强行入室偷窃的碎玻璃窗是伪造的,也代表相信还有其他同伙。

而后有法医接受纪录片采访时表示,他认为凶手不止一人。为什么呢?因为尸体上几乎没有防御伤。大家都知道,如果是拿刀杀人,对方本能地会用胳膊和手去挡而留下伤口。该法医表示自己不能想象梅瑞迪思这样一个大活人会任人用刀刺着玩,而不反抗。所以只可能是一到两个人控制住她,另一个人实施了伤害。

第一次审判:DNA 证据的漏洞

第一次审判中,DNA 证据确实有很多漏洞。但是检方也找到了很多证人。除了此前说的流浪汉外,还有一个小卖部的店主声称,11 月 2 日早上 7 点多,一个长相和阿曼达一样的女孩站在店门口等他开门。而后女孩去了洗厕所的消毒液的货架(但此人第一次告诉别人这件事是在案发一年后,且首先告诉了一个记者而非警方,所以真实性也值得怀疑)。

阿曼达出席第一次审判的现场照片

替拉法埃莱打扫卫生的某个女佣表示,拉法埃莱那里突然多了几瓶消毒液和洗洁精,是她以前没见过的。

虽然拉法埃莱声称,两人当晚一直在家里、一直在用电脑,但他的电脑显示,自从晚上 6 点多开始播放《天使爱美丽》后,电脑上就再也没有人为活动。电影在 9 点 10 分结束,不清楚当时他们在不在观看。

他们表示案发第二天两人一直睡到早上 10∶30,但电脑显示凌晨 5 点半时,有人试图在电脑上播放音乐,最后 iTunes 放了大概半小时音乐。

11 月 2 日早上 6 点多,拉法埃莱打开他的手机(当然睡觉中醒来过一会儿也很正常,不代表就起床了)。反正都是一些不能证明他们杀人,但似乎能证明他们说谎的证据……

2009 年的第一次审判中,米格尼尼作为控方,重建了案发现场:阿曼达在梅瑞迪思的卧室里袭击了梅瑞迪思,多次将她的头撞在墙上,强行抓住她的脸,并试图掐死她。鲁迪、阿曼达和拉法埃莱合力脱掉了梅瑞迪思的牛仔裤,阿曼达和拉法埃莱将梅瑞迪思的手和膝盖抱住,让鲁迪对她进行性侵和性虐。

阿曼达用刀子在梅瑞迪思身上割了好几处,然后在脖子上造成致命的刺伤。由于梅瑞迪思当时钱包里的两个信用卡、300 欧元,和两只手机都不见了,因此控方把这个也算在阿曼达和拉法埃莱身上(而不是鲁迪),多加一个盗窃罪。

尽管阿曼达和拉法埃莱的律师坚持本案只是鲁迪一人所为,并提出了一系列有力的质疑,但最终法庭宣判两个被告多项罪名成立:伪造现场、性暴力、谋杀。

阿曼达被判入狱 26 年,拉法埃莱则被判 25 年。阿曼达当庭震惊痛哭。更惨的是,2010 年意大利警方还起诉阿曼达损害警方声誉,污蔑警方对她有扇脑袋等行为……

庭外,阿曼达的家人极为愤怒,表示一定会上诉。

意大利人普遍认为,证据摆在那里,司法声张了正义,而不少美国人则认为这体现了意大利司法究竟有多黑。

继续上诉:无罪释放

2010 年 11 月,阿曼达和拉法埃莱的上诉案开庭。这一次的法官认为,现有证据不能充分表明他们犯罪了,也缺乏充足的证据证明这三人之间有联系,从而宣判阿曼达和拉法埃莱无罪释放。

阿曼达哭着瘫倒在律师的怀中,她随后就跟家人回了西雅图。她的家人真的足够支持她。由于她的继父是做 IT 工作的,工作地点比较自由,因此他当年尊重家人意愿,只身搬到了意大利,就是为了不让阿曼达一个人在意大利坐牢。

那次审判的庭外,意大利人纷纷痛哭和咒骂司法不公。他们互相安慰,"不是还有最高法院吗?"

2013 年 3 月,最高法院要求重审此案,认为此前的判决对前因后果缺乏考虑。阿曼达既然没有遭到警方殴打,为何要诬陷帕特里克?为什么阿曼达自己在警局写的纸条上,承认她和拉法埃莱案发时身处公寓?是谁伪造了入室盗窃(鲁迪肯定是没动机的)?又是谁案发后进行了打扫工作?

基于这些,2014 年 1 月,意大利最高法院宣判阿曼达和拉法埃莱的谋杀罪名成立。阿曼达人在美国,当然是不会回意大利了,她说如果他们来抓她,她会尖叫踢腿撒泼,坚决不回。

2015 年 3 月,阿曼达和拉法埃莱继续上诉至最高法院,而这次法院认为判两人有罪的基础不存在,于是再次宣判无罪。最高法院表示这是最终审判。

当时阿曼达和家人在西雅图的家中看新闻直播,看到判决后十分激动。

她当时就给远在意大利的拉法埃莱打了个电话,她在电话里兴奋地大叫:"我们自由了!"以及"我爱你"。

近况:生活不能回到过去

经历了四年的牢狱之灾,两人的生活轨迹完全被打断。重获自由后,阿曼达在 2014 年终于把自己的本科学位修完,她当时已经 27 岁了。随后她成了西雅图当地一个报社的记者,现在投身于为冤假错案发声。

但她认为生活不可能回到过去,她变得有些内向和孤僻。阿曼达在监狱里时,意大利警方骗她感染了 HIV。她很绝望,在牢里写日记,一一回忆和自己发生过关系的男性,哪个做了保护措施,哪个没有。可这份日记却被流传出去,被媒体刊登。于是全世界都知道她在 20 岁时和 7 个男人做过爱,以及这些人的名字。

路上经常有人认出她,并说:"我认识你。"可她说:"他们并不了解我。"她的家人为了支持她打官司,负债累累。阿曼达后来出版了一本畅销书,讲述了自己的经历。书的版税终于让她偿还了欠下的惊人律师费。

拉法埃莱后来则自己创业,现在成了一家 IT 公司的老板。他在狱中时曾给阿曼达写信,说他对她还有感觉,但阿曼达却回信拒绝了,说她的感觉已经不在了……

至于鲁迪,在阿曼达和拉法埃莱最终被宣判无罪后,他的刑期也减到 16 年。梅瑞迪思远在英国的家人曾抗议过这么大的减刑,但无济于事。

尾声:法律盖棺定论,争议从未结束

本案虽然在法律上盖棺定论了,但对本案的争议却从未结束。

至今人们都对阿曼达持两种截然相反的意见,一种把她看作遭受磨难的天使，一种则把她看作爱说谎的恶魔。

网上更是建立了两个针锋相对的独立网站，一个列出证据为阿曼达辩护，一个则列出她有罪的证据。这两个网站能获得如此详尽的图片、数据，甚至录音，应该都是警方提供的。

在 Youtube 上的采访视频下面，意见也分成两派。有的认为她是女版辛普森，全天下都知道她做了，只是法律没有惩罚她。有的分析她接受采访的微表情，说她显而易见在说谎。有的说她的灰色眼睛，看起来像个疯子。

但也有很多人同情她的遭遇，相信她是无辜的，并且她受到了意大利司法的迫害。本案中的一个关键人物是经手此案的检察官米格尼尼。他也曾接受 CNN、ABC 等多家媒体的采访。

他始终坚信阿曼达有罪。

当 CNN 记者问他，阿曼达说谎了吗？他肯定地回答：绝对的！他说一部分怀疑是来自他多年办案的"直觉"。这也为人诟病。

米格尼尼是个非常影视化的角色，喜欢福尔摩斯，喜欢看侦探小说，嫉恶如仇，对破案带有天然的热情。他就像一条猎犬，对自己坚信的罪犯紧咬不放，紧追不舍，不达目的不罢休。在电影里，这样的角色总是正确的，却又很悲情。但这毕竟是现实，他未必一定正确……

而本案中引人深思的是狗仔队。他们把一起悲剧变成了狂欢，嗅着气味，追着美女、性暴力、3P 等等吸引眼球的关键词不放。

在法庭尚未审判时，媒体就似乎已经盖棺定论，把阿曼达当成罪犯，抓住毫无意义的小细节，塑造了大众眼中她的疯子、荡妇形象……

那么，阿曼达和拉法埃莱到底有没有参与谋杀？我用很多时间研究了本案，接下来会阐述一下我基于那些证据的观点。

天使杀人案分析篇：证据交锋才是本案的精彩之处

我大约在 2010 年左右看到的这个案子，当年的维基百科内容和现在的不一样，是偏向她是凶手的，所以当年这个案子给我留下的印象就是阿曼达是凶手。那个"狐狸诺克斯"的绰号也让我记忆深刻。

到了 2018 年，我突然看到一条新闻，阿曼达成了记者、主持人。我当时有点困惑，这么快就坐牢出来了？一查才知道，原来本案又审了三次，最终她被判无罪。

接着我看了最新的纪录片《阿曼达·诺克斯》(2016)。这部一小时的纪录片拍得比较有美感，对人物内心探索比较多。但关于案件本身的信息量，尚不及当年 CNN 做的一个节目(CNN 那个节目指出，该检察官在其他案子中也犯了"滥用职权"的错误)。

看完这个纪录片，相信大部分人都会认为，阿曼达是被冤枉的，这是一个偏执的检察官以及落后的司法系统共同导致的冤案。

但是把案情如此简单化，反而令我困惑，难道意大利司法真的如此黑暗？难道一个检察官仅凭直觉产生怀疑，就可以得到那么多警方的证据支持，且一半法官都判了这对情侣有罪？

我相信他们肯定是有充分的理由怀疑阿曼达。随后我就找到了许多针锋相对的网站。虽然不知道是谁建立的网站，但是很显然，它们获得了极为详实和精确的关于案件的信息，包括照片、录音、录像、法庭记录、口供、精确时间、专家证词……

我花了很多时间——对照这两个网站的信息，现在和大家分享一下。

两种观点

控方（以检察官米格尼尼为代表）**的观点是：**案件发生在 11 月 1 日晚上 10 点至 11:30 之间，凶手为阿曼达、拉法埃莱和鲁迪。当晚阿曼达为拉法埃莱和鲁迪开门，让他们进入。在三人的纵乐遭到受害人反对后，阿曼达变得愤怒。

阿曼达和拉法埃莱控制住受害人，而鲁迪则脱去她的衣物，对她进行性侵。随后，阿曼达用刀杀害了受害人。鲁迪穿着沾血的鞋子，直接从前门离开，之后把两部手机扔到了 900 米外的一个花园。

而阿曼达和拉法埃莱当夜或者第二天早上清理了现场。他们只清理了自己留下的脚印、指纹和 DNA，但留下了鲁迪的脚印、指纹、DNA，以及大便。他们伪造了入室盗窃。

鲁迪从始至终不认罪。他开始为了不让警方怀疑自己的同伙，还特意强调阿曼达也不是凶手，把凶手说成是某个他没看清楚长相的意大利男性。

可当他得知案发现场只留下了自己的痕迹（同伙未帮他清理），便改变口供，说阿曼达和受害人为钱财发生冲突，杀害了受害人（他改了好几次口供，在 2011 年最后一次说是阿曼达和拉法埃莱两人干的，他那会儿只是刚巧在房子里大便）。

辩方的观点：案件发生在 11 月 1 日 21 点左右，凶手为鲁迪一人。鲁迪在受害人回家以前，已经打碎窗户，闯入室内。他自如地喝着冰箱里的饮料、到处乱翻，正如他在其他盗窃现场做的那样。受害人回家时，他正在洗手间里大便。

鲁迪从厕所里出来后，对受害人发起突然袭击。他杀害了她后，在她奄奄一息时性侵了她。之后,他去阿曼达的浴室洗了自己的脚,并且去地下室男生宿舍换了自己带血的衣服。随后,他带着偷窃的手机、信用卡、钥匙离开了房子,并把手机丢在了一个花园里。

他开始看到新闻,知道阿曼达因此案受牵连,出于良心顺带为她澄清了一下。但后来他发现,如果自己能把责任推给阿曼达和拉法埃莱,说不定可以脱罪,所以又改了口。下面让我们看看证据究竟符合哪一种推论。

DNA 证据

1

控方:刀锋上一个细小的凹槽里留有受害人的 DNA,刀柄上有阿曼达的 DNA。刀上没有测出血迹。

当警方告诉拉法埃莱,在他的厨刀上发现了受害人的 DNA 时,他没有对检测结果提出质疑,而是立刻解释说,受害人曾去他家一起做饭,做饭时他曾不小心割破受害人的手。可后来证明,受害人从未去过他公寓。他为什么说谎?

辩方:第二次检测时,没在这把刀上检测出 DNA,本证据作废。而且要检测出 DNA 比发生鲁米诺反应的条件更苛刻,对样本的要求更高。被告是如何把血迹擦拭掉,能不起鲁米诺反应,却留下了可以检测出的 DNA?

所以 DNA 是实验室污染造成的,或者是警方故意伪造的。事实上,拉法埃莱家的抽屉里有许多相似的刀,警方就挑了这一把带走化验,他们运气怎么可能这么好,刚好在这把上发现了 DNA?

2

控方:受害人房间里虽然没有阿曼达的 DNA,但是她男友拉法埃莱的

DNA 却留在了断裂的文胸搭扣上。

辩方：为什么鲁迪的 DNA 满房间都是，而阿曼达和她男友的却完全没留下任何 DNA？经历了那么混乱的场合，再要选择性地擦掉两个人的 DNA，只留下其中一个人的，是几乎不可能的。

而且胸罩带子上只有鲁迪的 DNA，拉法埃莱不太可能不碰到胸罩，而直接触碰到那一个小钩子。所以拉法埃莱的 DNA 很可能是实验室污染导致的。如果工作人员在捡钩子前，刚好触摸过门把手，而拉法埃莱此前也摸过门把手，那不就是把他的 DNA 带过去了吗？

3

控方：小卫生间里有三处阿曼达的 DNA 和受害人的 DNA 混在一起，分别位于水槽上、一个装棉签的塑料盒子上，以及坐浴盆上。一处只有阿曼达 DNA 的血迹在龙头上。

辩方：根据 DNA 的具体数据可见，是两个人的血液混在了一起（而非阿曼达触摸了受害人的血）。可是，阿曼达身上并未发现有伤口。她自称唯一的伤口，是刚打的耳洞发炎流血，滴在了龙头上。在采集血样时，工作人员没有更换手套，可能某个手指蹭到了她耳洞的血，并带到了其他几个采集的地方。否则，怎么会这么巧，两个人的血刚好在三处滴在一起。

没药花园：我认为样本被污染的可能性很高。如果存在较高污染可能性的话，DNA 的证据就难以令人信服。也是基于这个原因，阿曼达和拉法埃莱两次被判无罪。而那些支持被告的纪录片和书，也是找专家主攻这一点。

房间里其他内容

1. 受害人的包在房间里，但有人从包里拿走了她的钱包和信用卡，大门和房间钥匙。

2. 受害人的台灯和阿曼达的台灯都在受害人的房间地板上,靠近床脚。其中阿曼达的台灯是她自己房里唯一的光源。

没药花园:这个证据有利于控方,因为如果是鲁迪突然发起袭击,他不太可能会跑去自己不熟悉的隔壁房间拿一个台灯过来。所以控方认为台灯是阿曼达从自己房间拿过来的。

3. **控方**:鲁迪的血鞋印的鲁米诺反应,显示他离开房间,经过过道,餐厅区域后离开出门,但没脚印显示他转身锁过门(通讯警到达时房门时锁住的)。要拿钥匙在外面锁门,必然要转身,不可能鞋尖朝外。

辩方:专家认为鲁米诺显示的不是鞋印,或者画面有造假嫌疑。

4. 受害人房间地板上有五张纸和明信片,上面显示有至少两种不同的脚印,但和受害人所有的鞋子都不符合。

5. 在阿曼达的房间里,和在走道上显示曾经有过五个赤足血脚印,但被清除掉了。这些血脚印和鲁迪的不符合。

6. **控方**:在浴室的垫子上,有一个血脚印(赤足),符合拉法埃莱脚的特征。

辩方:并不符合,短了3厘米(由于血脚印是残缺的,因此到底符不符合,也取决于测量方式)。

7. **控方**:只在餐厅的一个玻璃杯上发现了阿曼达的指纹,但她自己房间和房子其他地方都没有她的指纹。她在这里生活,这不合常理,显然有人擦拭过。

控方认为,鲁迪的血脚印(穿鞋)显示其直接出门离开,并不是他清理的,那么就是同伙清理的。而同伙只挑阿曼达和拉法埃莱的痕迹清理,故意留下鲁迪的,显然只有诺克斯和拉法埃莱才会这么做。而辩方则认为血脚印不对,鲁迪并没有离开。

没药花园：一方面我确实觉得鲁迪不太可能会清理现场。哪怕清理的话，他会留着自己在案发现场的血手印和血脚印不管，而去清理阿曼达房间更隐蔽的指纹？

另一方面，我认为要在混乱的现场只挑两个人的痕迹清理，也不太可能实现。如果只是清理其中两个人的脚印，那或许容易些，如果是清理三个人中两个人的指纹，也或许能侥幸实现。但要把混乱的案发现场，清理得完全没有这两人的 DNA（除了一个搭钩），几乎不可能。

但话说回来，万一他们走了狗屎运，刚好都清理掉了，或者剩下一些 DNA 未被检测到呢？光凭这些，我没法下结论。另外，可疑的一点是，阿曼达房间里唯一的光源（台灯）为什么会在受害人的房间里？若没有这个灯，阿曼达房间将是漆黑的。

按照控方的说法，是阿曼达从自己房间拿了灯，为清理工作做照明，最后却把灯忘在了房间里。而后拉法埃莱试图踢门闯入，也是为了拿回这个灯。

阿曼达则当庭表示，她并不知道这灯怎么会跑去受害人房间的。

网上看到的一种提法我认为比较合理。台灯有可能是最早查看房间的通讯警留下的。他不敢触碰电源开关和房间里本来的灯，怕在开关上留下指纹，但又想照明，便从隔壁房间拿了这个灯，插入插座，却忘在了现场。当警察来时，这灯还在这里，被拍进了现场照片。

正因为是警方自己犯的错，所以警方都没把它当证物保存，没有验上面的指纹。

如果阿曼达真要自保，为了推翻控方的说法，她完全可以在法庭上说是自己前晚把灯借给受害人的。可她却没有这么说。

入室抢劫是伪造还是真实

1

控方：房间被翻得很乱，室友菲洛梅娜的衣服被人从衣柜里拖出来，散落在地。而玻璃碎片是在衣服、电脑上方，而非下方发现的。这证明是先有人在室内弄乱房间，才用大石头砸碎了窗玻璃。

辩方：错，大部分玻璃是在衣服下方。况且当时菲洛梅娜和其他人查找有没有丢东西，无意中破坏了现场，可能导致一些玻璃跑到上面。

2

控方：鲁迪是个入室盗窃惯犯，而且他清楚知道楼上住着两个外国女性，楼下住着四个意大利男人。那天是假期，意大利人通常都回老家团聚了，而外国女性会留下。如果他的最初动机是偷窃，他应该选择肯定空了的地下室，而不是一楼。

没药花园：会不会我们高估了鲁迪的智力？像这样四肢发达、头脑简单的人可能根本没想那么多，只是觉得楼上四个女孩更有钱。

3

控方：假设辩方的内容属实，这么大声音的砸窗没有惊到受害人，那么他应该是在受害人回家前就闯入了，躲在房子里喝果汁，戴了耳机听音乐大便，直到受害人回来……而受害人是 21 点左右回家的，那么他在 21 点以前就强行闯入了。

可 21 点以前，那条马路车来车往，为什么没人目击？他为什么不从正面进去（大门关不严）或者其他隐蔽的窗，而要选择这一扇朝向马路，且关了木百叶的高窗？

辩方：如果真的不可能有人从这窗入窃，为何事后屋主装了防盗窗？说明还是有可能从这窗进贼的。这条路上行人不多。他 21 点以前闯入，可能刚好没人看到。

4

控方：他身高 1.78 米，这扇窗离地两米多，他爬不上去。哪怕他能爬上去，要先打开木百叶窗，再下来捡石头，再砸碎玻璃，再爬上去开窗，钻进去。钻进去后还不能被插在窗框上的碎玻璃碰到，这也太麻烦了……

辩方：英国一个节目找了个攀岩高手做试验，踩着地下室的小铁窗，是完全可以爬上去的。

没药花园：我看了那个节目，攀岩高手爬起来其实也很难，只能抓到一小点边缘，完全靠臂力把自己提上去。我感觉普通人是爬不上去的。我很好奇，节目组为啥不找个普通人做试验，而要找个攀爬专家。但话说回来，鲁迪是个篮球运动员，也不算普通人。

5

控方：墙上没留下攀爬痕迹。

辩方：警方根本没去勘验脚印。

6

控方：他扔了一块 8 斤重、20 厘米长的大石头去砸一扇小窗，谁会选这么大的石头啊？

辩方:他以前作案也曾选过这么大的石头,这完全符合他的习惯。

没药花园:鲁迪是篮球运动员,擅长投篮。

7

控方:他进屋后没有立刻拿走显眼的电脑、相机和名牌包,反而是开始把衣柜里的衣服全倒腾到地上,这不是小偷会做的事。

没药花园:他可能以为当晚公寓不会有人回来,故不慌不忙在衣柜里翻找值钱的东西。翻找过程中,他突然想大便了,便去厕所,当在厕所期间,受害人回家了……杀人后,他仓促逃跑,顾不上拿走另一个房间的电脑、名牌包。

8

报警时间在通讯警到达前还是后?

控方:通讯警在 12:40 多到达。盘问阿曼达两人,两人看似有点慌张,声称自己已经就这个情况打电话报警了,在等警察。其实他们当时并未报警。后来为了圆谎,才在 12:51 和 12:54 补打了电话。

辩方:通讯警在 13 点以后才到达。拉法埃莱是最早打电话报警的人,证明他们并不想拖延发现尸体。他们不是慌张,而是感到意外,因为刚刚打电话报警,没想到立刻来了两个通讯警。

双方就通讯警几点到达有过一番争论,控方认为 12:40 多就到了,主要是通过通讯警自己的证词,以及后来根据一系列人的到达时间推断的,比如 A 说 B 大概比自己早 10 分钟,B 说 C 大概比自己早 3 分钟。

辩方认为通讯警是 13 点多才到。附近有个摄像头显示先后两个人的脚,但只有模糊的双脚,辩方认为是通讯警的。

阿曼达在打电话时还有几番谎言,比如她在接室友菲洛梅娜的第二通电话时,说她已经和拉法埃莱回到了房子里,检查了房门,做了各种菲洛梅娜交待的事……但事实证明,她接电话时手机接入的信号是在拉法埃莱家中。也就是说,她夸口说自己做了一些其实并没有做的事。

控方认为她说谎是因为她知道现场是自己伪造的,知道人已经死了,自然没有必要去做各种检查,只是在电话里敷衍一下菲洛梅娜。

但我认为也有可能她只是沉迷于和拉法埃莱在家中缠绵,懒得挪动罢了。她又要表现出自己已经关心过室友和他们共同的居所,就随口撒了个谎。

9

为何说谎?

控方:在室友菲洛梅娜回来以前,阿曼达曾对菲洛梅娜的男友和通讯警说,受害人经常会锁房门,就连去洗澡都会锁,所以不用担心。通讯警因此没有破门。但菲洛梅娜回来后却说,受害人几乎没锁过门,这很反常,强烈要求开门。而且既然阿曼达和拉法埃莱之前都已经试图撞开门了(门上有一道裂缝由拉法埃莱早先踹门造成),说明他们也是关心过这个问题的,为何此时又不让开门? 他们试图撞开门是因为发现有台灯忘在房间了,而钥匙已经丢弃,进不去。

辩方:阿曼达的意大利语很烂,常常造成误解。

10

几点作案?

A

控方:控方最有力的证人,一个长居案发公寓附近广场的流浪汉。他在警方找他调查时就声称曾在 21:30 到 23:00 之间看见这对情侣出现过三四次。他说看见他们有时激动地交谈,有时候站在栏杆边俯瞰车子抛锚的地方。而广场周边的两个小店店主证明流浪汉当晚以及平时确实都在广场。控方认为,这证明他俩说自己在家,是谎言。

辩方:此人常年吸食海洛因,且证词自相矛盾。

没药花园:此人的证词中,一方面说看见阿曼达时,周围人穿万圣节衣服,有大巴,证明是 10 月 31(比案发早一天);一方面又说看见这对情侣时,当晚没有下雨,第二天看见警察,证明是 11 月 1 日。

而阿曼达 10 月 31 日晚上在酒吧打工,肯定没出现在广场,那么似乎只可能是 11 月 1 日? 总之由于自相矛盾,这个证词最后一次开庭没被采纳。而此流浪汉在最后一次作证没多久,就因病去世。

B

控方:有个证人自称见到诺克斯、鲁迪和男友拉法埃莱三人拿着刀,在公寓门口。鲁迪想花 250 租他的车。

辩方:此人有案底,品质不佳,而且说的太离奇,很可能说谎。

没药花园:不可信。后来控方也没使用这人的证词。

C

一辆小车当晚 22:20 在 7 号公寓前的马路上抛锚,一直持续到 23:15 才离开。车上共四个人,他们还站在车外面等拖车。他们以及后来的拖车司机,都没在这期间听见尖叫,或可疑的声音,或看见有人爬墙。

没药花园:由于多人作证,且是普通市民,这个证词最为可信。他们对时间点也很确定。这说明杀人要么发生在 22:20 之前,要么在 23:15 之后。控方和辩方都调整了自己的推断,为了能和这个证词对应得上。

D

控方：22:00 到 22:30 之间，一对情侣从这条马路经过，看见了前面提到的汽车抛锚，同时一个深色皮肤的人急匆匆地经过，差点撞上情侣中的男生。

没药花园：如果这人是鲁迪的话，符合 C，即在 22:20 分之前作案已经完成。但与下面 E、F、G 中的证词相矛盾。

E

住在 7 号公寓对面的女子在 22 点上床睡觉，后被一男一女的喊叫吵醒，随后听到一个女子的尖叫声。她估计时间在 23 点。

没药花园：如果是 23 点前发生的，就和前面的 C 矛盾。23 点前，她能听见这些声音，站在马路上等修车的四个人更会听见，但他们没有。所以要么她在撒谎，要么记错了时间。哪怕她只是记错了时间，这一男一女的声音也可能是鲁迪和受害人，无法说明诺克斯和男友拉法埃莱的参与。

F

控方：23:00 到 23:30 之间，另一个住在 7 号公寓对面的女子起来上厕所，听见一声女子的尖叫。她朝窗外看，什么人都没有。过了一会儿，她听到一个脚步声从停车场沿着铁台阶跑上人行道，另一个脚步声则沿着行车道逃跑。证明至少有两人作案。

辩方：不太可能在有双层玻璃的房间里，听到马路对面的一个石头房子里传出的一声尖叫。而此妇女在 2011 年出庭作证时深受耳聋和身体及精神的疾病之苦。因此辩方认为她幻听了。

G

控方：7 号公寓的邻居三在已经上床后，听到急促的脚步声从停车场沿着铁台阶跑上人行道，证实 E 中间提到的脚步声一。她认为时间在 23:30。

没药花园：E、F、G 是一致的，再结合肯定为真的 C，尖叫和跑步发生在

23:15 和 23:30 之间。如果尖叫声是受害人的,那么从杀人到逃跑,中间就 15 分钟的时间。杀人、伪造入室抢劫、清理现场,几乎不太可能在 15 分钟内完成。所以要么证明并非伪造的,要么是阿曼达和男友拉法埃莱此后回到案发现场处理的。但与 D 矛盾。

知道大家的脑子现在一定很乱,我再总结一下。控方其实是采信了 A、C、E、F、G 这几个证词,从而得出凶案发生在 23:15 到 23:30 之间,因为尖叫声发生在这个时间段(尽管尖叫声可能是刚控制她时发生的,也可能是刺杀时发生的)。而这几个证词中,被辩方辩驳后没那么可信的是 A 和 F,那么只剩下 C、F、G。但 C 其实是中立的,而 F 和 G 都是在房间里听见声音,没看见画面,可能是和案件无关的尖叫。

而辩方其实是采信了 C 和 D,从而得出凶案发生在 22:20 之前。再加上辩方的坚持,鲁迪是打碎玻璃闯入的,受害人不可能听不见,那么就认为他是在 21:00(受害人到家时间)前闯入,在 22:20 以前已离开。

总体而言,我认为辩方的时间线更可信。

11

控方:在 2009 年的法庭上,一个小店店主声称,11 月 2 日早上 7 点多,一个长相和阿曼达一样的女孩站在店门口等他开门。女孩戴了帽子,神色疲惫。而后女孩去了厕所消毒液、洗洁精的货架,但不记得她买没买。他清晰描述了女孩的长相,和视频中阿曼达案发第二天穿的一样。

此证词和后来的一些证词相印证。11 月 11 日,警方在拉法埃莱家的厨房柜子里搜出了两瓶消毒清洁液。替他打扫卫生的女佣说,拉法埃莱以前很不喜欢消毒液的味道,她也见过家里有这东西。于是控方认为这是他们用来清洗案发现场的。

辩方：警方案发后就找这一家店调查过，但此店主什么都没说。他第一次告诉别人阿曼达来买清洁剂是在案发一年后（2008年），而且首先是对一个记者说的。过了一年，他还清晰记得诺克斯当时的穿着打扮，这不太可能。

而后来拉法埃莱的前任女佣在法庭上作证，那两瓶消毒剂是她买的。但控方则认为，此女佣是被拉法埃莱的家人收买了。

没药花园：我对店主的记忆和做法表示怀疑。而如果消毒剂是前任女佣买的，其实和第二任女佣的证词不矛盾。可能就是因为拉法埃莱不喜欢这味道，所以她没继续用，把它们留在了柜子里，所以第二任女佣没发现过。

12

电话记录显示犯罪？

控方：当晚20:18分，阿曼达收到老板帕特里克的短信，叫她不用去工作了。20:35分，阿曼达回复了消息。但是老板的短信被删了，只在发件箱里找到阿曼达回复的意大利语短信："你好，晚些见。晚上好。"阿曼达开始说自己没收到消息。后来警方发现，她是回复后又删了。阿曼达看了短信，说自己的意思是：改天见，相当于英语中的"see you later"。但在意大利语中是"今天晚点见"的意思。

没药花园：也正是被删的短信引起了警方的怀疑，导致他们不断追问阿曼达和帕特里克的关系，最后阿曼达顺了警方的意愿，指控帕特里克。但事实证明，短信内容没什么异常。所以阿曼达其实也没必要删短信和谎称没收到。

我认为删短信一事只能证明她11月1日确实意识模糊，在收到短信后下意识地回复、删除，然后又把此事忘记了。

这种记忆模糊可以说明，她当晚确实服用了超过自己能力的违禁品。那么记忆模糊的她，会不会由于同样原因，因为意识和情绪反常而杀人呢？

她诬陷黑人老板作案,并且保持谎言三周,说明她是个擅长说谎的人。但说谎动机没法解释。

试想一下,假如如控方假设,她和拉法埃某在清理现场时,只顾着擦自己的指纹,连鲁迪的大便都没冲掉,也没擦掉他的血手印和脚印,可见她是故意要留下线索指向鲁迪的。那么,她为何不在此时顺水推舟,直接引向鲁迪?为什么要找一个很快就会被她留下的痕迹证伪的人?

所以她这么说,只能解释为,她真的被警方逼急了,想要走出警局,便随便咬一个。

13

控方:第二天的 12∶07 和 12∶11,阿曼达虽然确实打电话给受害人的两部手机,但都只打了几秒就挂了。第一通 12 秒,第二通 4 秒,都还没进入语音留言箱。如果她真的是在焦急地找受害人,她应当让电话多响一会儿吧?她应该像室友菲洛梅娜一样给电话留言吧?她打这么短的时间,因为她知道受害人已死,不可能接电话了。

辩方:阿曼达确实担心受害人,想告诉她这事,阿曼达在 12∶08 还打给室友菲洛梅娜了。如果她真的知道受害人死了,她连打的必要都没有。

控方:她只是想确认手机是不是真的丢弃妥当,并且做做样子,假装找人。

14

控方:阿曼达在第二天(11 月 2 日)12∶47 打电话给她在西雅图的母亲,电话持续一分半。这是美国的凌晨 3 点。她这是觉得罪案要被揭发前、有大事要发生,才这么紧张。如果她只是个旁观者,还不知道受害人出事,为什么要凌晨吵醒她妈妈?

辩方:她只是纯粹对发生在房子里的事很担忧,想在这时候和她妈妈聊聊。

15

控方:拉法埃莱在11月2日中午12:40和12:50(打报警电话前)分别打电话给他的爸爸和姐姐。他为何在当时也这么焦虑?

没药花园:说实话,这两通电话确实挺可疑的。但我们也需要更多的上下文来判断,比如阿曼达是不是以前也这么自我,不顾时差,半夜给美国家人打电话?比如拉法埃莱是不是因为公共假期本来就要给爸爸和姐姐打电话问候呢?

16

控方:阿曼达在案发前后都曾给毒贩发消息。

没药花园:如果本案有三个凶手,最让我困惑的一点也是——为什么阿曼达/拉法埃莱和鲁迪之间没有发过消息和打过电话。他们当晚是怎么联系他的呢?事发后也没联系吗?是街上随机遇上的吗?

17

为什么要偷两部手机?

控方:两部手机被人从受害人的房间拿走,随后丢在900多米外的园子里。00:10,受害人家属给她打电话时,信号接入的已经是园子那里的范围。也就是说,至少00:10以前,凶手(之一)已经拿了手机,离开了案发现场。

为什么凶手要拿走手机?显然不是为了变卖换钱,因为室友菲洛梅娜的房间里有贵重得多的物品都没拿。所以只有一种可能,凶手不希望这两个手机在受害人的房间里响起来。反锁门是伪装成她不在家。万一没拿走,有人打电话来,电话响了,公寓里其他室友会觉得奇怪,从而提前发现尸体。

辩方:鲁迪偷窃了手机和信用卡,他后来觉得手机没用就扔了。

没药花园:我认为控方的观点听起来有点道理,但又不是特别合理。如果阿曼达和拉法埃莱不希望手机响,直接把它们关机就可以了,为何要把它们丢到人家居民的花园里,反而会被人捡走交给警方,提前吸引警察到来。

但对鲁迪而言,放着菲洛梅娜的名牌包、电脑、相机不偷,而只拿走受害人的手机和钱包,可能是因为他当时杀了人后,脑子乱了,急着逃跑,已经不记得另一个房间的电脑和名牌包了。相对而言,我倾向于认为这是鲁迪匆忙之中的不过脑行为。

18

电脑活动记录

辩方:拉法埃莱说自己一直在家,而他在家时就一直在用电脑。可他的电脑显示,自从18点多开始播放《天使爱美丽》后,电脑上就再也没有人为活动。

电影在21:10播放完毕,不清楚当时他们在不在观看。他们一直表示睡到第二天早上10:30,但电脑显示凌晨5点半时,有人试图在电脑上播放音乐,最后拉法埃莱在iTunes上放了大概半小时音乐。

11月2日早上6点多,拉法埃莱打开他的手机。

辩方:电脑上是有活动的。21:26还有人在电脑上打开文件。

19

一个还是多个攻击者?

控方:受害人练过跆拳道,也比较强壮,不会束手就擒,但是她身上几乎没有防御伤。她身上有很多虐待伤口,证明是在活着遭到攻击时发生的,不是死后。邻居只听到一声喊叫,说明其他时间被害人被捂嘴了。既要捂嘴,又要控制身体,又要强行脱她的衣服,一个人不可能完成。

辩方:她的双手上有少量防御伤。她是被人从背后突然攻击,来不及反应,被杀害后才被放到枕头上性侵的。

没药花园:双方都找了不同的专家。但注意了,控方说只听到一声喊,是基于前面三个邻居的描述。其中一个邻居的可信度已被削弱。

20

对于"性格"的偏见

关于证据的争论还有很多,限于时间,我不可能全都列出来。有兴趣的可以去网上看看,虽然目录简单,但内容特别丰富。

由于很难从证据上有定论,所以后来很多讨论偏移,变成讨论阿曼达到底是什么样的人。其中有一群和受害人有过或熟悉或点头之交的女生出来作证,说受害人不喜欢阿曼达,阿曼达为人冷漠,她的私生活混乱。

但辩方认为,当时媒体事先释放了阿曼达那种形象的信号,于是那些受害人朋友接收到信号后,开始向媒体附和这种信息,这种心理叫作确认偏差。但后来到了法庭上,她们却又持相反态度,表示没听说过阿曼达和梅瑞迪斯之间有矛盾。

我读了米格尼尼在法庭上盘问鲁迪的记录。他的问题不断引导鲁迪:见到阿曼达时,她是不是和其他男生在一起?抽大麻时她有没有和楼下的男生暧昧?……但鲁迪的回答让他失望,他表示每次遇见阿曼达,她都是独自一人。

在媒体的狂轰滥炸中,阿曼达的形象已经固定——这是个轻浮的女生,女性朋友很少，大部分交往的都是男性朋友，花很多现金（一般用于非法购买才用现金），和毒贩有联系，曾因为在派对上发出噪音和扔石头收到过罚单，写过关于强奸和暴力的小说。可尽管用放大镜审视阿曼达，也只是找到这些周边的负面信息。

那么听听和她住一起的菲洛梅娜怎么说？菲洛梅娜认为阿曼达就是个兴趣广泛的女孩，整天比较开心，不太容易发怒，只是有时候有点奇奇怪怪，比如正说着话时，会突然做起瑜伽来；正看着电视呢，会突然开始弹吉他了。

而同时，拉法埃莱也被媒体解剖，比如认为他迷恋刀，他身边总是带着一把刀。他经常吸大麻，喜欢看暴力黄片，小学里曾经用剪刀刺伤过一个女同学。

但人是复杂的，多维度的，媒体却没有刊登那些与预设相反的信息。比如，拉法埃莱被一些同学评论为比较温文儒雅、腼腆害羞；而阿曼达被一些人评论为善良，对小动物都很有爱心。

当我们每个人都站在聚光灯下，接受这样的道德强光直射时，有几个人是完美的？用放大镜看一个人的二十年、三十年，怎么都能挑出一打的错。

我经常用性格来分析一个人有没有可能做某些行为，因为我认为性格是连贯的。阿曼达的那些表现，在我看来体现了她无拘无束、没心没肺、放荡不羁的性格，这不代表是品质、良心上的瑕疵，且距离杀害性虐好友这种残酷罪行，还有十万八千里的距离。

我相信的版本

我这篇写得特别慢，因为我被双方的证据都说服过。而本案中的这些证据的可信度，也常常是不可靠的。比如说，鲁米诺测试显示的到底是不是血脚印？就连这个至今都有争议。目前来说，我相信的是**辩方的版本**，也就是阿曼达和拉法埃莱无罪，本案为鲁迪一人所为。

为什么呢？

首先，时间线只有这样解释才是顺畅的。

受害人梅瑞迪斯被丢弃的英国手机，当晚有四次活动。在20:56曾拨打英国自家电话，但没接通。21:58拨打语音留言信箱。22:00拨打一家英国银行电话，未接通。22:13突然上网9秒。

现在已知死者20:45在距离家400多米处和朋友告别。她当时告诉朋友，昨晚万圣节玩了一整夜，今天又玩了一天，要早点回家休息。她走到家大概在21:00左右。也就是说，她应当是在独自走回家的路上，或者刚进门不久，拨打了英国家里的电话。

受害人的手机在21:58时拨打语音信箱，没接通就立刻挂了，还即刻锁住，这证明是一次误操作，或者被突然打断。22:00曾拨打一家英国银行的电话，但没输入英国区号，不可能接通，晚上银行也不可能开门。而这家以A打头的银行位于按字母排序的通讯录的第一个，因此很显然，这也是有人不小心碰到的。

我同意辩方，在20:58试图拨打英国家中的电话后，剩下的手机活动不是她本人，而是凶手的误操作。

22:13她的手机突然连接GPRS 9秒，是因为收到一条彩信。辩方根据GPRS接入的信号塔B，推断当时手机已经不在房子里了。因为在家里时是A信号塔的信号最强，而在那个园子时，是B信号塔的信号最强，因而大概率，手机在22:13时已经位于900米外的花园周围。

如果信号的依据是准确的，那么22:13前，鲁迪已经作案完成逃离现场。当时可能是鲁迪在22:13突然按错接上网后，出于害怕或者烦躁等原因，把手机扔在了路边的花园。

这与必定为真的抛锚等拖车的四个目击证人的证词是一致的。他们22:

20 到达该路段,一直到 23:15 离开,未发现任何异样。

为什么我要信这个时间段呢?

(1) 控方认为受害人当时在玩手机,所以两次不小心按到。我认为不可能。玩手机时眼睛肯定一直盯着屏幕,发现按错,立刻关掉,不太会由它响了几秒。而且误操作挂掉后,玩手机的受害人自然会继续玩手机,不会立刻锁屏幕。受害人 20:58 拨打英国电话没接通,按理说会过一会儿再打个试试(室友表示她和家里通常会保持密切联系),但是她此后再没打过,很可能是在这个电话不久后,她就遇袭了。

(2) 现在已经知道,牛仔裤和外出的衣服都是凶手强行脱下的,因为牛仔裤裤脚管没翻过来,里面有血迹。这点双方没异议。

已知她 21 点左右回到家。她对一起吃晚饭的朋友说,她想早点睡觉。如果案发在 23:30,她有没有可能回家两个多小时,却一直没脱牛仔裤和外出的衣服?她不脱衣服坐在房间里干嘛呢?

(3) 鲁迪说他晚上 19:30 前往 7 号公寓去和受害人约会(虽然他不承认自己杀了人),而 20:00 以前的监控摄像头就拍到他在公寓外面,说明他当时已经到达了。

那么他会不会 20:00 到了去找阿曼达玩了呢? 不会。因为 20:40 时,拉法埃莱的邻居去敲拉法埃莱家门时,看见阿曼达当时还在拉法埃莱家看电脑。她约了鲁迪见面,自己却和拉法埃莱在继续看电影?

辩方的推论更合理,鲁迪在 19:30 到达时就独自在公寓附近找能够闯入的地方。

有人可能会说,既然有监控,为什么不看看阿曼达和拉法埃莱当晚出现没有。我想那个监控不是正对公寓大门的,只朝向路的一边,只有那个方向来的人能看到。

我推测的时间线是这样的：

鲁迪在 20:00 多已经进入室内，在房子里乱翻菲洛梅娜的东西，喝冰箱里的果汁，听音乐……他在过去几起入室盗窃案中也是这么做的，就像在自己家里似的。

到了 21:00，受害人一边给英国的家里拨电话，一边走进家门，没有留意到鲁迪在公寓内。

鲁迪在大便的时候，突然听到受害人回家了。他急忙提起裤子，站起来。他没有冲走粪便，是怕发出声响，被受害人发现。

随后他尾随受害人到房间，从背后突然袭击，捂住她的嘴。两人可能有过一番搏斗，在发现难以控制住受害人，或受害人发出几声呼喊后，他拔刀杀死了受害人。随后他脱去奄奄一息的受害人的衣服，对她进行了性侵。性侵完后，他拿走了梅瑞迪斯的手机和钱，朝受害人身上扔了一条被子。

他跑到阿曼达和梅瑞迪斯的洗手间冲洗了身上的血迹，随后匆匆忙忙离开，忘记去冲自己的大便，也忘记去另一个房间偷走电脑等物。

鲁迪可能在 22:00 前就离开了公寓，21:58、22:00、22:13 三次手机操作都是他拿着两部手机逃跑过程中的误按。

辩方认为凶案可能发生在 21:44 到 21:52 之间，因为他们拿到了附近路段的监控，发现那会儿，不断有经过的路人停下脚步，朝公寓的方向张望，显得有些担心。他们可能在当时听到了不寻常的声音，譬如梅瑞迪斯的尖叫。可警方并没有找这些路人来问话。

那阿曼达和拉法埃莱会不会参与在这个时间线中呢？

可能性很小。

首先，20:40 时，拉法埃莱的邻居敲门，还见他们两人在家看电脑，这符合他们所说的，当时两人在看《天使艾米丽》，而电影在 21:10 才结束。

21:26,也就是鲁迪都可能已经入室一个半小时后,拉法埃莱的电脑上还打开了一部动画片。

21:58,鲁迪已经拿了两部手机在逃跑中。

为什么我无法接受控方的版本?

主要有几点:

(1)为何没有这三个人的任何通讯记录,譬如电话、短信等等?他们是如何联系上一起纵乐的?如果是街头或者酒吧偶遇后一时兴起,为何没有目击证人看见他们仨(除了一个明显在说谎、连控方都不信的证人)?

(2)如果阿曼达两人全程参与作案,甚至是阿曼达动刀杀人,为什么在案发现场,也就是梅瑞迪斯的房间,完全没找到阿曼达和拉法埃莱的脚印、指纹、DNA(除了文胸搭扣)?

(3)如果按照警方所说,现场是伪造的,那是怎么伪造的?拉法埃莱和阿曼达必须先在楼上打开木头百叶窗,再合上窗玻璃,然后跑到马路上搬一块巨石,砸中两三米高的窗玻璃。他们的臂力和命中率有篮球运动员鲁迪那么好吗?

(4)既然把信用卡、钱包、手机、钥匙都扔了,为何不把凶器和消毒剂也扔了,而是放回拉法埃莱的厨房?

(5)控方说,阿曼达和法拉埃莱两人清理现场时,故意没清理同伙鲁迪的DNA、血手掌、脚印,甚至把他的大便留在马桶里。可他们完全没有理由这么做。留下同伙的痕迹对他们有什么好处?他们难道不担心鲁迪被警方抓到后把他们供出来吗?把三个人的痕迹都清除掉,让警方抓不到鲁迪,不是更安全吗?

(6)鲁迪是个劣迹斑斑的惯犯,本案中入室盗窃的迹象完全符合他此前的作案手法:选大石头砸玻璃、爬窗、长时间逗留、自取饮料喝、使用马桶……

并没有有力证据表明：入室盗窃由阿曼达和法拉埃莱伪造。

这个案子并没有可靠证据指向阿曼达和拉法埃莱。网上最多质疑和讨论的，主要是这两人的表现，以及他们说过的谎。如果说阿曼达的那些谎言还可以解释为她意大利语太差，那怎么解释在警方声称发现刀上的 DNA 时，拉法埃莱撒谎说梅瑞迪斯去他家做过菜？

我认为或许可以这么解释。

拉法埃莱在出狱后的自传中写道，当晚他和阿曼达在家中没出去。但后面他又加了一句，阿曼达是否中途出去过他不确定。

由于大量饮酒以及同时吸食大麻等毒品，拉法埃莱当晚的记忆应当出现了断片或中途昏睡过去，等他迷迷糊糊醒来时，已是凌晨五点，所以他不能确定阿曼达是否一直在房间里。毕竟他和阿曼达在案发时才相识 5 天，他对于阿曼达到底是什么样的人，自己也不是太有信心。

当警方告诉他刀具上的 DNA 时，他在相信警察不会搞错的情况下，连自己都开始怀疑阿曼达是否曾拿这把刀作案了。而他撒谎是为了替阿曼达"掩盖"。

阿曼达和法拉埃莱应当整晚都在家中，只是吸嗨了，导致当晚的记忆断片，第二天依然有些迷糊，所以才会发生许多乌龙的细节：譬如阿曼达给酒吧老板回了短信，自己却忘了。

2011 年，本案第二次开庭。当时两人已经在 2009 年被判刑 20 多年。阿曼达突然回过头，对坐在另一头的被告席上的拉法埃莱挤了挤眼睛。这一幕刚好被摄像头拍下，也成了她"有罪"的证据。

美国一些网友坚持阿曼达有罪，把她视作"女版辛普森"，巧合的是，阿曼达和辛普森刚好同一天出生，都是 7 月 9 日，巨蟹座。

在看了那么多证据后，我认为本案无论是时间线还是证据，都指向鲁迪一人作案，三人作案有更多不合理之处。

读者更被控方的版本吸引，从传播学上也是可以理解的。如果是鲁迪一人作案，这就是一起非常普通的入室盗窃、强奸杀人案。这样的案件在每个社会都不新鲜。它没有离奇的动机，没有曲折的情节，没有形象突出的人物，也没有复杂的人物关系。从新闻的角度来说，它有些"平淡无奇"。而如果本案的凶手是阿曼达——一个天使容貌、蛇蝎心肠的美国女孩，故事则完全不同了，它堪比一部精彩的犯罪小说。

2019年6月，阿曼达和她的作家丈夫一起回到了她曾在狱中度过七年的意大利。这是她获释后第一次回意大利。她说看过 Netflix 的纪录片后才知道，当年她很害怕的检察官米格尼尼并不是坏人。她说："有一天我希望能和真正的米格尼尼博士会面。我希望他能来，他也会看到我不是一个怪物，我只是阿曼达。"

5.

以性命为奖品的"寻宝游戏"背后，是40年的绝望单恋

颈环炸弹谜案

以性命为奖品的"寻宝游戏"背后，是 40 年的绝望单恋

本案是一起发生在美国的真实案件。有时被称作"比萨炸弹谜团"或"颈环炸弹劫案"。

令我最感兴趣的是凶手的寄居蟹人格和一段被寄居蟹人格控制的绝望恋情。

一、炸弹人质

2003 年 8 月 23 日，位于美国宾州小城伊利的一家银行打电话报警，声称一个白人男子刚刚抢劫了银行。

他的身上套了一件白色汗衫，胸口写着几个粗体大字："猜一猜"（GUESS），手上拿着一把伪装成拐杖的手枪。他走到柜台前，一言不发，递上一张字条。

字条写道：柜员必须在 15 分钟内交给他 25 万没有记号、不带跟踪器的纸币。否则，他会在 15 分钟后炸掉银行。

经理去吃午饭未归，柜员没法打开保险柜，于是只能从抽屉里取出全部的

8000多美元现金，装进袋子，交给劫匪。

劫匪离开前，从柜台上拿了一根免费的棒棒糖含在嘴里。

警察接到报案后，立刻追捕这名劫匪，很快在路边发现他驾驶的车。

他们冲上前把劫匪团团围住，把他的双手铐在身后。

然后，这个案子才刚刚开始……

那名男子告诉警察，他只是个人质，身上被人绑了炸弹，抢劫银行是为了保命而不得不做。

"你们看看我的汗衫下面是什么。"

警察把他的汗衫剪开后，果真看到一个炸弹。

炸弹由一个像手铐似的金属颈环铐在这名男子的脖子上。他们吓得立刻撤退，命令他坐在原地。

男子叫布莱恩·威尔斯（Brian Wells），46岁，是一家小比萨店默默无闻的外卖员。

布莱恩告诉警察，此前他去送比萨时，三个陌生的黑人按住他，把铁环套在了他头上，并指使他抢劫银行。

他恳求警察按照他车上字条的指示，在规定的时间内拿到钥匙，帮他解开铁环，否则炸弹会在他的脖子上爆炸。

但警方什么都没做，只是用枪指着他。依经验而言，在劫匪携炸弹抢劫银行的案子中，往往只有1%的炸弹是真的。

僵持了约25分钟后，炸弹突然发出"bibibibi"的声音，这下大家都慌了。布莱恩也变得情绪激动起来，向警察不断哀求："为什么你们没有一个人帮我取掉这东西？不剩多少时间了。我没骗你们！"

可在拆弹部门还差3分钟赶到时，一声巨响，布莱恩的胸口被炸出一个拳头大小的窟窿，当场毙命。

这段绝望的视频在网上迅速流传，引起了轰动，国际媒体纷纷报道。

而更有争议的是，警方为了不破坏套在他脖子上的证物，擅自做了一个决定：把布莱恩的脑袋锯掉，卸下铁环。

可怜的布莱恩……

警察在布莱恩的车上找到 6 页纸，写满了密密麻麻的冗长指示。有些是写给布莱恩的，有些是写给银行柜员的，有些是写给警察的。不仅文字啰唆，还手绘了很多标志，并且画了地图。

凶手警告他，他去抢劫的一路上都有人监视，如果他敢报警，炸弹就会被引爆。

而警察读完车上的条子才意识到，凶手在跟布莱恩玩一个寻宝游戏，输了的惩罚是布莱恩失去生命。

按照指示，布莱恩应该在规定的时间内前往 4 个点，在那里找到所有的线索，才能拼凑出一个打开颈环的密码并找到钥匙。

第一站是去银行附近的麦当劳。他要在花圃里的一块石头下，找到两页纸，上面有下一步的指示。

第二个点是在一条马路旁的草地中，一个玻璃罐里面装有字条。

第三个点是马路边的一个树丛。树上系了橙色的标志，写了"越南"。

第四个点则是在一个桥洞下。

但布莱恩刚刚找到麦当劳的那两张字条不久，就被警方截停了。

警方按照字条赶到第二个点时，果然在那里的草地里发现一个罐子，里面又有一页字条。

当他们赶到第三个点时，却发现那里的指示已经被人拿走了。而同时，一辆蓝色的面包车在发现警察后，掉头逃跑。

拆弹专家发现，布莱恩脖子上的炸弹一旦拔掉某个开关，就会开始大约

55 分钟的倒计时。

那么,布莱恩若没被警察截停,他在炸弹爆炸前,有没有可能抢劫完银行并走完这条线路呢?

警方在一周中同样的一天,同样的时间,按照字条的指示重走了这条路。

他们发现,凶手留给布莱恩的时间根本不够任何人走完整条线路!

因此有警方断言:或许根本不存在一个可以打开颈环的钥匙和密码。凶手的目的就是让布莱恩在找钥匙的途中,在某个点引爆炸弹身亡。

如果凶手的目的是让布莱恩抢劫银行并把赃款转移以及逃脱,又为什么要设计这么复杂的寻宝游戏呢?最简单的做法难道不是让布莱恩抢劫完银行后换个车,直接上州际公路逃到另一个州的辖地?

他在城市里到处停留找字条,岂不增加被警方发现的风险?又怎么把钱交给绑匪?

所以一部分调查人员认为,这个案件的真正目的并不在于抢劫,而在于"寻宝游戏"本身。凶手似乎想通过设计复杂的谜团以炫耀自己的智力,故意把布莱恩和警察耍得团团转。

据说布莱恩本人也热衷于在业余时间玩报纸上的寻宝游戏。可惜这次他输了,且付出了生命的代价。

二、幕后黑手

布莱恩于 1973 年从中学辍学后,就开始送外卖,已经送了 30 年的比萨。而他似乎也没什么抱负,安于现状,一直没有结婚。大家评价他是个特别单纯、善良的人,脾气很好,会带家人去听免费音乐会,或陪妈妈一起看电影。

调查期间还发生了一件奇怪的事,布莱恩有个一起送外卖的同事叫罗伯特,在布莱恩死后,他的行为举止变得有些神经质。警方曾找过他谈话,他说他很忙,能不能推到第二天早上见面。

可第二天(8 月 31 日),当警察再去他家找他时,发现他在几个小时前死了。

死因是服用了过量毒品(混合了抗抑郁药和感冒药)。

他究竟是因为知道内情而畏罪自杀,或这只是一个巧合,似乎永远都无法搞清楚了。

比萨店老板记得案发当天,他接到一个男性订比萨的电话,可听不懂电话那头说的地址,于是把电话交给了布莱恩。布莱恩记下了:送两个比萨和香肠到"桃街8631 号"。

警方赶去那个地址一看,这是一个废弃的小电台信号塔所在地,位于一条尘土飞扬的偏僻的小道尽头,平时也没车会经过。

ATF(酒精、烟草、爆炸物管理局)、FBI(联邦调查局)介入破案,他们意识到制造炸弹的人性格极为谨慎、考虑周全。

首先,订比萨的电话是从一个壳牌加油站的公用电话亭打出来的。

其次,那两页纸是先打印出来,再用笔照着打印的字描的,所以既无法查找打印机的墨盒型号,也无法核对字迹。

再者,送比萨的地址是个偏僻隐蔽且早已被废弃的地址。

最后,无论炸弹上还是信纸上,都没有留下其他人的指纹和 DNA。

更令人惊叹的是,那个家庭自制的炸弹所用的材料都是废物再利用,没有新购买的零件。所以哪怕警察得到了炸弹,也无法通过其零部件追查出出售商铺及购买人。

炸弹上还故意弄了一些用于迷惑拆弹专家的假电线和塑料零件。

警方搜查了布莱恩的家,没有发现任何显示他参与案件的迹象。如果说布莱恩这人有什么不同于普通人的地方,那就是他经常招妓。

警察在布莱恩家里找到一个本子，上面记录了大量妓女的电话。他最喜欢一个叫杰西卡（Jessica）的 20 多岁的妓女，在过去 5 年中，他每个月都会去找她交易几次。平时他还会带她和她的家人去购物，像男朋友一样贴心。

除此以外，布莱恩的人际交往极为简单，没什么朋友。

那凶手究竟是怎么找到布莱恩的？他们不会随随便便打电话给一家比萨店找个外卖员来替他们抢劫银行吧？

警察只能从布莱恩的妓女通讯录入手。

果然，他们有了新发现。通讯录上的一个妓女秘密报告警察，称自己的男朋友是黑人，且早先在军队里做过和爆炸物有关的工作。

他们立刻把这个黑人带回来审问，但很快发现他和本案毫无关联。

警方公布了本案的各种证物，希望市民提供线索，但一无所获。

案件陷入僵局。

三、死亡第三人

三周过去了。就在 FBI 和当地警方一筹莫展的时候，突然接到一个市民的举报电话。

那个市民叫威廉·罗斯坦（William Rothstein），认识的人都叫他比尔，许多警察都认识他。他是个富二代，家族曾经营过当地著名的可乐工厂。朋友评价他有点古怪，但没坏心眼，乐于助人，慷慨，风趣幽默。他小时候因为是犹太人而经常遭到同学的霸凌。大学辍学后，他回来经营家族企业，但企业每况愈下，直到破产。

他会说法语和希伯来语，总觉得自己比别人聪明，可能事实也如此吧。但他做什么事都没长心，所以他转眼到了 59 岁，依然一事无成，只能做做工匠活，住在父母遗留的房子里。

而巧合的是,他家离布莱恩被骗去送比萨的信号塔很近,他的后院几乎延伸到了信号塔的位置。在警方和记者去调查炸弹案时,比尔还曾被他们拖住当向导。

比尔说他车库的冰柜里有一具男性尸体。死者叫詹姆斯·罗登(James Roden),是被詹姆斯的同居女友玛乔丽·迪尔-阿姆斯特朗(Marjorie Diehl-Armstrong)杀死的。

"她是你什么人?"警察问。

"我帮她做了很多我不该做的事。她特别、特别、特别地聪明,会操控人心。没错! 没错!"

尸体由于长期保存在极低温下,被冻僵了,他们不得不把整个冰柜倾倒才能把尸体倒出来,光解冻就用了四天时间。

比尔说,8月初的一天,玛乔丽突然跑到自己家中,往他家中的沙发上一坐,要求他帮忙处理詹姆斯的尸体。她自称两人为了金钱吵架,便在家中把詹姆斯杀了。

比尔觉得她可怜,就帮她把尸体装到了自己家,放进了冰柜里,又用焊枪把杀人用的猎枪给熔化了,散在各处。

令我印象深刻的是,当警方多次问到两人的关系时,比尔一直没有说出一个概括性的词语。他只含糊说两人在20世纪六七十年代约会过。

可那是30年前了啊。两人应该算朋友吧?可他似乎难以说出"朋友"二字。

此刻,比尔不愿意毁尸,但又被玛乔丽逼迫,他觉得自己只有两个选择:自杀;向警方自首。

而他的手上确实有试图自杀留下的伤口。

玛乔丽是谁呢? 她是个54岁的女混混,被捕时正坐在比尔的床上,她看到警察后立刻发疯怒骂。

她却说，杀死詹姆斯的人是比尔。

她自称和詹姆斯在一起 10 年了，十分相爱。而比尔迷恋自己太多年，一直嫉妒詹姆斯，想取而代之。比尔发现杀人后依然不能得到自己，于是想毁了自己，比尔还曾去商店看过商业绞肉机。但比尔却说，自己假装去看绞肉机是迫于无奈，只是为了拖延报警时间。

两人各执一词。

四、从女神到恶魔

玛乔丽年轻时是女神般的存在。她家境颇好，独生女，瘦削美貌，成绩名列前茅，精通法律、文学、历史，又擅长乐器，被称为音乐奇才，周围的男人们愿意为她做任何事。

她昔日的女性朋友称赞她魅力四射，当她走进一群人的房间，好像房间都突然被点亮了。

她在高中毕业时作为学生代表上台发言，后来又在大学里拿了社会学本科学位，又读了教育学的硕士。她富有的父母曾给了她一大笔钱，她买了两套房子和一辆红色跑车。

可很快她发现自己无法和人建立亲密关系，无法保住任何工作。

在 20 多岁时，她开始看心理医生，被诊断为各种不同的心理疾病和人格障碍，开始自暴自弃，人生急剧下滑。

等到了 50 多岁，她没有家庭，无所事事，靠母亲的遗产和政府的残疾人救济金过活。

更蹊跷的是，和她同居过的男性中至少有 5 个非正常死亡。

1984 年，35 岁时，她朝在沙发上睡觉的男友的后背连发 6 枪，杀死了他。

随后她在法庭上声称自己遭到男友的虐待，开枪是为了自卫。最后陪审团认定她无罪。

此后她有一次短暂的婚姻。但她丈夫有一天突然被送往医院，因颅内出血身亡。玛乔丽声称丈夫突然中风倒地，头部撞到了桌角。她事后甚至起诉医院玩忽职守，赢了官司，拿了 17.5 万美元的赔偿金。至于她丈夫的脑部究竟为何受伤，警方没调查过，也没验过尸。

玛乔丽因此一直沾沾自喜，说自己高智商，很会打官司，所以从不缺钱。

玛乔丽的第三名疑似受害人，也是她的男友之一，据称是在她搬走后上吊自杀的。

第四个疑似受害人，是她的另一名同居男友，他因为过度吸食毒品身亡，这在美国恐怕也是最难区分意外还是谋杀的死亡方式了。

第五个受害人就是冰柜里的詹姆斯了。詹姆斯酗酒，且常年失业，靠玛乔丽生活。

所以玛乔丽很可能是一个连环杀人凶手。

玛乔丽没有能力维护自己的财产，她当年用父母的钱购买的两套房子早已因为她的囤积癖破落不堪。

当警方去逮捕玛乔丽时，发现她家中囤积了几百公斤腐烂的食物，满地粪便，散发着剧烈的臭味，据说比腐尸现场更难闻。

难以想象她和詹姆斯在此同居，每周通常只出门一次。

而她本人也浑身散发着强烈的酸臭味，把抓她的警察都熏晕了。

玛乔丽极富表演天赋，一直坚称是比尔杀死的詹姆斯，并对他各种咒骂、人身攻击和谴责。

一次，她甚至说："比尔应该为他杀死布莱恩而遭到起诉！"

这是她第一次把两个案子联系起来。但玛乔丽看上去疯疯癫癫，所以大家也没太把她的话当真。

警方与比尔达成了认罪协议,比尔为玛乔丽的谋杀罪名出庭作证,而警方仅起诉他虐待尸体的轻罪。

在玛乔丽开庭的最后阶段,她终于承认是自己杀死的詹姆斯,但她声称案发时自己精神不正常。

2005 年 1 月,玛乔丽的三级谋杀罪名成立,被判 20 年有期徒刑。如果她表现良好,7 年后就可以保释出狱。

但是,詹姆斯的死和比萨炸弹谜团有关系吗? 他在炸弹案的前三周就被杀害了,如果有关系,又是怎样的关系?

五、比尔测谎

FBI 探员杰瑞(Jerry)也就炸弹案询问了比尔,毕竟比尔家和布莱恩送比萨的地点太接近了。

但每当问到布莱恩和詹姆斯之死的联系时,比尔要不回答"两者无关",要不以"我不想讲"为由拒绝回答。

杰瑞记得,他踏入房间时比尔的第一句话便是:"让我告诉你吧,我是这个房间里最聪明的人。"

但警方还是发现了指向两者有关的一些蛛丝马迹。

(一)比尔在报警供出玛乔丽的那个晚上,曾在试图自杀前写了一封遗书,交代自己没有杀死詹姆斯,但遗书的第一句话却是:这件事和布莱恩的死无关。

这不是此地无银三百两吗?

他把遗书给警察看时,还贴心地解释:这么写是怕警察在他死后以为两案有关,而浪费许多时间去调查,多走几年弯路(而事实正是他想让警察多走几年弯路）。

（二）比尔的弟弟妹妹和他不合，因为比尔在父母死后就独占了老房子。他们希望比尔能把房子卖了，平分家产。比尔向他们谎称自己挂牌 9 万美元，其实呢，他挂的是 25 万美元，远远高于市场价，根本不可能卖掉。

而巧合的是，布莱恩抢劫银行的字条上要求的金额刚好也是 25 万美元。

（三）警方此前做过一个对罪犯的人物侧写：

1. 此人很节俭

2. 此人经常囤积大量东西，特别是金属

3. 此人有机械知识

4. 此人隐藏了暴力天性

从前三点看，比尔是符合的，因为比尔和玛乔丽一样也是一个囤积狂。他家的车库里堆满了数不清的杂物。

警方没有其他证据，便找比尔测谎，可比尔顺利通过。

FBI 没认可这个结果，他们相信以比尔的智力有办法糊弄测谎仪。而我看到一个细节是，比尔在回答测谎问题时差点睡着，所以我认为他可能在去做测试前吃了镇静剂、安眠药一类的东西，以降低自己的心率等。

但玛乔丽却告诉警方，比尔还有个叫弗洛伊德的室友。那个室友有案底，曾因强奸一个残疾少女被通缉在逃，而他在比萨炸弹案的第二天却突然消失了。

警方在另一个州找到了弗洛伊德，但他也声称自己对炸弹抢劫一无所知，并且也通过了测谎。

警方在这时只能解除对这位室友的怀疑。

而不久，比尔像变了人似的，变得郁郁寡欢、易怒、刻薄、具有攻击性，同时也体重骤降。

大家这才知道,他已是淋巴癌晚期。而比尔本人,或许很早就知道了自己的病。

2004 年 7 月,在炸弹案发生近一年后,FBI 探员杰瑞去医院探望比尔,并问:"炸弹案是不是你做的? 说出来吧,不要把秘密带去坟墓。"

比尔用手在空气中写了一个大大的 NO。

玛乔丽曾说:"他离开我,也活不了几天。"

一语成谶,在告发玛乔丽后不到一年,比尔就在病房里孤独去世。

六、同伙

2005 年 4 月,刚入狱三个月的玛乔丽主动联系 FBI,希望 FBI 帮她换一个监狱,作为交换,而她会把自己所知的炸弹案线索告诉他们。她十分狡猾且过于自信,以为自己可以把整个案子推给已病逝的比尔,让自己置身事外,又同时可以获得其他好处。但她这一步无异于玩火自焚。

自从她把自己和案子公开联系起来后,越来越多的线索指向她就是主犯。

FBI 重新翻找她家的东西,找到了一封投诉信,原来她和布莱恩抢劫的那家银行曾有过过节。

媒体也从市民中挖掘出一些间接线索。

一位教授回忆,他曾在炸弹案当天,看见一辆金色的车在高速上疯狂地逆向行驶,那个司机正是玛乔丽。他对她的脸印象深刻。

而另一个 UPS(United Parcel Service,美国的一家快递公司)司机声称在抢劫案当天,他看见玛乔丽和一个穿背带裤的大个子男人(比尔的标志性穿着)站在壳牌加油站打付费电话。玛乔丽和他四目相对,那个眼神他永远忘不掉。

而其实早在 2004 年等待审判期间,就有一些玛乔丽的狱友出来作证。她们纷纷说，玛乔丽在狱中吹嘘自己参与了炸弹案，而她杀死詹姆斯，正是因为詹姆斯要向警察告发他们的计划。

如此看来，比尔为什么要替玛乔丽隐藏尸体，也就更解释得通了。

但不知道是因为这些女狱友本身有前科，警察不信任她们，还是因为当地警察和 FBI 关系不和，总之这些告密内容，从没转达给 ATF 和 FBI。

同年秋天，玛乔丽的一个朋友肯尼斯·巴恩斯(Kenneth Barnes)被自己的亲戚揭发，他曾提过自己和炸弹案有关。而肯尼斯的交代给了玛乔丽致命一击。

肯尼斯以前是个修电视机的，自从染上毒瘾后开始贩毒。

他早年因为钓鱼认识了玛乔丽和詹姆斯。有一天，玛乔丽提出要雇他去杀自己的父亲。

原来，玛乔丽的父母自从女儿有了囤积癖后就开始疏远她，而当她 35 岁杀死第一个男友后，更是断绝了她的经济来源。玛乔丽的母亲在 2000 年去世后，虽然留给女儿一笔遗产，但大部分遗产都留给了丈夫。玛乔丽听说这几年她父亲没事儿就给邻居送辆新车，给教会捐几万块，便十分气恼，认为他是在浪费本该属于自己的遗产。于是，她想让肯尼斯杀死自己的父亲，以便尽快继承父亲的遗产。肯尼斯无心杀人，随口说道："那可不便宜，得要 25 万美元。"而布莱恩抢劫银行，要的正是 25 万美元。

警方认为，这正是玛乔丽策划抢劫案的真正动机。同时，她还可以报复一下不久前怠慢她的银行。

但讽刺的是，玛乔丽的父亲后来向纪录片导演表示，其实自己的遗嘱受益人中并没有玛乔丽，哪怕自己死了，她也得不到分文。

同时肯尼斯又通过经常向他购买毒品的妓女杰西卡认识了布莱恩。正是肯尼斯的存在，把玛乔丽和布莱恩这两个毫不相干的人联系了起来。

肯尼斯把自己的二楼租给一些妓女用作卖淫场所。而布莱恩不时会带杰西卡来这里，两人做完爱后，他向肯尼斯买毒品作为嫖资交给杰西卡。两人皆大欢喜。

令我惊讶的是，不仅比尔和玛乔丽有囤积癖，这个肯尼斯也是个囤积狂。他的家甚至比玛乔丽的更糟，狗屎和各种废物堆积成山。

所以我认为本案可以称为"三个重度囤积癖患者的阴谋"。大约也只有这样难以割舍物件、无法分清主次和认识真正价值的人，才会写出9页长的密密麻麻的指示，才会刚好有那么多废物件制造炸弹、颈环和手枪，才会设计出这么曲折的寻宝游戏。

在FBI的多次审讯下，肯尼斯终于松口。他说，案件的主谋是玛乔丽，字条是她写的，炸弹是比尔做的。但他又说，被炸死的布莱恩也是同谋之一，因为比尔和玛乔丽许诺，事成后会给他几千块钱。

在案发前一天，他们曾在一起谋划抢劫案，当时在场的有肯尼斯、玛乔丽、比尔、弗洛伊德（比尔的室友）、布莱恩，以及罗伯特（布莱恩的同事）6人。

第二天，比尔、玛乔丽和肯尼斯在信号塔等布莱恩送比萨来。布莱恩到了后，他们拿起比萨吃起来，而布莱恩则站在那里等待他们付比萨的钱。此时，比尔的室友弗洛伊德突然捧着炸弹出来了。布莱恩看到这一幕，意识到不对劲，立刻想逃跑。比尔朝天开了一枪。他们控制住布莱恩，把铁环戴在了他的脖子上。布莱恩在整个过程中一直叫着："我不要干这事！"玛乔丽告诉他，如果你被抓住了，就说是三个黑人干的，并给了他一把上了膛的拐杖枪。

肯尼斯表示，大家在计划时都认为炸弹是假的，只是吓唬人而已，没想到玛乔丽和比尔在最后一刻却拿出一个真的炸弹！

肯尼斯后来被判了45年。

比尔的室友弗洛伊德当时正在牢里为此前的强奸罪服刑。他在2007年和检方达成了认罪协议，出面指控玛乔丽，而不用被起诉。

面对两个同伙的指控，玛乔丽要求检方与自己签认罪协议：只有答应不起诉她，她才愿意说出实情。可此时已晚，检方已经有了足够的证据，可以上法庭一搏了，自然拒绝了她的提议。

由于玛乔丽此前是因为精神问题才在杀死詹姆斯一案中被轻判，所以直到 2010 年，她才被认为精神状况适合出庭接受审判。此时距离 2003 年布莱恩当街被炸死已经过去 7 年了。

玛乔丽自己站上了证人席，在 5 个多小时中，她滔滔不绝，口若悬河，她哭诉自己小时候遭到父亲虐待，而她母亲一直期望她成为完美的人，她被精神疾病困扰。她时而暴怒，时而哭泣，时而咒骂，但往往都能很好地掌握尺寸，在法官打断前就中止。但她依然被法官打断了 50 多次。对于自己在本案中扮演什么角色，她却三缄其口，只为自己开脱。

2011 年，玛乔丽抢劫以及使用危险装置的罪名成立，被判无期徒刑加额外的 30 年刑期。

之后她几次上诉，最终在 2015 年都被驳回。

七、布莱恩是同谋？

抢劫案于 2007 年结案。布莱恩究竟是一个无辜的人质，还是一个抢劫案的同谋，一直是本案最大的争议之处。

警方最后的定论是：布莱恩从一开始就参与其中，只不过他一直以为自己戴的炸弹是假的，直到他们拿出个真炸弹的那一刻，他才知道自己上当了。而他口袋里的那两张纸不过是万一他被抓，用来给他开脱的。

为什么这么说呢？

1. 他被铐了炸弹被逼抢劫银行，但居然在临走时还从银行柜台拿了根免费棒棒糖吃。可见他心里并不害怕。

2. 肯尼斯、玛乔丽、弗洛伊德坚持布莱恩是同伙之一。

3. 比萨店老板接了订餐电话后听不懂对方说的话,把电话交给了布莱恩,而布莱恩却能听懂对方所说的地址。

4. 他在将死时也没说出真凶,而是说出三个黑人误导了警方。

5. 有人在案发前一天看见他从比尔的家里出来。

布莱恩的家人对于这种定论感到悲痛而且愤怒。他们为布莱恩建了一个网站,要求大家提供线索,证明布莱恩不是同伙。但在这个网站上,依然有很多网友认为他是同伙,理由如上。

布莱恩到底是不是同谋?我认为他只是一个无辜的人质,而以上几点毫无说服力。

第一点:吃棒棒糖一定代表比较轻松自如吗?这可不一定。我注意到布莱恩在送比萨前快下班了,而去银行抢劫时,经理也刚好出去吃午饭了,可见这是午饭时间。因此我可以断定布莱恩14点多进入银行抢劫时,一直没吃东西。饥肠辘辘的他马上还要争分夺秒地进行寻宝游戏,而这时刚好在柜台上有免费的棒棒糖,他吃一根补充体力也很合理。

一些人既相信肯尼斯的证词,又认为他吃棒棒糖是心情放松的表现,这是矛盾的。肯尼斯说,布莱恩虽然是同伙,但他以为炸弹是假的,直到最后一刻才发现是真的,他很害怕,但炸弹已经被强行套上脖子。那么无论布莱恩是不是同伙,当他知道脖子上的炸弹是真的后,心情都应该是紧张、害怕的。

而轻松地吃棒棒糖只有一种可能,他既是同伙,又一直认为脖子上的炸弹是假的。他是自愿戴上的,所以毫无压力。但这和肯尼斯的证词都是矛盾的。

综上,吃棒棒糖不代表心情轻松,只是他肚子饿了,棒棒糖是当时唯一可得的食物。

第二点：玛乔丽、肯尼斯和弗洛伊德说的证词并不作数，因为他们有充分的动机说谎。

如果布莱恩是个无辜的人质，他就是被谋杀的。那么活着的玛乔丽、肯尼斯，以及弗洛伊德，将多加一个谋杀罪名，多半会被判死刑。因此他们必须一口咬定布莱恩是同伙。所以，也没有人因谋杀布莱恩受到起诉。

第三点：比萨店老板听不懂送比萨的指示，而布莱恩可以听懂，可能问题不在布莱恩，而是打电话的比尔故意为之。他在非布莱恩的人接电话时，故意说话含糊不清或直接挂掉。

第四点：布莱恩在被警察包围时只说是黑人，没供出肯他们，可能因为他是个懦弱胆小之人。他很可能对字条上的内容以及玛乔丽的威胁信以为真，怕自己说出实情，监视自己的罪犯会提前引爆炸弹。

第五点：或许目击证人认错了车子（这条后来被肯尼斯自己推翻了）。

此外，我注意到肯尼斯最早的证词提到，布莱恩送达比萨后，站在一旁等着他们付钱。如果他是同伙，又怎么会"等"付钱呢？

感谢《邪恶的天才》这部纪录片。导演最后终于打动了此时因贩毒入狱的妓女杰西卡，让她答应接受采访。

那个对她很好的嫖客布莱恩被杀时，她不过 20 出头，而接受采访时她已 30 多岁，她的人生始终活得一团糟。

此前无论是在法庭上，还是面对采访，她都撇清了自己的关系，说不知情。而这一次，她终于决定在镜头前吐露一直藏在心底的秘密。

肯尼斯和玛乔丽曾在肯尼斯的家中讨论抢劫银行一事，问杰西卡认不认识什么软骨头，只要吓唬一下就可以替他们去抢银行，并许诺会给她 5000块钱。

她有一次毒瘾发作，为了尽快得到钱，便说了布莱恩的名字，并提供了布莱恩的工作时间表。肯尼斯作为交换,给了她一些毒品。此后,她在布莱恩不知情的情况下带他去见了他们,玛乔丽事后付给她 1500 美元。

肯尼斯和玛乔丽告诉杰西卡,炸弹是假的,只是做做样子吓唬布莱恩。可杰西卡没想到他们在布莱恩脖子上套了一个真的炸弹。

她哽咽道:"布莱恩是个好人,这世界上好人已经很少了……一想到我对自己在乎的人做了这种事,我就很心痛……"

在炸弹案发生后不久,杰西卡发现自己怀孕了。此后她生下一个女儿,长相和布莱恩极为相似。

而后在纪录片方的再三追问下,肯尼斯也终于在电话里承认,布莱恩对这一切是不知情的。案发前一天预谋的时候,布莱恩并不在场。

一些美国网友认为,杰西卡是个有毒瘾的妓女,这种人说的话有什么信用可言?

但我认为,杰西卡在事隔 10 年后才说出这些话,一定是经历了非常艰难的心理挣扎。毫无疑问,布莱恩在与她交往的 5 年中,对她是有感情的。而她一直在逃避一个现实,那就是布莱恩因她的出卖而死,而她出卖他竟是为了一点毒品。如果她把这个秘密说出来,必然会遭到世人的鄙视和唾弃,等她的女儿长大后,她又该如何向她交代?

八、寻宝游戏,一次绝望的示爱

2017 年玛乔丽因为乳腺癌去世,没有任何亲人朋友为她送别,她被葬入一个没有墓碑的坟墓。她至死都未承认自己和炸弹案有关系,也把许多秘密带入了坟墓。

而我认为,这整个案子,其实是知道自己命不久矣的比尔的一次终极示爱。

比尔对自己和玛乔丽的关系一直保持缄默。根据玛乔丽自己和比尔朋友的叙述，我们可知：

两人相识于溜冰场，当时比尔20岁出头，身材高大健壮，是工程系大学生，家境非常富有，而玛乔丽当时不到20岁，正处于她人生最辉煌的时期。玛乔丽曾沾沾自喜地说道，比尔在溜冰场刚与她相识，便向她求婚了。过了几年，比尔又真的从纽约带回来一个名牌大钻戒，两人订婚。

玛乔丽说自己当时没有性经验，而比尔喜欢各种变态的性爱方式，她受不了就分手了（由于玛乔丽谎话太多，连她父亲都说，她的话没一句可信的，所以我对她故意自曝性隐私来诋毁比尔的这部分内容存疑）。

两人在20世纪六七十年代几次分分合合，最终玛乔丽要求解除婚约。据玛乔丽说，比尔一直因此怨恨她，认为是她离开自己后，他的人生才越来越不如意的，而她是出于内疚才理会比尔的。但我认为恰恰相反，玛乔丽是利用了比尔的内疚之心，让比尔一直相信是自己导致了玛乔丽的生活不顺遂。

要说过得不如意，恐怕玛乔丽才是更不如意的那个人。她被诊断出患有双相精神障碍，性情越来越古怪，不停换工作，却没一份能做长久。

她换了不少男友，结过一次婚，5个同居伴侣都意外身亡。

而比尔自从和玛乔丽在20多岁分开后，再没有进入恋爱关系。虽然偶尔尝试约会异性，但直到60岁死亡都是单身。

比尔不愿意松口说出自己和玛乔丽是"朋友"，或许因为他不甘心，也不认为他们"只是"朋友。但他是玛乔丽的男友吗？他显然不是，玛乔丽一直有男友。比尔可能认为两人的关系升华到了灵魂伴侣、智力相通的层面，是不是夜夜相守不重要。但对于玛乔丽来说，比尔只不过当了一辈子的备胎。

这个完美的备胎在玛乔丽的日常生活中几乎不存在。但每次当玛乔丽有困难、有需求时，他便出现了。

2003 年,玛乔丽虽然一直自诩自己很有钱,但她其实已经败光了她母亲的遗产。她当时估算父亲的遗产大约有 200 万美元,她既然是独生女,如果由她一人继承,那自然就可以摆脱眼下贫困的生活。

以下是我的推断:

玛乔丽想雇肯尼斯当杀手弑父。她曾一度欠肯尼斯的钱不还,肯尼斯不得不找人抢回来。而我相信肯尼斯并不真的想杀人,他或许只是想骗她的钱而已,便随口开了 25 万美元的价格。

为什么比尔也刚好把自己的房子挂牌 25 万美元出售?玛乔丽应当为此找过他,而他曾想过把自己的房子卖了给她筹钱。但显然他的房子并不值这个价。

眼看着父亲快把遗产挥霍完,玛乔丽已经等不及了,她必须想个办法尽快弄到 25 万美元。

玛乔丽由于和那家银行结怨,想到了抢劫,但她和比尔都无法想出一个能全身而退的办法。于是在两个人的头脑风暴中,想出了炸弹人质的办法。

他们应当从一开始就打算,让人质在抢到钱后不久被炸身亡。既然是个软骨头,被吓唬一下就会替他们去抢银行,那自然也会被警察吓唬一下,就把他们供出来。所以杀掉布莱恩是脱罪的必要一步。

他们计划在布莱恩抢到钱后,在他寻宝沿线的某个点,找他偷偷拿走钱袋,随后由他继续寻宝游戏,引开警察。布莱恩会在半途中被炸,带着这个秘密一同消亡,留给警方永远无法解开的谜团。

比尔开始了为期数月的制造炸弹、手枪和颈环的工程。

比尔全然是为了玛乔丽而做这些的吗?我认为绝大部分是。比尔应当在此时已经知道自己得了淋巴癌,所剩时日不多了。这让他愿意铤而走险,最后帮助玛乔丽一次。

而比尔故意设计复杂的游戏规则，或许也有炫耀智力的成分。

玛乔丽的男友詹姆斯是个一直被她欺压的小白脸，两人的日常就在争执打架中度过，玛乔丽曾对朋友说过不止一次，想杀掉他。8月的一天，两人为另一个女人争吵（玛乔丽自己说的），詹姆斯在气头上威胁要向警方告发他们抢劫银行的计划，更激起了玛乔丽的愤怒，她开枪杀死了詹姆斯。此后，玛乔丽告诉比尔，她是因为怕詹姆斯告密才杀他的，这样也让比尔承担了一定的责任和压力，比尔自然无法拒绝把尸体放进自己的冰柜。

8月23日那天，根据一些新闻报道（可能是警方猜测或者肯尼斯的供述），比尔当天曾在银行附近出现，想偷偷从布莱恩手上接过钱袋。但当时银行里有其他顾客发现了布莱恩诡异的举止，尾随他出了银行。胆小的比尔看到有人跟着，不敢上前，于是跳进汽车跑了。

比尔回到家，与跟踪布莱恩的玛乔丽和肯尼斯汇合。他没有取回钱袋，令玛乔丽勃然大怒（又或许怀疑他在半途藏掉了钱）。她立刻跳上车，试图沿着寻宝游戏的线路去寻找布莱恩，在布莱恩被警察抓住或者爆炸身亡前取回钱袋。

由于她处于暴怒的状态，她上高速时竟然逆行了。所以才有目击证人看到她在疯狂地逆向行驶，好像一路上还在寻找什么。

但是，警察比她早一步拦下了布莱恩。

不得不说，整个计划在理论上是设计得很完美的，但在现实中却有太多变数、很难操控。只能说，设计这种作案手法的人是缺乏生活经验、脱离现实的幻想派。比尔和玛乔丽的人生不正是如此吗？

他们没有抢到钱，从这个意义上说，整个案子是失败的。玛乔丽失望透顶，处于焦躁和暴怒之中，斥责比尔"一事无成"，正如她多次在纪录片镜头前说的。

为什么比尔要把她供出来？是他意识到了她真正的问题，知道任由她这样发展下去是害了她，还是他突然清醒，意识到她其实一直在利用和操控自己？

我认为他这么做依然是在保护玛乔丽。玛乔丽在炸弹案失败后，或许有了更疯狂的念头。比尔阻止不了，也知道自己时日不多，不可能再为玛乔丽设计一次犯罪，而如果任由玛乔丽继续疯狂下去，越陷越深，实则害了她。

为什么这么说？

比尔面对警察时，对于玛乔丽杀詹姆斯的细节都声称不知道，"由玛乔丽自己向警方解释。"比尔相信她的智力能应付这个。

我认为，他只想她坐几年牢或者被关进精神病院，让她得到控制。他相信这对她更有益。

比尔在去警局供出她的那一天，还赠送给她一对象征爱情的白天鹅瓷像，这是他母亲的遗物。

而当玛乔丽被捕，对比尔疯狂咒骂和诋毁时，他始终沉默不语。在他临死前，FBI探员杰瑞想让他说出真相，但他拒绝了。他这么做，很大可能也是为了保护活着的人。

根据纪录片，比尔虽然囤积了那么多东西，但当他临死前卖掉房子后，只留下了少数几件遗物。

比尔的遗物中有一本歌词，其中一页折了角。歌名叫"我想唱首歌"（*I Have A Song to Sing，O!*），歌词大致讲述了一个伤感寂寞的男人，期待一位女士的爱情。

6.

女总裁丧命豪宅，凶手是猫头鹰、楼梯，还是她最爱的丈夫？

美国楼梯悬案

女总裁丧命豪宅，凶手是猫头鹰、楼梯，

还是她最爱的丈夫?

在美国北卡罗来纳州，58岁的小说家迈克尔（Michael）和妻子凯瑟琳（Kathleen）（跨国公司女高管）过着让周围人艳羡的"美国梦"生活。他们生活优渥，居住在曾是电影取景地的豪宅内，周围人形容他们的爱情"完美"而"理想"。

2001年冬天的一个深夜，一个报警电话打碎了这个美梦。凯瑟琳倒在自家楼梯脚下，她的头皮有多处撕裂，手上抓了一缕自己的头发，因失血过多死亡。当晚只有迈克尔和她在家。检方起诉迈克尔谋杀凯瑟琳，最终一级谋杀罪名成立，迈克尔被判终身监禁。

至今人们对于真相仍有颇多争议。有人认为凯瑟琳只是从楼梯上摔下来意外身亡，有人坚信迈克尔谋杀了妻子，也有人猜测这是北卡罗来纳州的大型猫头鹰闯的祸。

真相究竟是什么? 我在基于纪录片《楼梯悬案》、大量新闻报道、访谈节目和其他公开信息，重新整理和讨论这个案件。

本案的主人公是立志从政的小说家迈克尔和担任知名跨国通讯公司"北

电网络"副总裁的凯瑟琳。他们生活在北卡罗来纳州的达勒姆(Durham)市。

迈克尔和凯瑟琳夫妇共养育五个孩子。两个男孩是由迈克尔和前妻帕特丽夏(Patricia)所生,两个女孩是迈克尔在上一段婚姻时期收养的。也就是说,四个孩子是迈克尔带进这段婚姻的。另一个女孩卡特琳（Caitlin）是凯瑟琳和其前夫所生。

这对夫妇最让周围朋友津津乐道的,是两人的爱情。许多朋友作证,再没见过比他们更合拍的夫妻。他们的爱情是所有人梦想的那种,从不争吵,风趣幽默,一家人沉浸在欢声笑语中。

案发经过

2001 年 12 月 9 日,孩子们都在外地读大学或搬出去居住了,这栋面积有1000 多平方米的豪宅内,只有迈克尔和凯瑟琳两人。

凌晨 2:40,911 接线员突然接到迈克尔的电话,语气惊恐、慌乱:"我的妻子发生意外了,她还在呼吸……她从楼梯上摔了下来……"

当接线员询问伤者是从多高的楼梯摔下来的时,迈克尔发出"呃,呃"的声音,似乎正走向楼梯去数。大概 10 秒钟后,他回答:"15 或者 20 级吧。"

挂断电话一分钟后,他再次拨打报警电话,除了催促救护车外,还提及自己的妻子已经没有呼吸了。电话录音里充满惊恐的啜泣声。

接到电话 7 分钟后,警察与医护人员赶到现场。与他们同时到达的,是迈克尔的大儿子陶德和他的四个朋友。陶德声称自己刚参加完派对,接到父亲的电话就赶了过来(他当时居住在其他地方)。

首先到达的警员的第一反应是,现场似乎并不符合他经验中的从楼梯上摔下来的景象。尸体仰面朝上,后脑勺搁在第一级台阶上。墙上、地板上、台阶上、尸体上到处都是大量鲜血。

一些血迹已经干了，几乎不会沾到警员的身上。

迈克尔的球鞋脱在一旁，旁边还有多块沾血的毛巾。

水槽里有浓烈的酒味，桌上放了一个空酒瓶和两个酒杯。迈克尔身穿短裤和汗衫，在一旁不停地啜泣。

迈克尔当时告诉警员，他和凯瑟琳在快到凌晨 12 点时决定去泳池边坐坐、聊会天，两人当时已经喝了不少酒。

坐了一会儿，他们就回到房子里了。但这时，迈克尔发现泳池边的灯还没关，于是又走回去关灯。从房子走过去，要经过一段户外的小径。

等他关完灯回来，却发现凯瑟琳倒在了楼梯下方的血泊中。

他推测凯瑟琳是醉酒加上吃了一片安眠药后，从楼梯上摔了下来。

泳池中间有喷泉，且距离房子有几分钟距离。后来经过试验证实，如果有人在房子里发生意外呼喊，迈克尔在泳池边确实是听不见的。

但在开庭时以及《楼梯悬案》纪录片的开头，迈克尔又修改了他的证词。他说，当晚，凯瑟琳和他坐在泳池边喝酒聊天，待了若干小时。后来凯瑟琳说她第二天一早还有会议，就先进了屋，而迈克尔则继续留在外面抽雪茄，大约多待了 45 分钟，直到凌晨 2:30 才进屋。

而他一进屋就发现了这恐怖的一幕。

警方认为这不像一起意外，于是进行了尸检。

法医发现凯瑟琳体内的酒精含量并不高，只相当于喝了一小杯啤酒。

尸体全身有 38 处伤痕，头皮有 7 处裂伤，颈部甲状软骨骨折，眼眶和太阳穴有淤青，手腕和手臂也有伤口，她死于失血过多。凯瑟琳的手上还抓了一小缕自己的头发，有些被连根拔起。

法医认为，凯瑟琳头皮上的致命伤口来自于凶手用物体的连续击打，颈部骨折是掐脖子造成的，其他伤口是防御伤。

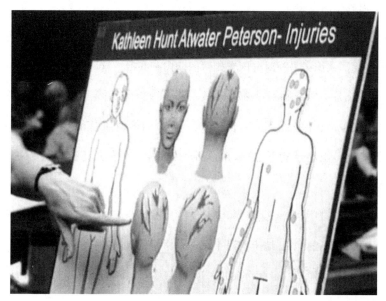

凯瑟琳的受伤部位示意图

由于迈克尔是当时唯一在房子里的人,自然成了嫌疑人。

第二名受害人?

警方在调查时,有人对他们说起一件很巧合的事。16 年前,迈克尔两个养女的生母,也是在楼梯下方去世的。

这要从迈克尔的经历说起。迈克尔于 1943 年 10 月出生于一个军官家庭。他于 1965 年毕业于杜克大学的政治学系。他当年在校时是风云人物,颇受女生欢迎。他不仅外表风度翩翩,又是运动健将、学校的兄弟会主席,也是校报编辑。

杜克大学毕业后,迈克尔为美国国防部的智囊团工作。同年,他和第一任妻子帕特丽夏结婚。

1968 年,由于迈克尔曾在国防部研究过越南所受的军事干预,他加入了美国海军陆战队,被派往南越北部作战。他于 1971 年退役,此后作为军事顾问,在海外生活十多年。

迈克尔和帕特丽夏一度在德国生活,两人育有两个男孩:克莱顿和陶德。他们在德国认识了另一对美国夫妇伊丽莎白和乔治。这两对夫妇有很多共同点:妻子都是小学老师,丈夫都是退役军官。1983 年,乔治在某次秘密的军事行动中去世。在他去世后,独自抚养两个女儿的伊丽莎白和迈克尔夫妇的关系更为亲密,她甚至立下遗嘱,自己万一去世,两个女儿将交给迈克尔一家照看。

1985 年 11 月的一天早上,伊丽莎白的保姆去上班时,发现伊丽莎白倒在楼梯下方,现场的地板、墙上都溅上了不合常理的大量鲜血。

而前晚,伊丽莎白带两个女儿去迈克尔家吃晚饭,饭后迈克尔送伊丽莎白母女三人回家,并照顾她的两个女儿上床睡觉后才离开。

因此,最后一个见到伊丽莎白活着的人,或许也是迈克尔。

接到保姆报案后,医生和警察赶到现场,获知伊丽莎白此前曾抱怨头疼。医生把一个针管插入伊丽莎白的脊椎,发现液体浑浊。德国警方和军方后来也参与了对伊丽莎白之死的调查,他们把半个脑袋切下来送进实验室,结论是她患有血管性血友病,当晚脑部出血,导致她从楼梯上摔下死亡。

伊丽莎白留下两个女儿,只有一岁和两岁。

依照遗嘱,迈克尔夫妇收养了这两个女孩,也继承了伊丽莎白 3.5 万美元(一说 6 万美元)的遗产。

把两个案件联系起来后,检方做出决定:18 年后重新开棺验尸。此举得到了伊丽莎白娘家人的支持。

为伊丽莎白尸检和为凯瑟琳尸检的是同一个女法医,她的结论令人吃惊:她发现在伊丽莎白的头部同样有多个裂口。

这些裂口究竟是从楼梯上摔下来造成的,还是被钝器击打造成的呢?

女法医结合他人对现场大量血迹的描述，认为伊丽莎白死于谋杀。

伊丽莎白的娘家人和凯瑟琳的娘家人一样，都相信迈克尔就是凶手。但伊丽莎白的两个女儿却无法接受这个结论，她们极为坚定地站在养父这一边。

后来《楼梯悬案》纪录片的法国导演让-哈维·德·莱斯特拉德（Jean-Xavier de Lestrade）接受了访问，他认为伊丽莎白之死和迈克尔无关。

检方从德国请了伊丽莎白的保姆、好友等人出庭。那些证人都描述现场有大量鲜血，有些鲜血的位置非常高，高个子都需要伸手才能触及，不符合摔下楼梯死亡的情景。

但检方并没有起诉迈克尔杀害了伊丽莎白，而是指出，迈克尔很可能从伊丽莎白之死中得到灵感，伪造了凯瑟琳的死。

第二次婚姻

1987 年，回到美国的迈克尔夫妇离婚了，两个儿子跟随帕特丽夏生活，迈克尔则带着两个养女。

迈克尔曾以自己的军旅生活为题材写了三部小说。其中一部登上了畅销书榜，因此拿到了几十万美元的版税。

迈克尔也为当地报纸写专栏，批评政府官员的无能，包括后来起诉他的检察官，因此一些人认为检察官办此案时，有报复的嫌疑。

迈克尔刚搬回北卡罗来纳州住的学区刚好是凯瑟琳和女儿住的那一个，两家的女孩们是朋友，这也让她们的母亲和父亲由此相识。

凯瑟琳的履历比迈克尔更为耀眼。

她读书时就是高中第一名，是杜克大学工程学院历史上招收的第一个女学生。她工作能力极强，先后在多家知名公司担任高管，在 30 多岁时，已担任北电网络的副总裁。

凯瑟琳是事业型女强人,但感情上却不太顺利。她的前夫是一位物理学家,他的出轨导致夫妻两人于 1987 年离婚。

　　这段挫败的婚姻让凯瑟琳备受打击。在离婚后的一两年内,卡特琳每天夜晚都能听到母亲独自在床上哭泣。

　　令卡特琳高兴的是,自从母亲和同学的父亲迈克尔交往后,变得每天都那么快乐。因此当母亲去世后,卡特琳一度站出来替继父说话,说他绝对不可能是凶手。

　　1989 年,凯瑟琳和迈克尔搬到一起同居。凯瑟琳让迈克尔的两个儿子也搬来一起居住。迈克尔的儿子之一是问题少年,在杜克大学读书时曾因为制造爆炸物入狱四年。

　　1997 年迈克尔和凯瑟琳结婚。他按照凯瑟琳的喜好,举行了一场盛大婚

二人的结婚照

礼。婚后,凯瑟琳不仅事业蒸蒸日上,而且精力充沛,亲自照顾孩子们,替他们做饭,料理家务。迈克尔的两个养女也表示,凯瑟琳是第一个替她们梳头发的人,她们从内心接受了这位母亲。

但迈克尔的两个儿子起初不喜欢凯瑟琳,因为他们的父亲对生母帕特丽夏从没有像对凯瑟琳那么好过。但慢慢地,他们也接受了凯瑟琳,至少表面上。

夫妻俩经常举行大型派对、奢侈的晚宴,高朋满座。

到 2001 年案发时,两人已经一起生活了 12 年。在如此漫长的岁月中,两人感情甜蜜如初,令周遭人羡慕,纷纷称呼他们完美夫妇。

如果一切都如所说的那样,迈克尔有什么动机杀害凯瑟琳呢?

动机

检方认为动机有两个:金钱和性。

据检方调查,迈克尔和凯瑟琳的生活方式奢侈,其实当时两人已经入不敷出。迈克尔结婚后一直没有太多经济收入,竞选市长和市议会议员都落选。最后两年基本没啥进账,全靠凯瑟琳养家。

凯瑟琳当时年薪 14.5 万美元,这在 2001 年是很高的薪水了。但检方发现,截至案发时,他们光信用卡就欠下了 14 万美元,几乎是靠透支信用卡在维持家庭运转。

毕竟供养这么大的家庭,什么都要钱。三个女儿都到了读大学的年纪,美国学费不菲。这么大的老房子,不时需要维修,每次都是几千、几万美元的账单。

偏偏 2001 年经济不好,当时北电网络公司已经裁掉了 2/3 的员工,凯瑟琳在无奈裁掉自己下属的同时,也担心哪天会轮到自己。

而同一时间,美国股票大跌,凯瑟琳本来指望用来退休的、价值几百万美元的股票,跌到了只剩小几十万。

案发后,警方恢复了 12 月 9 日下午迈克尔删掉的邮件。迈克尔曾写信要求他的前妻帕特丽夏把房子抵押贷款,取出 3 万美元来支付两个儿子的信用卡账单。他还特意交待帕特丽夏不能让自己的妻子凯瑟琳知道此事。

而迈克尔的养女之一也曾问自己的舅舅,能否帮忙付 5000 美元的学费,可见当时她的养父母已无力支付。

凯瑟琳死亡能为迈克尔带来什么? ——一份北电网络公司给凯瑟琳买的价值 140 万美元的人寿保险。在两人婚后,凯瑟琳就把受益人从前夫改成迈克尔。

此外,凯瑟琳还有 35 万美元的"递延补偿",以及其他各种补偿。

如果她在世时被裁员,这些公司福利恐怕是拿不到的。但如果她意外跌下楼梯死亡,这些钱都将属于迈克尔,那么迈克尔就可以不工作,继续享受奢侈的生活。

但辩方律师认为这是胡扯:凯瑟琳作为高层被裁掉的可能性很小,天下哪有丈夫会为这样一个捕风捉影的消息杀死爱妻?

再说毕竟是凯瑟琳在养家,杀了她,岂不是全家一点收入都没了?

人寿保险后来把赔偿金支付给了凯瑟琳的亲生女儿卡特琳以及她的生父。如果不是因为迈克尔成为被告,其实他是可以得到这份保险赔偿的。

最后北电网络公司为凯瑟琳的去世支付了 38.5 万美元的"递延补偿"、死亡福利等。这些钱被迈克尔拿到后,支付了部分律师费。根据纪录片,律师费高达七八十万美元,还不包括后来持续多年的上诉。

凯瑟琳和迈克尔居住的这栋豪宅也在 2003 年上市出售。由于发生过命案加上经济环境不佳,价格从一百多万美元降价到 60 多万美元才在 2004 年售出。

检方提出的第二点动机或许更具说服力。它说明这对夫妻的婚姻根本不是外人看到的，或者凯瑟琳以为的那么"理想"。

警方在案发后扣押了位于二楼的一部电脑，在其删除的硬盘中，发现了几百部色情影片、2000多张色情照片和200多个色情网站的浏览记录。

令人吃惊的是，这些色情影像中大部分是男同性恋内容。

警方还发现迈克尔曾发邮件和一名男妓布拉德（Brad）约好，趁凯瑟琳上班时，在家里进行性交易。但那天刚好因为布拉德要去外地而没有赴约。

布拉德出庭承包了整个纪录片的笑点。他当庭阅读了两人之间极为色情的电子邮件。当检方问他，双方见面后准备干什么时，他回答："普天下任何事都可以干。"

当检方问他的已婚客户中有什么人时，他说"有法官"，还连忙补充一句，"不是现在法庭上的这个"。

台下哄笑一片，迈克尔则坐在被告席上一脸无奈。

迈克尔的辩护律师称，迈克尔是一个双性恋，而凯瑟琳是个开明的女人，早就知道并接受这一点，还经常拿这个开玩笑。

在《楼梯悬案》的纪录片中，迈克尔承认自己在第二次婚姻中多次出轨，对象都是男性。但他坚持自己是爱妻子的，凯瑟琳是他的灵魂伴侣，至于其他那些只是肉体出轨。

此外，迈克尔的人品也遭到质疑，因为他曾经在竞选市长时撒谎。他说自己在越战中因受伤而退役，却被记者揭露，其实他退役是因为在日本时出了个车祸。而他拿出来的几个勋章，记者也没找到相关记录。

对尸检结果的质疑

迈克尔的辩护律师曾联系李昌钰博士和维尔纳·斯皮茨（Werner Spitz）博士这两位法医界大咖来论证他们一方的理论。

后来答应出庭作证的是李昌钰博士。他认为凯瑟琳的伤口更符合跌下楼梯,而不是被击打。他推测凯瑟琳当时在上楼梯时重心不稳、脚滑,往后仰,摔下来时撞到了对面带凸起的门柱(如下图)。

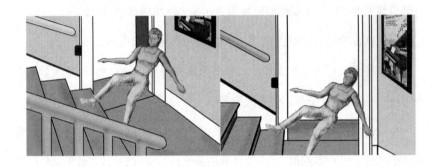

当她想站起来时,踩到自己的血滑倒了,便再次撞在了台阶上,手腕也撞在了台阶上。颈部骨折也是撞击造成的(如下图)。

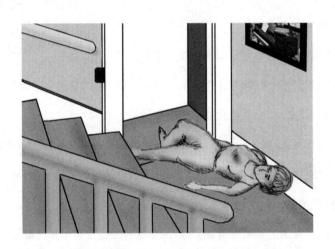

辩方抓住的一点是:凯瑟琳虽然头皮有裂伤,但是颅骨没有骨折,脑部也没有血肿、颅脑损伤,这在打击造成的伤口中不多见。

一般如果真要杀人,肯定会用尽力气击打,那么通常来说会伴随颅骨骨折或颅脑损伤,或两者都有。

而检方则认为迈克尔是用吹火棒(用于向火炉吹火)或者类似的又轻又硬的钝器击打过凯瑟琳的头部,所以只造成了头皮裂伤。

凯瑟琳的妹妹曾买过四根吹火棒送给家人。她说此前每次去凯瑟琳家，都看到了那根东西在火炉边，但在案发后不见了。

值得提一句的是，当凯瑟琳的两个妹妹以及凯瑟琳的亲生女儿卡特琳在看到检方提供的证据后，都站到了反对迈克尔的阵营。

卡特琳也和另四个坚决支持迈克尔的兄弟姐妹决裂。

充满戏剧性的是，就在临近陪审团做决定前几天，那根消失的吹火棒被迈克尔的儿子在车库里找到了。它显眼地倚墙站立，上面有灰尘和蜘蛛网，似乎证明长久不用，不可能用于杀人。

辩方认为，警方早已找到了，故意不提此事，就为了赖它是凶器。

而检方则认为，经过几十人搜索都没找到，它不可能本来在那里，一定是迈克尔家人隐藏后，故意在这一刻拿出来打击检方的。

尽管有李昌钰等支持摔下楼梯论，但当时检方有一个血迹分析师杜安·迪弗（Duane Deaver）却做了一个试验，还原了钝器击打杀人的现场。

血迹分析师的实验图

他用一根吹火棒击打塑料头颅，模拟出的血迹溅在迈克尔大裤衩上的痕迹。

他认为,墙上、地上、身上的血迹只可能是在这种情况下形成的,而不是摔下楼梯形成的,这和李昌钰的结论完全相反。

实验有争议的一点是,杜安·迪弗击打塑料头颅时站在一个现实中根本不可能存在的位置:楼梯的墙外。

但杜安·迪弗指出了很关键的一点是,迈克尔的大裤衩里面有向上溅进去的血迹。这只可能在一种情况下形成——迈克尔站在凯瑟琳上方时,血还在向上飞溅。很可能,迈克尔当时正拿吹火棒击打已经倒地的凯瑟琳。而李昌钰博士则认为,这血迹也可能是另一种情况造成的:当迈克尔移动尚有呼吸的凯瑟琳时,凯瑟琳的头发把血甩进了迈克尔的裤管。

审判结果

看完纪录片后的第一感觉是,辩方律师很厉害,敬业、头脑清晰、思维敏捷、表达精确。连迈克尔自己也在纪录片中感叹,在美国有钱人请得起好律师,可以想方设法脱罪,而那些穷人怎么办呢?

尽管律师和迈克尔非常有信心,但陪审团讨论后认为他的一级谋杀罪名成立。迈克尔在被起底那么多黑历史、名誉扫地后,又被判终身监禁,不得保释。

两个养女在法庭上泣不成声。

迈克尔 2003 年入狱,坐了八年牢。在这八年中,他的上诉全都被驳回,他对此已经不抱希望。

但 2011 年,转机来了。

之前的血迹分析师杜安·迪弗在其他案子中被人揭发故意隐藏对被告有利的试验结果,以证明自己的结论,此前一起案子因此翻案,杜安·迪弗被解雇。官方调查发现,杜安·迪弗可能在 34 起案件中伪造过证据。

补充一句,杜安·迪弗其实在 2014 年通过州人力资源委员会投诉过对自己的解雇不合理,后来他的老东家不得不重新雇佣他,还赔偿了他 30 个月的薪水。

2011 年,迈克尔的新律师抓住杜安·迪弗的这个把柄,以及其他一些程序错误(比如那些证据袋被人撕开,混杂保存;比如当年警方忘记验死者身上的 DNA……),从而要求法官撤销迈克尔的罪名,被法官拒绝。

但迈克尔争取到了一次重审的机会。

2017 年,迈克尔和检方达成了认罪协议。他承认杀人,检方把罪名减为"过失杀人"。由于他服刑时间已经超过这个罪名相应的时间,他立刻获得释放。

此时已经 70 多岁的迈克尔老态龙钟。他出庭后依旧不认罪,说自己只是实在耗不起了,因为打官司钱也花光了。

凯瑟琳的妹妹在法庭上愤怒控诉迈克尔和《楼梯悬案》的纪录片,这一段本身也被收录进了纪录片。

她认为这部纪录片虽然是在讲述此案,但对受害人凯瑟琳几乎没有介绍和关注,把所有的时间全都放在被告的心路历程上,非常偏见。

《楼梯悬案》共 13 集,是我看过的案件纪录片中最长的了。虽然我很敬佩其创作人员横跨 16 年,一直跟踪拍摄迈克尔及其律师团队,也认为它从艺术上呈现了一个内心丰富的迈克尔的形象,但我对于其呈现出来的视角亦无法认同。纪录片虽然长,但信息量却少得可怜,对案件关键的信息故意忽略,譬如连案件发生当天完整的时间线都没有提及。

除了双性恋、凶器和血迹这几个辩方主攻的方向外,其他偏向检方的重要证据几乎只字不提。经常一整集都在让观众看被告律师怎么聊天、打趣、讨论辩护策略,或者看迈克尔喃喃自语、感叹人生。

迈克尔在纪录片最后说,自己始终戴着婚戒,为了纪念最爱的妻子凯瑟琳。但纪录片却没告诉观众的是,迈克尔和本片的法国女剪辑师在 2002 年(也就是案发几个月后)就"恋爱"了,并交往了十几年,贯穿整个纪录片的拍摄。他获释后曾经去法国待过,两人最终分手。

猫头鹰理论

在 2009 年,一个迈克尔和凯瑟琳的邻居,也是个律师,曾提出猫头鹰是凶手。

北卡莱罗纳州是横斑林鸮(一种大型猫头鹰)活跃的区域,当地偶见猫头鹰袭击人的事件。

据说被这种生物袭击后脑勺的感觉,像被大力重击。

横斑林鸮

12 月底是猫头鹰交配的季节。特别是如果母猫头鹰怀孕了,比较容易攻击人(但本案发生在 12 月初)。

其次,在法医的报告中,凯瑟琳的手上抓了自己的一小缕头发,头发上发现了一根松针以及一根微小的绒毛,而横斑林鸮的爪子上是覆盖着这种绒毛的。

横斑林鸮的爪子

再次,凯瑟琳的伤口有三处是三叉型的,符合猫头鹰爪子的形状。

凯瑟琳可能被猫头鹰袭击的示意图

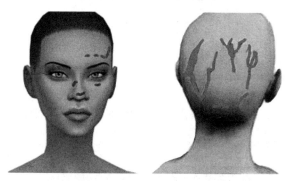

凯瑟琳的伤口有 3 处是三叉型的

这种理论认为凯瑟琳可能当时在进家门前遭到了猫头鹰的袭击。

猫头鹰的爪子划裂她的头皮，缠住了她的头发，她伸出双手保护自己的脑袋，所以手上和手腕也被抓伤了。她为了解开爪子，拔掉了一缕头发在手上。而猫头鹰带走了一块头皮。

她挣扎着跑进家门，在门框上留下一道血印，门外地面就有两滴血。

她本来想回房间止血，但因为流血过多加上惊恐，从楼梯上摔了下来再次撞击伤口，导致失血过多而亡。

这个理论如何？

辩方并没有拿这个假设来辩护，而坚持凯瑟琳是从楼梯上摔下来的，或许因为他们自己也觉得有点太匪夷所思了，不敢冒险。

研究鸟禽几十年的专家听到后大多是这个反应：以前从来没听说过猫头鹰袭击人这么严重啊，但是……也不是完全没可能吧……

我搜集了一点关于横斑林鸮的知识。总结如下：横斑林鸮不会无缘无故攻击人类，也不会蠢到把人类当成猎物。它们攻击人类一般都出于自我防卫，比如人类闯入了它的领地而它刚好怀孕了。

从泳池到屋内虽然要走过一条小径，但明显是人类的生活区域，通常不太可能被猫头鹰认为是它的领地。横斑林鸮攻击人主要是防卫型的，是为了吓跑人，让人类离开自己的领地。因此它的袭击方式是在飞行过程中降低高度猛击一下后，立刻飞走。它不会纠缠或者跑回来再攻击一次。

我查了一下横斑林鸮过去袭击人的照片，伤口大多是点状的而不是条状的。

假设是猫头鹰从后脑勺袭击了凯瑟琳，那么她的正面眼眶和太阳穴的伤口是怎么来的呢？

凯瑟琳的头发并不是长发，缠绕的可能性应当不高。

如果她是在户外遭到袭击,她必然会尖叫,理论上坐在泳池边的迈克尔应该能听见。

就算她因猫头鹰袭击而流血,她进屋后走楼梯又刚好摔下来,会摔得伤口如此严重吗?

凯瑟琳头发中的微小绒毛并未做测试,不清楚是否属于横斑林鸮。但她如果当晚在泳池边坐过,有羽毛和树叶粘在头发上,或者枕头里的鹅绒钻出来,粘在头发上,都是有可能的。

对我来说,如果本案真的是猫头鹰导致的意外,那么迈克尔的一些谎言就无法解释。

没药花园分析

2001 年 12 月 8 日下午某时,迈克尔曾登录他在二楼的电脑,从硬盘上删除了 216 个文件。随后他去健身房运动,凯瑟琳则留在家中。据迈克尔所言,等他回来后,两人亲热了一番。凯瑟琳洗了澡,下楼做饭,两人一起吃了晚饭。

警方推断:傍晚 19:00,两人一起看了电影《美国甜心》。

21:45,陶德的朋友来接他去派对时,看到迈克尔和凯瑟琳正在一起喝酒。

22:45,电脑记录显示,凯瑟琳登录了迈克尔的电脑。

23:08,凯瑟琳给一个同事打电话,让他给迈克尔的信箱发一封邮件,用于明天的会议。电话里凯瑟琳的语气正常,既不像生气了也不像喝多了酒。

据悉,凯瑟琳很少用迈克尔的电脑,那天突然用他电脑和邮箱收件,应当是因为她把自己的笔记本电脑忘在办公室了。

迈克尔在纪录片的开头则说,他和凯瑟琳在 23 点左右看完《美国甜心》,放下晚饭的盘子,带了酒杯去厨房继续聊天喝酒,最后去泳池边坐着聊天,直到凯瑟琳要先回屋。

快到凌晨 12:00,同事把会议邮件发到了迈克尔的邮箱,但显示一直没有被阅读。

2001 年 12 月 9 日凌晨 2:40,迈克尔打第一通电话报警,说妻子还有呼吸。

凌晨 2:46,他打第二通,说妻子已经没有呼吸。

凌晨 2:47 到 2:53 之间,警方和救护人员到达。

时间漏洞:

迈克尔最初对警方说,他和凯瑟琳一起回屋,他折返泳池边关灯,再回房子,发现意外,立刻报警。显然,他认为凯瑟琳若从楼梯上摔下来,只要他和凯瑟琳分开几分钟就够了。

但他却没考虑到,凯瑟琳死于失血过多,几分钟可远远不够。

失血过多死亡意味着她至少失去了体内 40% 的血。她摔下楼梯,造成头皮裂伤,人体 40% 的血液从这几个伤口流出,到最终死亡,不是几分钟能完成的。

于是迈克尔修改了自己的口供。

他称两人坐在泳池边喝酒聊天待了很久。后来,凯瑟琳说她明天早上还有电话会议,就先进了屋。而迈克尔则继续留在外面抽雪茄,大约多待了 45 分钟,直到 2:30 才进屋。而他一进屋,就发现了意外。

没有人会把刚发生的事完全记错,迈克尔两次说法差异那么大,显然是为了掩盖什么。在我看来,他给自己多留了 45 分钟在泳池边,就是为了给凯瑟琳的失血致死留出时间。

那么,我们倒推一下时间线:

凌晨 2:30→ 45 分钟→凌晨 1:45

照他的说法,凯瑟琳是在凌晨 1:45 左右进入屋内,摔下楼梯的。

警方到达的时间在凌晨 2:47—2:53,距离所谓的意外发生大约过了一个小时。

但是,警方在他报警到达后,发现一些地方的血迹已经快干了,这意味着这些血迹已经存在了至少 90 分钟到两个小时。

与警察的发现相符的是,法医在凯瑟琳的大脑中发现少量红色神经元,表明人体在彻底死亡之前,经历了最少两个小时的缺氧状态,即氧气无法进入脑组织。

这与迈克尔留出的 45 分钟的死亡时间相矛盾。除非迈克尔再次修改口供,说他独自在泳池边坐了两个小时。

报警电话:

2001 年 12 月 9 日凌晨的 911 接通后,迈克尔的第一句话是:"我的妻子发生了意外,她还在呼吸。"

911:"什么样的意外?"

"她从楼梯上摔下来了。"

首先现场最不符合"常识"的是,一个人从木梯上摔下来伤到了头,很少会留下那么大量的血迹。因此当报警时,一般来说,报案人会首先描述现场和伤者身上最异常、最醒目的现象:"她流了好多血。"

但他在整个报警电话中,只字没提到血,这也是一种心虚的回避——他要尽量避免那些可能引起怀疑的细节。

他在第一通电话中说:"她还在呼吸",一分钟后的第二通电话他强调,"她不再呼吸了"。因此,很明显,他想制造一个印象:凯瑟琳是在 2:30 以后死亡的。

因为如果死亡时间更早,比如 23 点,他是无论如何都无法解释,为什么自己到 2:40 才打报警电话。

而且通常来说，报案人看到如此反常的场景，不太会自己下结论："她从楼梯上摔下来了。"毕竟自己没看到怎么发生的，也或许是外来人行凶呢。他这么说或许是迫不及待希望对方相信这一点。

凌晨泳池？

迈克尔说，他和凯瑟琳在户外喝酒，待了很久。他甚至一个人多待了 45 分钟，直至凌晨 2:30。

但当时是 12 月，冬天。根据气象报告，他家那个区域在夜晚 12 点以后气温只有 10 度。当天也不是周末，凯瑟琳第二天早上有会议。

什么人会在寒冷的凌晨，坐在户外几个小时，直到凌晨 2 点半？

警方见到迈克尔时，他穿着短裤和汗衫，并表示自己没换过衣服。

一个白人男青年表示，如果让他只穿这么少在 10 度气温下待着，必定瑟瑟发抖，十分难熬。人的本能会在此刻寻求温暖，提高体温。很难想象迈克尔在凯瑟琳进屋后，还独自在寒冷的户外待了 45 分钟抽雪茄。

醉酒？

警方到达时，桌子上有一个空酒瓶和两个空杯子，水槽中散发出浓烈的酒精味。而桌子上的两个杯子，一个上面有指纹，另一个很干净，什么都没。

迈克尔和凯瑟琳当晚或许喝酒了，但只有一点点。为了证实她是喝醉了才摔下楼梯的，他倒掉了一瓶酒，假装是两人喝掉的。

凯瑟琳是个成熟、稳重、理性的女性，且在自己熟悉的家中走每天都走的楼梯，出现意外的概率很小。

假设她第一次不小心摔倒，那么接下来会踩着自己的血泊一再滑倒，一再撞头？这是醉酒者的表现。

可事实上，她体内的酒精浓度只有 70 mg/100 mL，谈不上醉酒。

大门外的血迹

大门的内侧有一条血迹,门外的地面有两滴血。

这或许能符合猫头鹰理论,但并不符合摔下楼梯的情况。

凯瑟琳哪怕在楼梯间屡次摔倒、挣扎,也不会把血迹带到大门那里。

辩方说,这是最早到达现场的粗心的警察弄的。

检方认为,这是迈克尔出门扔凶器时不小心留下的。

查看邮件?

凯瑟琳在晚上 10 点多到 11 点之间在用迈克尔的电脑收邮件,而迈克尔在纪录片中说,那段时间他们在看《美国甜心》。

或许他记错了时间吧。但他的叙述中,从没有提及收邮件一事。

从犯罪心理上来说,如果某件事或者某个物品涉及核心案情,罪犯出于心虚故意回避。

血迹和脚印

凯瑟琳的运动裤小腿上被踩了一个血脚印,而且那个裤管是朝向地板的,这说明踩完后要不凯瑟琳自己挪动了腿,要不她被人调过姿势。

血脚印被证实是迈克尔当晚穿的鞋。

警方到达时,那双沾满血迹的鞋被脱下了,放在一旁。

如果迈克尔进门发现凯瑟琳摔下楼梯躺在地上还有呼吸,对待她的身体应该非常小心翼翼。

这一脚显示,要不他对待尸体极度没有感情,要不当时处于非常慌乱的状态。而后他脱掉鞋子,应当是为了在屋子里走来走去处理各种痕迹,而不留下足迹。

和凯瑟琳是真爱?

迈克尔如果出轨女性或许有人可以这么理解:迈克尔只是逢场作戏,对凯瑟琳是真爱。但迈克尔第二次婚姻中出轨的都是男生，那不禁让人怀疑，他究竟是一个对男女都有性欲望的双性恋，还是一个欺骗女性、把凯瑟琳变成同妻的同性恋？

2005年，在美国大约1.8%的男人自称是同性恋，0.4%自称是双性恋。当年美国西北大学刊登在《纽约时报》的一个实验却证明，一些男性嘴上说是"双性恋"，身体却是诚实的"同性恋"。

该实验让双性恋们看不同性别的性感图片，记录他们的生理反应。参与实验的心理学家们发现，参与实验的男性双性恋者全部只对一个特定性别的色情图片起生理反应，而非对两个性别都有反应。其中，绝大多数只对男性有生理反应。也就是说，这些男人很可能担心周围人无法接受自己是个同性恋，而谎称是双性恋。

2011年，西北大学重复了同样的实验，这次发现一些自称双性恋者的参与者确实会对两个性别都有生理反应。毫无疑问，世界上有真正的双性恋，只是比例问题。随着社会对各种性取向越来越包容，相信越来越多的人会正视自己的性取向，而不用说谎掩饰。

如果"双性恋"是和"异性恋""同性恋"一个层面，定义为在完全自由的意志下，生理上持续地被哪个性别/性别特质吸引的性取向，那么，迈克尔究竟是极少数的真正的双性恋，还是自称双性恋的同性恋呢？

迈克尔在纪录片的结尾对自己的性取向有一些解释。他没直接回答这个问题，而是提及，自己在20世纪40年代出生，成长于美国十分保守的时代。他说现在参军时对性取向实行"我们不问，你可以不说"的原则，但在他参军的那个年代，官方对同性恋的态度就是："不能"。我从这段话中听出的弦外之音是：他是同性恋，只是迫不得已不敢认。

他的伪装也是可以理解的。哪怕到了80年代，一个看起来像同性恋的男孩在学校里都会受到霸凌,更别提在他读书的 20 世纪五六十年代了。迈克尔在大学里是颇受欢迎的兄弟会主席,若被人知道了自己的性取向,一切都将坍塌。他受那个时代的主流文化影响,难以在心理上完全接受自己是同性恋,也是很正常的。而他早早结婚生子,也在极力维护当时社会所推崇的白人精英直男的形象。

如果迈克尔是同性恋,而非双性恋,那么他恐怕也早已在成长的道路中学会了伪装,以及如何在自我麻痹/诱导下和女性发生性爱与共同生活,甚至自我暗示那是爱情。

如果迈克尔是同性恋,他对凯瑟琳的感情,充其量是亲情、友情和对她付出的感恩之心,谈不上爱情。

迈克尔声称凯瑟琳一早就知道,并接受自己是双性恋,并接受自己肉体出轨。这应当是谎言。凯瑟琳在上一段婚姻中,被前夫的出轨伤害极深,她真的可以接受并享受这样的婚姻吗?

因此,检方认为,迈克尔通过极为精湛、长期磨炼的演技,成功地演出了一个爱妻子的好丈夫,这让凯瑟琳信以为真,沉浸在幸福的幻觉中,直到案发当晚,凯瑟琳在登录他的邮箱时发现了他的秘密:他和布拉德的通信。

迈克尔习惯了周围女人对他产生好感,并利用这种好感,达到自己的目的。他在凯瑟琳死后几个月,就和跟拍纪录片的女剪辑师"坠入情网",并保持关系十几年,直到片子拍完后不久。他 2003 年就坐牢了,不用履行亲热责任,只需要在信件中甜言蜜语一番,就可以利用她对他的感情,剪辑出来一个完全有利于他的纪录片。

周边人都嫉妒迈克尔和凯瑟琳拥有如此"理想"的爱情。哪怕只从他和男妓性交易来看,这也是极为讽刺的。

这或许也提醒我们,男女的生理、诉求、思维方式本身存在巨大差异,在长期的相处中，小隔阂、小冲突、小缺陷、小失望在所难免。

当一段关系过于完美，当你遇到的人简直挑不出一点毛病时，你很可能遇到了一个演员/骗子。

那些骗财骗色的剧本不都这么写的吗？

案发当晚究竟发生了什么？

迈克尔1987年离婚后不久，与凯瑟琳相遇，并且觉察到凯瑟琳和以往许多女子一样，对自己有好感。为了进入主流社会，为了维护自己的白人直男形象，为了有人帮忙照顾两个女儿，他也需要一个妻子。

凯瑟琳无疑是最佳人选。她是女强人，忙于事业，自然不像那些敏感、脆弱、索取的小女人。他的甜言蜜语把她迷得晕头转向。最重要的是，凯瑟琳能带给他的，还有社会地位和奢侈的生活。

他从心理上说服自己，只需要精心维系完美爱情的假象，就可以拥有这样的生活。

伊丽莎白1985年的死亡或许与他无关，但她摔下楼梯的这个意外给了他启发：这在他的经验中是可行的。

他或许想象过，如果某天凯瑟琳也这么摔下楼梯，"意外"死了，那该有多好。他可以既拥有财务自由，又拥有心灵自由。

但他却不曾想到现在是2001年，而不是刑侦手段各方面都落后的1985年。而且伊丽莎白是血友病患者，才会血流不止、大量出血，但凯瑟琳并不是。

我不认为12月8日深夜的那次杀人是有预谋的。如果那一天是长期预谋后选择的日子，他在许多地方可以做得更好，比如说服她喝更多的酒，让她真的醉酒；有更好的不在场证明；更早打报警电话……

那晚对于他来说，事发突然。

那阵子他们遭遇财务危机。凯瑟琳心事重重，两人交流没以往那么融洽。

迈克尔更加放任真实的自己，计划招妓，排遣压力。

2001 年 12 月 8 日，根据已知信息，凯瑟琳下午是在家的。她可能因为休假等原因没去上班，或者提前回家了。那么，她应该在那会儿就发现自己的电脑忘在办公室没带回家。迈克尔可能担心凯瑟琳待会会借用自己的电脑，所以在下午出门健身前就删掉了硬盘中的 216 个文件。但他可能没想到她晚上会用自己的信箱收信。

2001 年 12 月 8 日 22:45，凯瑟琳登录迈克尔的电脑。她过了一会儿打电话给同事，让他把邮件发到迈克尔的信箱。挂断电话后，她顺手翻看了迈克尔的电脑文件或者邮件时，发现了迈克尔最黑暗的秘密。

对于经历过一次背叛，一直以为被丈夫深爱的凯瑟琳来说，那一刻或许如同世界末日。她崩溃了。

隐藏了近六十年的秘密暴露后，迈克尔也慌了。他害怕她告诉朋友、子女、社会上其他人，害怕离婚后失去一切，于是在凯瑟琳的疯狂质问中，杀死了她。他用两个小时伪装成摔下楼梯的意外，确定她死亡后，才打电话报警。

以上是我根据媒体和警方公开的材料所做的推测之一，不代表现实中的定论。

作家总是有倾诉欲。

我怀有希望，迈克尔可能会在离世之前写下真相，向世人坦白：那一晚究竟发生了什么。

7.

黑色大丽花：绽放的黑暗

美国最著名悬案

黑色大丽花:绽放的黑暗

黑色大丽花案是 1947 年发生于美国的一起谋杀案,至今未被侦破。由于尸体面貌极为恐怖,凶手对警方的种种挑衅,以及媒体的狂欢式报道,让这起案件成为美国历史上著名的悬案之一。

我在整理本案时,读到了太多互相矛盾的信息。这也不奇怪,一是案发时间较早,二是本案比较知名,失实的报道加上无聊者造谣生事,导致信息污染严重。

我结合书籍、报道、纪录片、博客、论坛等资料,通过交叉印证,整理出一个我认为比较接近真相的案情介绍,并加以讨论。

路边惊现裸尸

1947 年 1 月 15 日早上,洛杉矶当地一个名叫贝蒂的家庭主妇带着她三岁的女儿经过里莫特公园。那一带是从 20 世纪 20 年代开始发展的居民区,主要居民是西班牙裔,在案发当年并没有得到完全开发,只有零星的住宅。

她们经过路边一个荒草丛生的空地时,看见前方出现奇怪的一幕。在被清晨露水打湿的草地上，在紧挨马路的地方，躺着一个苍白的破碎人体。贝蒂第一个念头是，哪家时装店把损坏的人体模特丢弃在了这里？

可当她们越来越接近时，她才发觉不对劲，不，这不是人体模特，而是一个真的人！

她急忙捂住女儿的眼睛，带她逃到最近的一个民居，拨打了报警电话。

这具尸体一丝不挂，从腰部被一分为二。她的下半身距离上半身大概 30 厘米远，且错位摆放。她的双手举起，摆出投降的姿势。她体内的血液全部被放干净，并且被里里外外清洗过，现场没有留下一滴血迹，皮肤呈现出无生机的惨白色。她的两侧嘴角被刀割开，伤口一直延伸接近两个耳朵，形成一个"小丑式笑容"。她的乳房和大腿上有许多刀伤，她的两条腿叉得很开，几乎呈 100 度角。她的姿势容易让人联想到多年后流行的那些充气玩偶，带有极强的性暗示。

显然凶手故意把尸体摆出这种姿态，透露出他/她对尸体的亵渎和对公众的挑战。这种狂妄和变态，比起谋杀本身更令人震惊。

这个被拦腰截断的女孩，是美国犯罪史上最著名的受害人之一：黑色大丽花。

黑色大丽花是谁？

黑色大丽花本名伊丽莎白·肖特(Elizabeth Short)，1924 年 7 月 29 日出生于波士顿郊区的小城梅德福市，遇害时年仅 22 岁。

伊丽莎白的家庭属于 1920 年代典型的中产家庭。父亲克里奥(Cleo)有一份体面的工作——建造迷你高尔夫球场；母亲菲比(Phoebe)是勤劳的家庭主妇，她把家庭打理得井井有条，对孩子管教严厉。她的父母生了五个女儿，伊丽莎白排行第三。

此为现场图,摄于 1947 年 1 月 15 日

　　到了 1929 年,美国陡然进入大萧条时期(1929—1939)。因为遭到经济危机的重击,克里奥不仅丢了工作,积蓄也被暴跌的股市吞噬,全家破产。

　　第二年,在伊丽莎白 6 岁时,克里奥有天驾车外出,就再也没有回来。

　　警方在一座桥上找到了他的空车,判断他已跳入宽阔、湍急的查尔斯河自杀。

　　克里奥没有留下任何财产。伊丽莎白的母亲菲比在伤心之余,不得不负担起独自抚养五个女儿的重担。她带女儿们搬入一个小公寓,找了一个记账员的工作,一边工作一边独自照顾五个孩子。

　　生活自然艰难,但菲比没有放松对五个孩子的教育。在邻居的评价中,五姐妹待人友好、独立、懂礼貌,且举止得体。

　　伊丽莎白和其他姐妹不同,她从小患有支气管炎和哮喘。在她 15 岁那年,她接受了一次肺部手术。由于波士顿的冬季非常寒冷,不利于她的疾病恢复,医生建议她在冬季住到一个温暖的地方。

菲比听从医生的劝告,冬季时把女儿送到佛罗里达和朋友的家庭一起生活。

1940年,正在读高二的伊丽莎白从高中辍学了。

在接下来的两年中,伊丽莎白在夏天时和母亲、姐妹住在福德市,冬天则住在佛罗里达。佛罗里达州以热情开放闻名,她在青春期的这段自由自在的经历,也对她的性格造成影响。

1942年,菲比突然收到了"死去"丈夫的来信。

原来,克里奥当年是为了逃避经济困境,伪装自杀,跑去加州开始了新生活。

当菲比独自操劳12年,把孩子抚养成人后,这个不负责任的男人却突然出现了,提出想要回归家庭。愤怒的菲比拒绝了他的要求。

或许因为自己生活的城市比较温暖、适合养病吧,克里奥给伊丽莎白寄了些钱,邀请她去加州和他一起生活。这封信成为伊丽莎白人生的转折点。

1943年初,17岁的伊丽莎白前往加州瓦列霍市投奔自6岁起就未曾谋面的父亲。

但很短时间后,父女两人就闹翻了。一种说法是:由于父亲过去抛家弃女的行为,伊丽莎白对他心怀芥蒂,平日里就不够尊重他。而克里奥思想保守,反感女儿一到这里就引来许多男孩的追求,命令她只能待在家里做家务、不准出门。在佛罗里达生活过、追求自由的伊丽莎白,显然是无法忍受这种生活的。

在一次争执后,伊丽莎白搭了朋友的车离开了父亲的住处,前往圣芭芭拉附近的库克营地。她在营地的一家零售商店找到了一份收银员的工作。

她的美貌让她在营地颇受欢迎，士兵们管她叫"军营甜心"。

当时这个装甲训练基地尚未完工，宿舍区正在建造，伊丽莎白只能到处寄宿。有个士兵邀请伊丽莎白和他暂时合住一套公寓，直到她有自己的宿舍。

像许多涉世未深的女孩那样，伊丽莎白对于他人的善意和帮助习以为常，未加提防就搬了进去。可某个晚上，心怀不轨的士兵想和她有亲密关系，遭到她的反抗后，打肿了她的一只眼睛。

伊丽莎白向营地报告了此事，并和一个女性军官搬到了一个宿舍。在那期间，她向那个女性军官吐露了自己少时的梦想：前往好莱坞，当一个明星。那个女性军官觉得她太天真了，警告她或许并不适合好莱坞那种地方勾心斗角的地方。

由于营地对平民员工的裁员，伊丽莎白不得不于 1943 年 8 月 25 日离开营地，住进了附近一个农场。

1943 年 9 月的一个晚上，当她和一群朋友坐在餐厅里吃饭时，突然遇到警方核查饮酒年龄。

加州和美国其他许多州一样，合法饮酒年龄为 21 周岁，而当时的伊丽莎白还未满 19 岁。一些认识伊丽莎白的人说，伊丽莎白本人从不喝酒。她被捕是因为同桌的其他人都在饮酒。

1943 年的这次被捕和此前她在空军营地工作的经历，使她在政府系统中留下了自己的指纹和照片。四年后，警方采用最新的传真技术比对指纹，只用了不到一个小时就确认了死者的身份。

当地青少年法庭撤销了起诉，但希望伊丽莎白的父亲能作为监护人带走伊丽莎白，却被克里奥拒绝。

幸好当时一个女警收留了伊丽莎白。她后来向法庭申请，给伊丽莎白买一张车票，送她回到母亲和姐妹们所在的梅德福市。

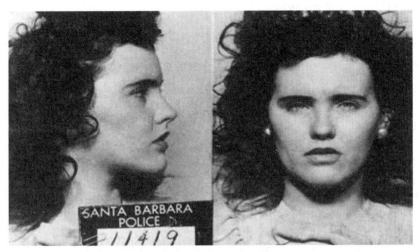

1943 年，伊丽莎白因参与饮酒被捕，在政府系统中留下的照片

可伊丽莎白那时已不愿意留在寒冷且无趣的小地方。她到梅德福不久，又立刻启程去了迈阿密的海滩。

伊丽莎白到底是个什么性格的女孩？恐怕已无人能说清楚。昔日的朋友和邻居说她"合群、开朗、友好"。她的前上司评价她"有些害羞"，而因饮酒问题逮捕她的女警官则称她"爱干净、整洁"。她后来的室友说她"说话温柔，有礼貌，不抽烟，不喝酒，不说脏话"。

1943 年，伊丽莎白刚刚成年，她的长相比实际年龄看起来成熟许多。她身高 1.68 米，约 100 斤，有一双蓝绿色眼睛，一头接近黑色的卷发，和几乎没有瑕疵的"如白瓷一般"的白皙皮肤。据她的朋友回忆，伊丽莎白走在梅德福市的街头，汽车和卡车司机惊讶于她

伊丽莎白

的美貌，差点引起交通堵塞。

但伊丽莎白的心智恐怕并不像她的外表那般成熟。当她迫不及待去外面看更多的风景时，她的命运也面临更多未知的挑战。

每个人探索世界的结局不尽相同，而伊丽莎白的结局，将如同地狱一般恐怖。

两段感情

1943 年 9 月，伊丽莎白因为饮酒问题被赶回了波士顿，但她在那个冷清的小城市里待不住，马上又去了迈阿密。而这时的她，在加州的大半年里经历了那么多事，心境恐怕也和一年前不一样了。

她在餐馆、珠宝店之类的地方断断续续地打工，期间也去过亚特兰大、回过老家，但冬天必然又前往佛罗里达。

据说她在那期间曾收到一封发件人不明的电报，上面写了一句奇奇怪怪的话："A promise is a promise to a person of the world."这话可以有各种解释，我就不翻译了，任凭大家理解。

1944 年 9 月，她遇见了一个帅气的空军军官付克林，两人陷入热恋。据付克林在 1996 年接受采访时称，两人是在迈阿密认识的，而非此前报道的加州。两人后来在加州同居过。

因为当时正处于二战期间（1939—1945），付克林要前往欧洲执行任务，两人分手。

值得提一下，二战期间，人们的常规生活被打乱，不知道明天会发生什么。所以民风不像大萧条时期那么保守，而是更为放纵逍遥，活在当下。男女之间很容易坠入情网，又很快分手。

虽然付克林走了，但青春貌美的伊丽莎白从不缺追求者。

伊丽莎白和付克林

　　1945年新年过后，伊丽莎白在迈阿密又认识了美空军戈登少校（Matthew Michael Gordon，Jr.），这是她曾离稳定生活最近的一次。

　　戈登少校长相英俊，对伊丽莎白的感情很认真。这段真挚的感情发展很快，两人都很用心，希望能有一个未来。

伊丽莎白与戈登少校的唯一合影

　　可惜他们认识不久后，戈登少校又被派去亚洲执行任务。两人只能依依惜别。

戈登希望伊丽莎白不要继续在外漂泊，而是回到家乡等他。于是在他离开不久后，伊丽莎白于 1945 年 1 月回到波士顿。她一边在家乡的餐馆打工，一边和戈登保持书信往来。

不久，戈登在印度发生了一次坠机事故。他在印度养伤期间，写信向伊丽莎白求婚，伊丽莎白立刻答应了。她满怀憧憬，等待戈登回国后和自己结婚。

如果这门婚事能够兑现，伊丽莎白便不会有后来动荡无依、穷困潦倒的生活，也很可能不会遇见凶手。

可惜，命运和伊丽莎白开了一个残酷的玩笑。

1945 年 8 月 10 日，就在日本投降的前一周，戈登少校驾驶的飞机再次发生坠机事故。他在这次事故中丧生。

由于未正式注册结婚，伊丽莎白自然也领不到遗孀抚恤金。

戈登少校之死对伊丽莎白的打击很大，她有很长一段时间都穿黑衣为他服丧。

她还对一些人声称戈登是她的丈夫，她曾为他怀孕。

这是个谎言。后来的尸检报告显示她从未怀孕。她这么说，也许是想博取同情，讨一些经济资助。

在戈登去世后，伊丽莎白失去了一个可能的"家"，生活又失去了目标。

她在 1945 年 8 月以后做了什么？目前没有看到统一的说法。

1945 年 12 月至 1946 年 1 月，她照例前往佛罗里达避寒。她曾登记入住佛罗里达的一家小旅馆。她没有工作，她母亲给她寄过支票。

后来她回到过波士顿。等到 1946 年 6 月 1 日，她带上行李出发了。她先去了印第安纳波利斯，随后又去了芝加哥。

此后，她去加州投奔当时驻扎在洛杉矶长滩基地的付克林。伊丽莎白曾一度对别人说，他俩会结婚。可没过多久，两人还是分开了，伊丽莎白登上了去好莱坞的大巴。

在遇害前几天，她还写了一些从未寄出的信，怀念和他的感情。

信中写道："如果我俩现在还互相属于对方该有多棒啊。我从不后悔到西部来见你。你没有把我拥在怀中，再不松手。但是，共度的那段时光一切都很美好。"

虽然普遍认为伊丽莎白是在 1946 年夏天前往加州的，但近年来，媒体公布了一段摄于 1945 年 8 月 15 日"二战对日作战胜利纪念日"的影像。

凯旋归国的美国大兵们在洛杉矶的好莱坞大道上和庆祝的人群拥抱、亲吻。一辆敞篷车上坐了六个女孩。

出于偶然，人们发现其中一个女孩无论发型还是容貌，都像极了伊丽莎白。我看了视频，也认为非常像她。

如果这段视频中的女子真的是她，那说明 1945 年 8 月时，她人在洛杉矶。这段影像中，她看起来和周围的人群一样欢乐。而几天以后，她将得到戈登少校去世的电报。

其实我认为，视频中的人如果是她，和她 1946 年夏天到加州也不完全矛盾。或许她在 1945 年 8 月曾在加州短暂停留，而 1946 年才再次来到加州呢？

自从离开付克林后，伊丽莎白身无分文，经常靠朋友和熟人接济才能吃上饭。她和其他女孩合租在不同的公寓里，但常常因为没钱付房租而被赶走。

与富商的纠葛

漂在洛杉矶期间，伊丽莎白认识了拥有知名剧院和夜店的好莱坞大腕马克·汉森（Mark Hansen），并于 1946 年 10 月 1 日搬进了他家里。在伊丽莎白死后，汉森一度成为头号嫌疑人。

汉森比伊丽莎白年长 34 岁，有老婆和孩子。只是当时老婆和他分居了，住在他的另一幢豪宅里。

汉森十分好色，经常招待其他落魄的女模特、女演员暂时住在市中心的这栋房子里。当伊丽莎白入住时，汉森的这栋房子里还住了一位 24 岁的女演员兼模特安。

报道普遍认为安是汉森的女朋友。但安自己却不这么认为，她说自己男友是里奥（Leo），因为里奥和汉森相识，所以汉森从没打过自己的主意。她还说汉森几乎想要睡每个他收留的房客，一旦不能得逞，就把她们赶走。

汉森和伊丽莎白也发展出了暧昧关系。

根据伊丽莎白对安所言，汉森几次想和伊丽莎白发生关系，都被伊丽莎白以自己是"处女"的借口拒绝了。

由于对这个借口无可奈何，汉森也就不管她了，让她继续住家里，但禁止她在外面认识的那些男性上门找她。

安认为汉森对伊丽莎白很迷恋。有人发现他曾叫人定做过两套礼服，都是伊丽莎白的尺码，只是从未交给过她。

但汉森对警方否认这点。他说自己只是把房间租给不同的人住罢了，他从不和那些房客约会。

伊丽莎白一直住到了 11 月 13 日。期间她和汉森有种种不愉快，比如她曾在替汉森打扫洗手间时，扔掉了他的很多物品，遭到他的怒斥。比如她曾给当时驻扎在德克萨斯的付克林煲电话粥，却没告诉汉森，直到汉森收到了一张巨贵的电话账单。后来伊丽莎白把电话费还给了汉森。

11 月 12 日晚上，汉森带另一个女孩回家。那个女孩和伊丽莎白发生冲突，互相叫对方滚出去，甚至大打出手。汉森出面干预，让伊丽莎白第二天就搬走。

安很同情伊丽莎白的遭遇，开车带她找了一个公寓，并替她支付了第一周的租金。后来伊丽莎白又去一个私人家庭中合住了一阵子，直到前往圣地亚哥。

野心与运气

二战后是好莱坞电影业的黄金时期，全国各地的漂亮女孩涌到洛杉矶，投身这个产业，希望自己有朝一日也能拥有名气和财富。

伊丽莎白也希望自己能在电影中出演一个角色，成为电影明星。

伊丽莎白到底漂不漂亮？

我相信她的容貌在普通人中间，在她成长的小城市，一定会收获很高的回头率。那些在她成长过程中认识她的人，不少都说她是自己生活中见过最漂亮的人。她的高中签名册上，许多高中同学称她为"某某中学的狄安娜·德宾（当时当红的好莱坞女星）"。

但在好莱坞，全国各地甚至世界各地的女孩都来逐梦，美人云集，像伊丽莎白这样颜值水平的女孩比比皆是。她们今天赢得了一场选美比赛，第二天就会被人遗忘。

汉森曾对警方说，他觉得伊丽莎白不算很性感的女人，而是属于比较乖的那类。见惯女明星的汉森，觉得她只是"长得一般般"，"如果不是她那排烂牙，她可能还更好看一点"（伊丽莎白的下排牙齿发黑腐烂）。

尽管伊丽莎白对许多人声称自己是演员，但媒体努力挖掘，也并没发现伊丽莎白曾出演过任何一个小角色，哪怕跑跑龙套。

唯一可以确定的是，在洛杉矶的那段时间，她在餐厅打过工。维基百科给她的职业便是：服务员。

她在遇害前几乎破产，没有稳定的经济来源，借钱度日、到处蹭住。她时常流连于酒吧、夜店，和不同的男性约会，时常是为了蹭吃一顿丰盛的晚餐。

她对自己的母亲隐瞒了这一切。她在信中撒谎，声称自己在圣地亚哥的一家海军医院当护士，生活稳定。

可事实是，她几乎没有正经找过工作。

她为什么不告诉母亲和姐妹她的经济状况呢？我猜，她想留在好莱坞，继续追逐自己的明星梦。她担心严厉的母亲知道自己的窘境后，会禁止她继续在外流浪，命令她必须回到家乡。

我个人感觉，伊丽莎白属于那一类人——总是仰望头顶的烟花，而无法脚踏实地地生活。她从小听惯了人们对她美貌的夸奖，并相信自己有演艺天赋，就该成为大明星，在大屏幕上绽放光彩。那种"本应该"的信念，导致她内心浮躁，无法再安下心来顾及现实生活，更无法专心从事服务员之类卑微的工作。

但伊丽莎白并不明白的是，美貌只是在好莱坞求生的最基本条件，却不是充分条件。哪怕当时的当红女星，如玛丽莲·梦露之类，也并不是完全凭美貌而脱颖的。

对于好莱坞女星来说，比起脸蛋来，更重要的或许还有手段、情商、人格魅力、演技、资源、关系以及运气……而这些，恐怕她都没有。

黑色大丽花：谋杀发生前夕

伊丽莎白在合租的公寓里住不惯，或许也因为没钱付房租，她曾试图搬回汉森和安所住的房子，但汉森却不答应。

她在离开洛杉矶前对汉森和安说，她会去加州北部的奥克兰找她姐姐，希望自己下次回洛杉矶时，汉森能改变主意，让她住回来。但这也是一个谎言。

1946 年 12 月 8 日，伊丽莎白并没往北走，而是前往加州南部的圣地亚哥。

她为什么突然去圣地亚哥？可能和以往的随遇而安一样，她去圣地亚哥并没什么特别的原因，只是刚好有人让她搭车而已。

可能正如她对自己之前合住的老朋友所说，12 月的洛杉矶越来越冷了，她要去圣地亚哥是因为那里更暖和，对她的哮喘有好处。

汉森和安曾对警察说，伊丽莎白在离开洛杉矶前曾一个劲儿地哭，说她很害怕。她到底害怕什么？没人说得清楚。是害怕自己的疾病在冬天来临时又会发作吗？是受到了他人的恐吓吗？可如果受到恐吓，为何不报警？不向安和汉森求助？

伊丽莎白到了圣地亚哥后身无分文，晚上就睡在剧场的椅子上过夜，被当时在剧场小卖部当营业员的桃乐丝（Dorothy）发现了。

伊丽莎白告诉桃乐丝，自己是个演员。由于洛杉矶正在进行演员罢工，自己一时难以找到演出工作，所以来了圣地亚哥。

桃乐丝看她可怜，便让她去自己家的沙发上睡几天，作为找到工作前的过度。桃乐丝的家里还有哥哥和母亲。可没想到，伊丽莎白住下来后就不再提搬走的事。

桃乐丝家人描述，伊丽莎白当时看起来心情很消沉，只说自己来自好莱坞，做过演员和礼帽模特，其他都不愿意多谈。她平日里要么在家游手好闲，要么就出去约会不同的男性。

12 月 10 日，她和一个身份不明的男性约会。当天又和另一个身份不明的海军军官约会。

12 月 15 日，桃乐丝家人看到她在出门前细细梳妆打扮，应当又是去约会了！

12 月 16 日，她出门时说自己要去面试一个航空公司的工作，其实是被一个红发男子罗伯特·曼利（Robert Manley）接走了。这是最后一个见到伊丽莎白的人，也一度是主要嫌疑人。

罗伯特比伊丽莎白大三岁，过去是军队中演奏萨克斯风的乐手，因为精神状况不稳从部队退役，成为一个卖五金器具的销售员。他家在加州南部，由于工作缘故，他经常开车到各地推销商品。

当他在圣地亚哥时，他在街头偶然见到了伊丽莎白，被她的容貌吸引。而其实，这哥们当时已经结婚了，妻子还十分美貌（记者们似乎都认为他妻子比伊丽莎白漂亮）。在他的妻子于不久前诞下一个男婴后，两人的感情出现问题，他蠢蠢欲动，开始勾搭他人。

他承认刚开始搭讪时，伊丽莎白对他不感兴趣，态度很高冷。但当他提议开车送伊丽莎白回家时，伊丽莎白也没拒绝。

伊丽莎白对罗伯特谎称自己是在圣地亚哥的航空公司工作，但有天当罗伯特去那个办公室找她时，那里的人却说没有伊丽莎白这个人。他当时就怀疑她在骗自己。对于这种欺骗，他可能理解为一个漂亮女孩的警惕心。而我认为，失业的伊丽莎白说谎，只是出于自己的虚荣心。

12月17日到12月20日之间，两人天天连续约会。

以上所说的约会都限于吃饭、喝酒、跳舞。罗伯特和她接过一两次吻。

伊丽莎白说她要找新工作，罗伯特就托朋友给伊丽莎白介绍了一个工作，本来定了12月21日去面试，但伊丽莎白却爽约了。这也证明了伊丽莎白懒散、随性、不踏实的性格。

12月22日，伊丽莎白收到前男友付克林寄到圣地亚哥的一张100美元的支票。付克林对她也算情深义重。

12月24日，伊丽莎白约会了一个叫弗兰克·多明格斯（Frank Dominguez）的男性，在他家过了平安夜，但并未留宿。

12月25日，伊丽莎白和桃乐丝一家人过了圣诞。

12月26日，她又和罗伯特约会了一次。

12月27日，另一个身份不明的男性来接伊丽莎白，到了后还在门口按车喇叭，催促伊丽莎白快点出门。

12月31日，她和弗兰克第二次约会。

过了1947年的元旦，新的一年到来了，但伊丽莎白的生活却没有改变。她只是出门用付克林给她的钱买了些化妆品和杂志。

由于伊丽莎白在家里不帮忙做家务，不出去找工作，不付房租，整日游手好闲，要么窝在家里写信，要么出去和不同的人约会至深夜，桃乐丝一家人对她不再热情，甚至有些厌烦。

1月7日，桃乐丝的母亲回忆，有两男一女突然来按门铃找伊丽莎白，这似乎吓坏了伊丽莎白。但后来发生了什么，未见详细描述。

或许是桃乐丝家人态度的转变，也或许是伊丽莎白遇到了其他麻烦，伊丽莎白开始动了想要回洛杉矶的念头。

1月8日，伊丽莎白终于决定回洛杉矶，桃乐丝家人大约都在心底松了一口气。她走前跟桃乐丝母亲借了一美元，并把自己的一顶黑色礼帽和一条纱巾作为礼物回赠给她。

当天，罗伯特到桃乐丝家来接伊丽莎白时，并不知道她当天要离开圣地亚哥。他看到伊丽莎白带了大大小小的行李十分吃惊。伊丽莎白告诉他，自己决定去洛杉矶和从伯克利来的姐姐会面。她希望罗伯特送她去洛杉矶，要不就自己坐大巴去。

罗伯特说他当晚有点事，要打一些电话，可以明天带她去洛杉矶。他带她去汽车旅馆开了一间房。罗伯特后来对警方声称，他把这次旅行看作是一次对自己的考验：如果他在这段旅程中把持住了自己，那么注定他要和妻子厮守。

伊丽莎白和罗伯特在开好房间后，出去吃晚饭、喝酒、跳舞。到了晚上12

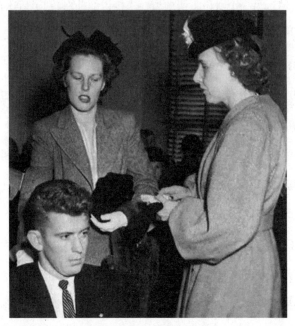

罗伯特、伊丽莎白的母亲和姐姐

点,伊丽莎白犹豫过,似乎想自己坐大巴回去,但还是决定让罗伯特买两个汉堡,两人回旅馆去住。

到了旅馆,伊丽莎白立刻表现得很冷淡,甚至都懒得说话。她称自己身体不舒服,从床上拿了个毯子,坐在暖气边的椅子上,自顾自睡觉了。罗伯特看她一点兴致都无,也就脱了衣服,独自睡在床上。

罗伯特为伊丽莎白做了那么多事,却受到这番冷落,内心还是有些气恼的。所以第二天对她也少了许多激情,一路上都懒得和她说话。

1月9日,罗伯特出去打了一些商业电话后,中午回旅馆接上伊丽莎白,随后开了几个小时的车,把她送回洛杉矶。

当时伊丽莎白说,她要在市中心见她姐姐,并流露出她似乎从未去过洛杉矶的样子。她说,她和姐姐要去伯克利待上几天,然后坐大巴回波士顿去见其他家人。

罗伯特问她，两人会在哪儿会面。还没等她回答，他随口问了句：比特摩尔大酒店吗？伊丽莎白立刻接着说，对，就那儿。

比特摩尔大酒店是洛杉矶市中心一家知名的豪华大酒店。

罗伯特先开车带伊丽莎白来到灰狗大巴站，存了她的大件行李。由于担心她人生地不熟，会在那个街区遇见坏人，又开车带她来到比特摩尔大酒店。

罗伯特停好车，陪伊丽莎白在大堂里等了一阵子。伊丽莎白去上厕所时，他特意让前台查了下伊丽莎白姐姐的名字，却发现并没有这个客人登记入住。

终于，罗伯特等不下去了。由于当晚他的妻子还在等他回家，他便在 18:30 离开了。

1 月 9 日那个黄昏，伊丽莎白打扮优雅，穿着一件蓬松的白色上衣和黑色开衫，下身是一条黑裙子。脚上穿着黑色羊皮高跟鞋和尼龙长筒丝袜，外面套着一件米黄色长外套（这件外套还是安借给她的）。她戴着一副白色手套，提了一个黑色塑料手提包。

有比特摩尔大酒店的员工声称，看见伊丽莎白用大厅里的公用电话给人打了几个电话。其中一个电话是打给汉森的。

伊丽莎白问他，自己能否继续住在他家。汉森回答，安回老家见父母了，只有等安在家时，伊丽莎白才能过来住几天。

当然，电话内容是汉森后来自己对警察交代的，他想表明自己对伊丽莎白没兴趣，划清界限。

而安确认了，自己 1 月 10 日才回洛杉矶，此前汉森不知道她何时回去。她相信，如果伊丽莎白知道自己在洛杉矶，肯定会找自己帮忙，因为自己过去就帮过她无数的忙了。

根据酒店大堂工作人员的说法，伊丽莎白在大堂待了几个小时后独自离开,走向灰狗大巴站的方向。

由于酒店大堂人来人往,且这是至少两周以后的回忆,这个记忆是否准确值得怀疑。

1月9日,伊丽莎白是否真的有姐妹在洛杉矶?我只看到一个文章提及,伊丽莎白的那个已婚姐姐当时在奥克兰市,并不在洛杉矶。

我想,这只是伊丽莎白打发罗伯特的借口而已。

行踪神秘

伊丽莎白这几年以及案发前的行踪为何如此神秘?有几个原因:

一、她的社会关系太庞杂,且都是萍水相逢那种,给调查带来难度。在圣地亚哥和她约会过的男性有哪些,在她那本相册上与其合影的那些男性又是谁,警方最终都没完全调查清楚。

二、她没有推心置腹,并保持长期联系的朋友,因此没人知道她到底经历了什么。

三、她向身边的人说过太多谎。

比如她在失踪前给付克林写信说,自己要和一个模特经纪人一起去芝加哥工作,仿佛自己俨然已经是知名模特;她对一个约会对象说,她1月8日就要回波士顿;她对桃乐丝一家说,罗伯特是航空公司员工,而她自己也要找航空公司的工作;她对她妈妈说,她在某医院工作,而其实真正做这个工作的是桃乐丝的母亲……

没人完全清楚,她到底在干什么。唯一肯定的是,她失踪前一阵子都处于失业状态。

在调查期间,有人声称当天晚些时候,在西塞尔酒店的酒廊里见到过她,西塞尔酒店距离比特摩尔大酒店步行只有两分钟。但警方调查后认为,这个信息并不属实。

案发后，有各种各样的陌生人声称在1月9日至1月15日之间，在不同的娱乐场所见过貌似伊丽莎白的女子。但因为缺乏其他在场人员证词的印证，最后警方一个证词都没采信。

目前公认的版本是，自从独自走出酒店大堂、踏进洛杉矶的夜色后，伊丽莎白的行踪再无已知人士目睹。

身边的人都再未听到她的消息，直到五天后的清晨，她以令人毛骨悚然的状态，出现在马路边的公共草地上。

这五天中，伊丽莎白到底遭遇了什么？

黑色大丽花：如何评价伊丽莎白？

我认为我写这个案子最大的意义就在于，给予受害人公正的评价。无论是对凶手还是受害人的评价，我都不希望被道德说教或者情绪宣泄主导，从而标签化、脸谱化他们。

伊丽莎白不是妓女

我见到对本案的中文介绍，要么说受害人是好莱坞演员，要么说她是妓女。但如果了解了她生前的细节，必然可以得出结论：伊丽莎白不是妓女，除非我们对妓女这个职业的定义有什么误解。

检察官在1947年的报告中明确指出，受害人不是妓女。到了60年代，一个美国作家以此为蓝本创作了一个小说，主人公是个妓女。而后这个说法和其他的信息混合起来，二次传播，给许多人留下了伊丽莎白就是妓女的印象。

伊丽莎白的生活作风确实惹人争议，但她并没有用性去交换报酬。虽然她约会过大量男性，但她其实并没有从他们身上获取什么钱，最多就是混顿饭吃,偶尔拿一点小额零花钱。在离开洛杉矶前往圣地亚哥时,她晚交了一个月房租。如果她真的是妓女,以她的条件要保证房租和三餐还是可以的,不至于身无分文。如果她是妓女,更不会拒绝汉森的性要求。

那她是因为"淫荡"才见那么多男性吗?也不是。伊丽莎白在西部的大半年与几十,甚至上百个男性出去玩耍过,但警方只找到三人曾与她发生过性关系。根据警方找到的和她短暂交往过的一个军人(不是付克林)所言,他们一晚上做了许多次爱,她做爱时表现得很冷淡,毫无兴致。从她和罗伯特的交往可见,她其实是很害怕、抗拒那晚和他共处一室的。为了避免当晚他找她做爱,她进房间后就装身体不舒服、态度冷漠。

由于她拒绝了许多男性的性要求,再加上这样的证词,一些人揣测她是女同性恋,另一些人认为她的生理结构有问题(被法医证伪)。

要理解她的行为和心态,需要了解一下时代背景。

美国在 20 世纪女性性解放的时期其实只有两个:一个是 20 年代,一个是 60 年代,其他时期都挺保守的。二战以前,经济大萧条,女性大多是全职太太,男性承担了供养人(provider)的角色。哪怕带了孩子离婚、丧偶的女子,也往往嫁给另一个男人以保证衣食住行。像伊丽莎白的母亲菲比这样自立、顽强的女性是很了不起的。当时女性在婚前常见的职业也非常符合性别成见,都是服务员、记账员、护士、小学老师一类。

二战期间是特殊情况。由于大量男性劳力被征去战场,许多岗位都缺人,急需女性来填补空缺。社会舆论对女性的一些传统约束放松了,鼓励女性走出家门,独立自主,于是就有了下面这种宣传照。所以本案件中也出现了女警察、女记者。

不变的规律是,当女性越经济独立,社会对女性就越包容。因此二战期间,算是介于 1920 年和 1960 年之间的一次对女性束缚的放松。

"我们能行!"——海报中诗二战时期美国
典型的女子铆钉工的形象

1945 年,二战结束,大量退伍军人涌回国内,立刻填补了各种岗位,政府急需让他们找到工作,维持社会稳定,所以又开始大肆宣扬女性的母亲、太太角色。当时女性的理想人生是,高中毕业、年轻貌美之时就嫁给一个有体面工作的丈夫,然后安心在家料理家务、教育孩子、举办派对,辅佐丈夫的社交和事业。现在一些上流社会圈子中还是这样的传统价值观。

1946 年左右的好莱坞还很辉煌,虽然往后,因为电视机的出现等因素,好莱坞的黄金时代结束了。当时的洛杉矶有大量高消费的酒吧,是有钱男性消遣的地方,也是像伊丽莎白这样的女性结识男性的好去处。

在美国文化中,约会和成为男女朋友,并不能划等号。她这种频繁的约会状态有点像整日在相亲。20 世纪 40 年代相亲时的消费由男方买单是自然的。你说她纯粹为了骗吃才去约会吗?也不是,她也确实是希望能遇见一个丈夫的。伊丽莎白的一些女性朋友都提到,她迫切想要结婚。

我认为伊丽莎白确实想通过频繁约会来寻觅未来的丈夫。只是从 1946 年 7 月至 1947 年 1 月在洛杉矶的半年间，她未遇到合适的结婚对象罢了。这不单单是运气问题，还有她自身的原因。

伊丽莎白遇到的大多是已婚人士或者花花公子，比如婚后想出来偷腥的罗伯特，比如借助金钱玩弄女性的汉森。

伊丽莎白并不是女同性恋。她本身迷恋的是那些可能成为结婚对象的军官帅哥。对于其他纯粹想猎艳或者她不感兴趣的男性，她总是会以"自己是处女"或者"已经结婚了"来拒绝对方的亲密要求。她拒绝这些男性，或许也是因为她清楚，自己不会得到承诺。

但她明知道自己无心和他们发展，却依然利用他们的好色之心来为自己提供一些便利，足以说明她的虚荣和贪心。她喜欢去高消费场所享受。虽然她本人并不喝酒，但她喜欢去好的餐厅吃饭、去舞厅跳舞、去剧院看表演……这些都是她自己负担不起的。

想要寻觅一个好夫婿和目光短浅的小享受不能兼得，显然前者对于她当时的命运更重要，但她却没有权衡利弊得失。

她常年混迹酒吧，频繁和不同男性结伴出入，造成旁人对她的误解，也损坏了自己的名声，因此导致恶性循环：一些想寻觅妻子的单身男子不会接近她，也不会对她认真。

安是伊丽莎白最亲近的朋友，但恐怕也算不上闺蜜，因为伊丽莎白几乎不和她吐露心声，只是在自己需要帮忙时才会找她。安后来的一些证词更正了社会对伊丽莎白的印象。她说，伊丽莎白不抽烟，也不喝酒，每次出门前打扮得都很得体，穿戴整洁，完全不像她在好莱坞这个圈子里认识的生活失控的女孩，每天喝得醉醺醺，烟不离手。

一些和伊丽莎白约过会的人都提到，她对于穿着打扮很在意，约会时总是

伊丽莎白

打扮得很漂亮、高雅，不是那种媚俗诱惑的风格。汉森也提道：伊丽莎白是"乖乖女"类型，不是性感诱惑型。

但不可否认，伊丽莎白谎话连篇。

不同的人说谎，是出于不同的目的。伊丽莎白为什么说谎呢？

仔细看她的谎言，她说谎无非因为两个目的：自尊心和摆脱纠缠。

一、她想显得自己活得很好，以维护自己的自尊心。她最后一次被汉森赶出家时，汉森开车把她放在了马路上。她问汉森自己能否在旅行回来后（她说要去加州北部，其实是去了南部）继续住他家，汉森说："我觉得不行，你最好找个其他地方。"但汉森说，伊丽莎白并没有开口跟他提出借钱，反而撒谎说自己在机场附近的一家咖啡馆工作，有收入来源。如果是一个精明的女子，大概会哭哭啼啼说自己可怜，顺便借点儿钱，但她没有。比起缓解经济窘迫来说，自尊心对她更重要。

再比如,她向母亲、姐妹和其他人撒谎说自己在航空公司工作、自己在医院当护士(都是让人羡慕的职业)……这大概和一些喜欢用照片在朋友圈营造自己是白富美的女孩属于同一种心态。这可能源自她的一种自卑心态,怕别人看不起她、可怜她。从她的成长经历看,这也是可以理解的。她长相漂亮,被许多人羡慕,但其实她从6岁到18岁,靠母亲独自养家,经济困难,物质缺乏,且个人健康有问题。

二、她撒谎是为了躲避一些男人的纠缠,比如罗伯特看到她的两条上臂外侧都有一些抓伤,问她怎么回事。她说自己有个意大利黑发男友,很爱吃醋。但警方并没有发现这样的人。她不透露自己的真实身份,可能也是留了一手,为了日后可以躲避对方的纠缠。

伊丽莎白情商很低,这或许也是她的人生注定悲剧的原因之一。

办案警察哈利·汉森(Harry Hansen)评价伊丽莎白"她显然智商很低",但我认为她的情商更低。以她的情商根本应付不了周旋于众多异性之间产生的各种问题,可她却选择这条路。

她对别人的帮助和请客来者不拒,但需要她付出时,她不愿意和对方有身体亲密就算了,连走心应付都不愿意。她在约会时常常心不在焉,态度敷衍。她可能给某些男性留下一种"你得讨好我,但我对你没兴趣"的高姿态。这种态度很容易激怒对方,让他们觉得自己被愚弄、被轻视。哪怕她没有遇到本案的凶手,她可能以后也会陷入其他情感纠葛,遭到他人伤害。

伊丽莎白也没什么女性朋友。安出于同情帮助她,但她很少同样对待安。她很少向人交心,往往说出口的也是吹牛。

这样的一种状态明显属于好高骛远之人,他们常常对现实生活很难产生情感联系,很难用心去体会当下。

相对而言,能成为演员的安,情商不知高出多少。安对于汉森的心思清清楚楚,但她在向警方揭露了汉森的"好色"等问题后,依然可以和汉森成为"好友"。她蹭住他的豪宅,得到他的各种照顾,是最稳定的一个"房客"。后来汉森回归家庭了,安依然和他保持友谊,一直到两人去世。

伊丽莎白完全不具备这样的情商,她和汉森相处的短短一个月就把两人的关系搞得很僵,两次被撵出门。

媒体为了增加戏剧性和娱乐性,不断妖魔化受害人,他们对伊丽莎白的消费和污蔑,如同是对这个女孩的二次杀害。

比如在发现尸体没几天,就有媒体引用某"友人"的话,说伊丽莎白已经从一个天真的女孩堕落成一个疯狂勾引男人、行为不端的女子。但那个所谓的"友人",是个和伊丽莎白只有点头之交的脱衣舞女。

一些媒体说她失踪那天穿了黑色透明上衣和紧身裙。20世纪40年代这样的打扮充满性暗示和诱惑意味,暗示她自作孽,吸引了杀手。但其实她失踪那天穿的只是黑色套装和米色大衣,并不暴露。

在我看来,伊丽莎白是个孤独、懒散、随性、虚荣、自得其乐、不务实、低情商、对前途迷茫的女孩,在幻想成为一名演员的同时,也碰运气寻找着可以成为丈夫的男人。这是一个真实的人,生活中随处可见。

在杰克·韦伯(Jack Webb)1958年的书中,他称呼伊丽莎白是"典型的倒霉的大萧条时期的孩子",童年时经历了经济上的残酷日子,青春期时,却又和美国一同进入一个"赚得容易、活得轻松、爱得随意"的战争时期。

黑色大丽花:尸体及现场

1947年1月10日,安回到了汉森家,听他说起接到伊丽莎白电话一事。她当时觉得很纳闷,伊丽莎白不是说要去北方找姐姐吗,为什么去了圣地亚哥?

1月12日凌晨,汉森家的电话被人骚扰。电话每隔五分钟就响一下,但接起来却没人说话。安把电话拿到了她自己的房间,由她来接电话,可骚扰电话继续,依然没人说话。于是她威胁对方:"如果你继续打来,我就报告电话公司,追查你的号码。"后来骚扰就停止了。当然,这个怪事未必和伊丽莎白有关联。

在1月9日至1月15日之间,在后来警方的调查中,有大量人声称见到了伊丽莎白和不同的人在一起,在做不同的事。我读了太多太多线索,但是这些线索却没有两条可以互相印证。

1947年1月15日早上10点,伊丽莎白的尸体在路边被发现。

警方在抛尸现场没有得到太多线索。他们在路边发现一个汽车轮胎的痕迹,里面还有一个带血迹的鞋后跟的印子。在附近不远的行车道上,他们找到了一个曾用于装水泥的麻袋,里面也有一些血迹。

鉴于她身体下面的草地很潮湿、有露水,警方猜测凶手是在凌晨2点时放置的。

本案是第一个使用传真技术的案子。以往警方都要把指纹寄到华盛顿去和系统中的指纹比对,再把结果寄回来,要花一周时间。可这次得益于传真,不到一小时就确定了死者的身份。

法医于第二天解剖尸体。他们认为她已经死亡大约十个小时,所以她的死亡应当是1月14日晚上或者1月15日的凌晨。

鉴于1月9日傍晚以后,再没有可靠的证人目击她的出现,所以她可能是在和凶手相处五天后才被杀害。至于这五天的相处起初是自愿的,还是一开始就遭到了囚禁,无从判断。

根据我读到的解剖报告和看到的尸体特写,简单陈述下尸体的状态。

死者在生前受到的虐待主要集中于头部。她的右侧脸和前额都有淤青,遭到过用棍棒之类钝器的用力打击。她的死因就是被重力击打头部造成脑震荡和颅内出血，以及脸上伤口造成的失血过多。鼻梁两侧有几乎对称的带锈色的小伤口。她的手腕、脚踝和脖子上都有被束缚过的痕迹。

有人推测她是被固定在一种铁装置上，这个装置扣住她的双手和双脚，并且架住的脖子和鼻子两侧。这个装置如此固定住她的头部，或许就是为了方便凶手割出她嘴巴两侧的小丑笑容。这说明可能凶手在囚禁她之前就打算要完成这一步。

她的下身从腰部被完全斩断，用的手法是 20 世纪 30 年代在美国医学院传授的半体切除术。这种手术一般是当病人在盆骨周围有致命伤或者肿瘤时，不得不走的最后一步——放弃臀部、盆骨、下体和双腿，以求活命。

由于切割的线条直而流畅，警方和查看过解剖报告的医学人士认为，凶手接受过一定的医学训练，疑似是技术精湛的外科医生所为。

在伊丽莎白的下半身，肚脐眼下方有一条 10 多公分长的伤口，一直延伸到阴部。这道伤口把皮肉划开，露出内脏。这道伤口左右有许多皮肤表层的割伤。

大部分割伤是在她死后进行的。而她的小丑式笑容，可能是在活着时被割开的。

发现尸体后

警方在调查中很快得知了伊丽莎白的闺蜜是安。1 月 16 日，警方开始寻找安。当天下午，安在汉森的陪伴下去警局接受调查。

本案报道后，先是收留伊丽莎白的桃乐丝一家向警方告知她此前在圣地亚哥的活动情况。随后警方也开始大规模寻找一个叫罗伯特的男子，他是桃乐丝一家口中最后接走伊丽莎白的人。

罗伯特有天突然发现警方在报纸上找自己，吓坏了，立刻给妻子打电话交待一切并表忠心："我爱你，胜过世界上任何男人爱自己的妻子。"

罗伯特在 1 月 20 日被警方找到并拘留。后来记者找他采访，他一五一十全交待了，还懊恼地说："以后再也不会让任何女士搭车。"

媒体拍到了他和妻子拥吻的照片，发现他的妻子也有一头红发，十分美貌。

罗伯特在 14、15 日有可靠的不在场证明，且他两次通过了测谎仪，最终警方把他放了。

总体而言，罗伯特是胆小怕事的类型，本想背着老婆偷腥，却不想不仅没偷到，自己试图偷腥一事还上了报纸头条。

以罗伯特的性格和心理素质来看，我认为他是凶手的可能性很低。他在军队时就存在精神不稳的情况，时不时会崩溃，甚至出现幻听。这个案件导致他脆弱的神经彻底崩溃。他在 1954 年时被诊断为妄想型精神分裂症，被他妻子送进了精神病医院。

其次，凶手和伊丽莎白的关系应当比较隐蔽。但罗伯特在一月那几日和伊丽莎白外出就餐、喝酒，有大量目击证人，若案发，他第一个会成为警方的怀疑对象。假设真的是他杀了伊丽莎白，他应当会毁尸灭迹，而不会故意暴露尸体，并做出一系列吸引眼球之事。

凶手的挑衅

黑色大丽花案由于惊悚的抛尸现场和年轻漂亮的受害人，得到了各大媒体的疯狂追逐报道，更是连续 35 天占据《洛杉矶观察报》的头版。据说这是美国史上纸媒报道最多的案件。也可以理解，当时也没电视，主要新闻来源就是报纸和广播。当时报道该案的媒体都尝到了销量暴增的甜头。

凶手似乎也很享受这样的轰动效应。他主动接触媒体，进一步挑拨公众的神经。

1947年1月21日，案发后第五天——罗伯特被逮捕的第二天，一名男子打电话给报道此案最活跃的《洛杉矶观察报》。他自称是杀死伊丽莎白的凶手，说他不满意报社的报道，并称自己过阵子会自首。为了证明自己的身份，他说会先给报社寄一些伊丽莎白的纪念品。

说到做到。三天后，1月24日，当地邮递员在比特摩尔酒店大堂发现了一个可疑的黄褐色大信封。信封上的收件人是："《洛杉矶观察报》和其他媒体"，以及一句话："里面有大丽花的所有物品。"

信封上的字是由从报纸上剪下的一个个单词拼凑而成。

疑似凶手邮寄的信件内容照片

包裹内装的，是警察正在寻找的伊丽莎白手提包里的物品：伊丽莎白的出生证明、名片，一些收据，她自己和别人的照片，灰狗大巴站寄存行李的凭证，以及一本黑色通讯录，封面上烫金印着马克·汉森这个名字。

这本通讯录本来有 400 页,大部分是伊丽莎白本人的字迹,其中三处被撕掉几页,另外有许多处都被剪掉了一些内容。不清楚是她本人所为,还是凶手所为。

包裹以及里面的东西,都曾被浸泡在汽油中。尽管如此,警方还是在上面找到了几个残缺不全的指纹,并送到 FBI 做分析。可惜指纹不能和数据库中的任何指纹匹配。

也正是由于这本通讯录,警方把汉森找来问话。他表示是伊丽莎白从自己这里顺走了这本空白通讯录。

而在同一天,有市民在偏僻小巷的垃圾箱上发现了一只女式手提包和一双黑色羊皮高跟鞋。此地距离发现尸体的地点大约 3 公里远。

经最后见到死者的罗伯特指认,这些都是伊丽莎白 1 月 9 日当天的穿戴。可惜这些物品也被人用汽油清洗过,没有留下指纹。而伊丽莎白当天所穿的衣服一直未找到。

疑似凶手还在不断挑衅警方。

1 月 26 日,《洛杉矶观察报》又收到一封手写信件,写道:"这样吧。1 月 29 日,早上 10 点,自首。和警察们玩够了。黑色大丽花复仇者。"警方不能确认这信是不是来自凶手,或者和此前的信件是不是同一个人,但他们也只能一试。

1 月 29 日上午,警察在信中提及的地点等待凶手出现,可惜,他们什么都没等到。

而同一天下午 1 点,《洛杉矶观察报》办公室又收到一封用剪报贴的信,写着:"改变主意了,你们是不会和我公平交易的。杀死大丽花是正当之举。"

后来《洛杉矶观察报》又陆续收到不少剪贴信,譬如一封写了:"如果只判十年我就自首。别企图找到我。"

另一封写了："'慢慢来'，凶手说。黑色大丽花案。"

只有凶手才会取得、清洗，并匿名提供伊丽莎白的私人物品，所以那通匿名电话和包裹应当来自凶手。由于匿名电话中确实提到过自首，那么后来约好自首、耍弄警察的寄件人也许是同一个人。

至于后面的一些信件，很可能只是无聊的人受到媒体报道的启发后，模仿凶手搞的恶作剧。

无底线的媒体

许多人问，为什么大家称呼伊丽莎白·肖特为"黑色大丽花"？

这个称呼最早出现在一家报纸上。从传播学上来说，如果你给事件添加一个形象的标签，会大大有利于扩大传播范围和加深读者记忆，比如金州杀手、绿河杀手。

案发不久，媒体们就蜂拥挖掘伊丽莎白生前的各种细节。很多和她熟悉的人都不愿接受采访，反倒那些并不了解她、只是见过她的人，比如某家酒吧的酒保，比如某个餐厅的服务生，比如某个聚会上遇见过她的脱衣舞女……

都纷纷出来爆料，导致假信息特别多。媒体为了销量，不加甄别，全都登了出来。

当时一家媒体称，由于伊丽莎白一头黑发上戴了一朵大丽花，加上常年穿黑衣服，她身边的朋友都称呼她"黑色大丽花"。这个神秘、黑暗的标签和案子留在人心底的印象十分吻合，于是迅速传播。连疑似凶手也在挑衅信件中用到了这个名字。

那到底是谁第一个这么叫她的呢？一种说法是，当时在播电影《蓝色大丽花》，伊丽莎白的前男友付克林和朋友一起看电影，想到了伊丽莎白，给她取了这个绰号。

另一种说法是,这个名字最早是一家药店的员工叫出来的。他们不知道伊丽莎白的名字,于是在背后这么称呼她。伊丽莎白知道后,自己也很喜欢。

但其实她身边略亲近的朋友都表示,从未曾听过这个绰号,也没人这么叫她。更可能,这是媒体编造的情节。

况且,说她整日穿黑色衣服本身是一种谣传。在戈登少校去世后,她或许穿过一阵子黑衣服,但她并不偏爱黑色。她生前留下来的那么多照片中,穿黑衣服的时候很少。

当年的纸媒汇聚精英,力量强大,资源丰富,做什么都抢到警察的前面。

比如他们先找到了罗伯特的住址,第一个登门告诉罗伯特老婆,"你老公……",然后在报道中描述了他老婆的错愕。

最不可原谅的是,《洛杉矶观察报》的记者比警察更早地联系到了伊丽莎白母亲菲比。为了能从她那里获取更多关于她女儿的事迹,那个记者竟然在电话中骗她说,伊丽莎白赢得了选美比赛。

等他们从一个"自豪的母亲"那里套取了足够的信息后才坦白,她的女儿其实是被谋杀了。当时另一个记者都看不下去了,在旁边骂他混蛋。

此后,为了始终掌握独家新闻,他们欺骗菲比,会免费提供酒店和机票让她来洛杉矶配合警方调查。但等菲比一下飞机,他们就把她藏在酒店里,不让警察和其他媒体找到。

黑色大丽花:凶手是谁?

由于本案聚集了全国媒体的目光,警方是花了大力气查案的,至少从表面看是如此。

在调查初期,洛杉矶警方和其他部门共派出了 750 名调查员参与此案。

在数周内,他们询问了超过 150 名潜在男性嫌疑人。

由于怀疑嫌疑人有医学背景,警方曾排查了附近南加州大学医学院的所有师生,也没漏掉学牙医的。

为了找到作案第一现场,他们在洛杉矶大量民宅中进行挨家挨户的地毯式搜索。

某个市议员悬赏一万美元征集对警方有用的线索(20 世纪 40 年代的一万美元相当于今天的十多万美元。)

在高度受关注的情况下,有 60 多人前来警局自首,其中甚至有几个女性。

一些人的谎言太容易被揭穿,比如有人声称和伊丽莎白热恋的时期,其实伊丽莎白那会儿还远在波士顿读小学。

也有不少人向警方供出自己的父母、亲属、朋友。可显然,警察在调查之后,不认为他们中的任何一个真的是凶手。

最终留在警方的嫌疑人名单上的有 25 人。随着时间的推移,有人被排除嫌疑,移出名单,又有新的人加入名单,但警方始终找不到任何有力证据逮捕其中任何一个……

没药花园讨论

我认为本案中凶手和受害人的关系可能存在两种情况:

第一种:凶手和伊丽莎白相识,且有情感纠葛。他对尸体的毁坏显示他对伊丽莎白本人充满仇恨。他把尸体以这种侮辱性的方式公开,是希望世人都知道伊丽莎白有负于他。这也是为何警方一开始就从和她有过交往或者约会的男性入手。伊丽莎白半年中约会了那么多男性,时常挑逗他们,获取些小恩小惠,却无意满足他们的欲望。常在河边走,哪能不湿鞋?

第二种:凶手和伊丽莎白并不相识,或只是萍水相逢。他挑选伊丽莎白只是因为刚好遇上了,且她符合他寻找的类型。他对尸体的处理和公开是为了寻求刺激和满足自己独特的性癖好。伊丽莎白对陌生人警惕心很低，且当时无家可归，很可能会坐进任何男士的车里。凶手并没有针对伊丽莎白个人的犯罪动机。只要符合一定条件，比如女性、年轻、性感，都可能成为受害人。杀手可能只是根据作案便利性，挑选了她。这一类也通常是连环杀手类型。

她的凶手可能是哪一种？

我倾向于认为，两人关系以及凶手作案的动机属于第二种，两人并无深交，也没什么仇恨可言。

为什么这么说呢？如果是依靠仇恨的冲动折磨、杀人、毁坏尸体，那么这种仇恨通常是非常强烈的、冲动的。但冲动的仇恨通常都很难长时间持续。

当凶手重击她头部、用刀割开她嘴角，导致她死亡后，发泄的冲动会随着这个行为的完成而减弱、消退。发泄完的凶手很可能会把尸体随意丢弃了事。

而此后放血、清洗、摆造型等都需要很多小时，甚至一整夜去完成，那种冲动型的仇恨较难在此过程中持续性地、强烈地存在（当然，每个凶手的性格不同，这一点并不绝对）。

从凶手对尸体的摆放、处理看，我个人感觉凶手（至少此时）不是在发泄仇恨，更多的是在恶作剧。他能从谋杀中获得乐趣、刺激。

再者，凶手如此大胆挑衅警方和适当暴露自己，正因为他知道自己的社会关系距离死者很遥远，没有第三人知道两者的交集。

我注意到一个细节，在疑似凶手寄给警方的包裹中有伊丽莎白存在灰狗大巴站的行李单。警方打开行李，里面至少有 200 张她与不同男性的合影或者单独的男性照片。

如果他和伊丽莎白熟识，他怎么会不担心她的行李中有日记提到自己或者有自己的照片？凶手没兴趣取走行李，是因为他根本不担心伊丽莎白那里会有自己的痕迹,因为他们并不熟识或者根本不认识。

那么,凶手是什么样的人? 我认为有以下几个特征:

1. 反社会精神病态人格。

这类人自恋、冷血、睥睨众生,缺乏共情能力,藐视法律和道德,不按常理出牌。

在日常生活中,这类人做事冷酷无情,对亲人朋友冷漠,喜欢嘲弄周围人和事,在不被发现的情况下喜欢做一些违规、违法的小动作,比如尽管并不缺钱,也在商场里会顺手偷走一个昂贵的小物件;比如招妓,在妓女面前显露自己真正的癖好和嘴脸。这样的人可能会在"性"这方面很放纵,在经济问题上很贪婪。

他们由于藐视规则又极度自私,自然容易做出违法行为。他们所犯罪行各式各样。根据美国的数据,约有1/4的精神病态人格者因为违法而接受过法律惩罚。

法律、道德、良心对他们来说毫无意义,他们在意的只是会不会被抓到、会不会输、会不会损害自己的利益。只要能确保自己逃脱惩罚,他们会做超乎想象的恶。一些有特殊性癖好和暴力倾向者会发展为连环杀手。

2. 性虐狂和扭曲的欲望。

对于凶手来说,普通的刺激已经无法满足他的欲望。他一直以睥睨众生的心态生活,认为自己至高无上,不同于其他愚蠢的人类。他希望自己能做一件轰轰烈烈的大事,来嘲弄警察,及他们所代表的规则和权威。

他长时间来,都幻想折磨、残害、杀死一个女人,并把她的尸体做成一个艺术品。他能从这类性幻想中,从受害人的恐惧中,从全社会的惊叹中,获得普通性爱所不能获得的生理和心理的满足。

本案是他终于控制不住自己的欲望,去实践自己的性幻想。他或许也多次幻想过对身边的人下手,但这样太容易被抓到。与他有过亲密关系的部分女性应当遭到过性虐待,只是没有站出来。

3. 追求艺术效果。

凶手为什么要把尸体的血全部放光? 原因可能不止一个。首先,把血从动脉引流走,可以在做半体切除术时避免大量出血,以保持现场的整洁,不会搞得一团糟。

放光血后再清洗,可以推迟尸体腐烂、出现尸斑的时间。已知伊丽莎白生前的皮肤特别美,有人夸她如同一个瓷娃娃。洁净苍白的尸体,再加上摆放的方式,我认为他可能在追求一种他自以为"唯美"的艺术性的视觉效果。

"整洁"对这个人很重要,因此凶手不是一个生活习惯一团糟、家里乱成"猪窝"的人,譬如囤积癖患者。

4. 有自制能力。

凶手把尸体摆出特定姿势,放在空地上。尸体紧靠马路,一只脚距离马路仅仅十厘米,是为了能让人尽快发现,并引起轰动。而 TA 给媒体主动打电话和寄包裹,也为了给当时的轰动继续加薪助燃。

这体现出凶手享受自己"作品"(即案件)成为万人注目的焦点的特点,内心极度自恋。

本案凶手把破案当作和警方的一次比赛,他是出题者,媒体和读者充当了观众。而 TA 或许很得意自己是掌握主动权、比警察聪明的人。

从这样的行为可以看出他胸有成竹,充满自信。

但自恋也分不同类型。有的自恋者狂妄自大,放纵自己的欲望和行为,为所欲为。而有的则更自制,更在意输赢的结果。

从 TA 控制局势,知道何时进退、玩到什么程度看,他的那种自信并非是盲目幻想型的,而是警醒的,伴随着自省能力和自制能力。

我说他自制,并非指他处世为人很自律。而是指,他知道何时需要伪装,何时可以在不受惩罚的情况下违背规则。

这种自制＋自恋型的人有个特点,他们通常很迷恋自己的身体,因而在和自己的仪表、健康、长寿相关的事情上会相对自律。为了保持体型和活得长久,TA 会吃得很健康,穿着打扮也比较考究。

因而,凶手不会是一个酗酒、对健康放纵、肥胖症、不修边幅、作息混乱之人。

5. 高智商。

其实现实中的案件不像影视作品,并没有那么多神奇、离奇的作案手法。是否容易侦破常常只在于一点:凶手是否细心。

本案凶手看似胆大,做出了很多冒失的举动,但 TA 其实非常心细。这是就当年的刑侦水平而言的。

因此,本案凶手并不是一个鲁莽、癫狂、行事冲动、失控的人,相反,TA 是掌握局势、冷静、狡黠、思维缜密之人,这样的人通常智商高于平均水平。

6. 具有一定身份地位,至少中产。

基于前面几点,凶手不太可能是一个底层人士,他在自己的行业中或多或少地会取得成功,至少有稳定的收入。

(其实早有人论证过为什么精神病态者更容易取得事业成功,因为他们常常毫不心软、不讲情面、手段狠、贪婪、不按常理出牌。)

凶手能接触到此前并不熟悉的年轻漂亮女士,并在当晚能带她回家,很可能是可以让人天然地信任的那一类人,譬如穿着体面,表面看彬彬有礼,举止谈吐得体。

7. 相信专业人士的说法,凶手是具有医学背景的人。

8. 尽管我用了 TA 来代替,但相信凶手是个男性。

总结

凶手是一个中产阶级或者更上层的男性，穿着体面，谈吐得体。

对自己的外表比较自恋。

高智商。

自以为有艺术天赋。

家里较为整洁。

有较强的自制能力，心理素质强。

为人处世很冷酷、缺乏同情心，喜欢嘲讽。

性虐狂，可能还有其他不可告人的性癖好。

在不为人知的时候，他会进行一些游走在规则边缘或者违法的事，譬如嫖娼、贪污、偷窃、偷情。但这些解决不了他内心更大的冲动：做一件大事，嘲弄法律和秩序，让全社会瞠目结舌。这能让他感觉自己站在世界之巅，获得巨大的心理和生理满足。

他和伊丽莎白只在某些场合碰到过一两次，并无交往，没有单独约会过。

他可能从别人口中和从他的观察中，对伊丽莎白略有了解。

黑色大丽花：只能猜测，而无法得到一个肯定的答案

当晚发生了什么？

伊丽莎白当晚从酒店大堂打电话给了谁？目前没有任何人站出来说，曾在那时接到过她的电话。

马克·汉森曾接到过伊丽莎白的电话，问他能否住到他家。他自称记得这个电话是 8 号打来的，也就是伊丽莎白离开桃乐丝家的那天接到的。

但警方却表示，他们有证据证明，那个电话其实发生在 9 号，伊丽莎白到了洛杉矶后打的。

警方是怎么知道的呢？他们要么去电话公司查了酒店大堂那台投币电话在当天差不多时段的通讯记录，发现了汉森的号码；要么就是查了汉森家的来电记录。

假设警方可以追查投币电话而一无所获，可见伊丽莎白并没有用电话打给其他可疑的男性。

伊丽莎白在当时已经穷途末路。从前文分析，她其实是个很爱面子的人，但她被汉森屡次拒绝依然拉下脸来打给他求收留，可见她已经把其他人际关系耗尽，没有去处。

当时已经过了晚饭时间，大约在20:00左右。她走出酒店大堂想去哪儿？

去某个熟悉的酒吧碰碰运气，看能否遇到一个陌生男子，混到一份晚餐？

去找以前认识的某个可能提供帮助，却没接电话的人？

或是去灰狗大巴站，买个车票离开洛杉矶？

当她落寞地走在街上或站在街头不知所措时，凶手或许正开着车在街头转悠，注意到了她，并且认出了她。

他在她身边摇下车窗，叫她的名字，问她需不需要搭车。

她也认出了这个人。他们可能在某些场合有过一面之缘，但两人并无深交，也没有留过联系方式。

一直都在寻找"贵人"、习惯了"艳遇"，且走投无路的伊丽莎白，毫不犹豫地上了车。她上车后自然开始抱怨自己的处境，掺杂各种谎言，暗示自己因为某些偶然因素无处可归，也没吃晚饭。

他提出可以带伊丽莎白去一个吃饭的地方，随后把她带到了自己某个秘密的寓所。或许正当她暗自庆幸时，他突然露出了真面目。他再也没有让她离开。

在囚禁了她几天、实施了自己脑海中那些暴力变态的癖好后，他又开始感到一种对自己的厌恶感，和对不完美的愤怒感。

他把那一刻的暴怒转嫁到受害人身上,用工具猛击她的头部,致其昏死过去。

但很快他的愤怒平息下来后,他开始想到了另一种寻求刺激的手段,他的对手不再对准这个微不足道的女子,而是对准了代表权威的警察系统⋯⋯

警方的嫌疑人名单

嫌疑人这么多,只能挑几个当下被认为可能性较大的人来写。

罗伯特·曼利在办案初期一度是头号嫌犯。有人问,他会不会是精神分裂、多重人格,我认为基本不可能。目前可信的版本是,1月9日伊丽莎白就跟凶手走了,而罗伯特晚上18:30就回家去见老婆了,而后几天他的行踪也很明确,没有作案时间和条件。他的家不在洛杉矶,没有可以囚禁伊丽莎白许多天,并杀害、处理尸体的隐蔽地点。这期间客户、家人也没人发现他精神异常。

1. 求欢失败者:马克·汉森

警方曾怀疑,汉森由于被伊丽莎白拒绝了性要求,怀恨在心,动了杀心。

汉森被找去盘问,他表达了对伊丽莎白的种种不屑。比如他说伊丽莎白一口烂牙,长得也很一般;说伊丽莎白约会很多,总和那些档次很低的、他都不允许进家门的小混混约会;比如暗示伊丽莎白偷了他的空白通讯录和一本台历;比如强调他屡次拒绝伊丽莎白想过来住的请求⋯⋯

汉森故意贬低伊丽莎白,以显示自己对她没兴趣,可能是想赶紧甩掉这个烂摊子,怕损害自己的名誉。我认为马克·汉森是凶手的可能性极低。首先,警方揣测的动机几乎不太可能在这类人身上成立。汉森到处猎艳,举办过性爱派对,有众多女友(但并没有任何暴力或者性虐待记录)。

伊丽莎白对于他来说,也仅仅是他的众多猎物之一,甚至是不太重要的一个,几乎没投入过心思,没花过钱。又怎么会因为没得手,就要杀人?

其次,凶手若是汉森,也不可能把封面上有自己名字的通讯录寄给警方。

我认为凶手如此明目张胆地挑衅警方,正因为他在安全位置,远离警方的怀疑范围。

几乎任何想脱罪的凶手,都会极力避免与警方当面接触,避免被问询。而本案凶手如此仔细地清理指纹等痕迹,显然就是想躲在暗处,隐藏身份。他不可能把有自己名字的通讯录寄给报社或警方,让警方立刻把他列为首要嫌疑人。

通讯录中多页缺失,假设那几页是凶手撕去的,那么他肯定要确保这本通讯录中剩下的页面和自己没有任何联系。当然,凶手也可以藏起或者毁掉通讯录,为什么要把它寄给警方? 我认为他的举动和其他做法的心态是一致的:恶作剧,给警方和留在通讯录里的那些男性添乱、找麻烦。

最终,警方解除了对汉森的怀疑。

1949 年,一个 25 岁的舞女罗拉趁着汉森站在镜子前刮胡子时,从他身后开枪。子弹射中了他的肺,但他幸运地被抢救了过来。

罗拉是他收留的女房客之一。她后来说道,"我早就想好了,他要么继续爱我,和我结婚,要么照顾我一辈子。如果他都不愿意,我就会杀了他。"

常在河边走,哪能不湿鞋,这句话同样可以送给汉森。

2. 准作家和劫犯:莱斯利·狄龙

莱斯利·狄龙(Leslie Dillon)是一个居住在佛罗里达的旅馆服务员,曾做过殡葬业的助理,立志成为作家。他此前从来没在警方怀疑的名单上,是他自己找上门来的。

1948 年 10 月,案发一年多后,他给为洛杉矶警方工作的精神科医生德·里弗医生(Dr. J Paul De River)写信。他说自己在写一本关于性虐待和性精神病态的书,想听听德·里弗医生对于本案凶手的看法。

在后来的书信交往中,他声称他觉得自己的一个居住在洛杉矶的朋友杰夫·康纳斯(Jeff Connors)可能是杀害伊丽莎白的凶手。聊及如何才能放干净血液，狄龙说他在殡仪馆处理过尸体，知道在大腿上插一根管子，能把血放掉。他还说凶手把小腹切开，可能是为了看看自己的生殖器能到达哪儿。狄龙也说出了两个警方并未对外公布的本案细节，但也可能只是巧合。

德·里弗医生约狄龙在拉斯维加斯见面，身边还带了一个伪装的便衣警察。狄龙说要带医生去找凶手康纳斯，却怎么都找不到这个人。医生怀疑狄龙本人就是凶手，康纳斯是他虚构的，遂让洛杉矶警方把他拘留了。洛杉矶警方拘禁狄龙超过一周。

在警方拷问狄龙期间，旧金山警方突然来电，说他们找到了康纳斯，他的真名叫阿蒂·莱恩(Artie Lane)，案发期间是洛杉矶一家夜店的修理工。最后警方因为证据不足，把两人都释放了。

狄龙后来起诉洛杉矶警方对他的非法拘留和审讯，要求赔偿10万美元。但在打官司期间，加州圣莫妮卡市警方发现，他在当旅馆服务员时，曾因抢劫旅馆而被通缉。于是狄龙的起诉也不了了之。

伪装成作家，与负责调查的心理医生套近乎，倒很符合凶手的心理侧写：他再次想证明自己高人一等、比心理医生更聪明。

但我认为凶手没那么无聊，还用真名跑去与警方的心理医生见面。

为了写小说给心理医生写信这事，我觉得挺好理解的，我也可能干这种事。倒是那个心理医生无中生有，就凭自己的"直觉"怀疑他。他这种"直觉"，就和现在一些网友差不多：谁在论坛上发表对哪个案子的看法，他们就在下面怀疑这个ID就是凶手本人。

第二年，德·里弗医生因为毒品指控被炒了鱿鱼。

其他理由：

A. 资料显示，1947年1月15日狄龙人在旧金山，并不在洛杉矶。

B. 他只是短暂地当过殡葬业小助理,大部分时间都在旅馆当服务员,如何能娴熟地切割尸体?

2017 年,女作家皮乌·伊特韦尔(Piu Eatwell)曾写过一本书,叫《黑色大丽花,红色玫瑰花》,指出狄龙、康纳斯和汉森以及一个警察,共同杀害了伊丽莎白,因为伊丽莎白知道他们抢劫旅馆一事,他们需要杀人灭口。汉森雇用了狄龙作案,但没想到狄龙是个精神病态者,他虐待了尸体。伊特韦尔认为洛杉矶警方贪腐,被汉森收买,所以一直未侦破此案。

她还写到他们是在一家汽车旅馆中作案的。因为在伊丽莎白死后第二天,有人发现其中一个房间内有大量血迹,多到把所有的毛巾和床单都浸透了。

但我在其他地方看到的资料是,1949 年 2 月,警方去这家旅馆寻找血迹,他们把 10 个房间都彻底翻了一遍,除了一张床上被女性房客的月经污染外,并没有发现血迹。当然此时距离案发已经过去了两年。

我认为皮乌·伊特韦尔的这个理论非常牵强。作者只是把那些嫌疑人都结合在一起,来解释每个嫌犯身上无法解释的疑点。伊丽莎白幼稚、单纯,不太可能涉及什么机密,哪怕不小心知情,要打发的方式也太多,完全不需要杀掉她,更不太可能用这种招摇的方式杀人。且据一些评论所言,作者伊特韦尔并没有看过检察官那里的档案,许多都是她的想象和揣测。

3. 性侵亲生女儿的医生:乔治·霍德尔

乔治·霍德尔(George Hoddle)医生最初进入怀疑名单是在 1949 年,当时他被控告性侵自己 14 岁的亲生女儿。由于警方相信杀害伊丽莎白的是个医生,一直格外留意行为不端的医生,所以注意到了他。但据他第二任妻子所言,他医学院毕业后并没有做过外科手术。

尽管当时有三个目击证人证明看见过霍德尔和女儿做爱,但由于其他家人的否认，他没有被定罪。几十年后他的女儿就此事接受 CBS 采访表示，当时许多人做伪证，是因为霍德尔的收入养活了所有家人，没有人希望他坐牢。

霍德尔医生是什么人？他 1907 年出生于加州一个富有的俄罗斯犹太家庭，又是独生子，自然受到宠爱。据说他的智商高达 186，且受过良好教育。

他是个音乐神童，在洛杉矶音乐厅开过一个钢琴独奏音乐会。他最初读的是加州理工学院，但当时只有十几岁的他，因为和一个教授妻子的性丑闻而被迫休学。他当过记者，后来改学医学。

霍德尔当时开了个诊所，专业领域是皮肤科，据说也替好莱坞明星看性病和堕胎。他挣了很多钱，结识的都是社会名流。

1945 年对他来说是很特殊的一年。

这一年，他的女秘书因"服药过量"而"意外"死亡。当她死时，霍德尔医生就在现场，且在报警前烧毁了一些秘书的私人用品。警方因为无法证明其犯罪而不了了之。

后来警方发现这个秘书曾试图敲诈霍德尔，因为她发现霍德尔故意误诊病人，并且在化验、药品、治疗上乱收费。

1945 年，他和第二任妻子桃乐丝（这个桃乐丝不是收留伊丽莎白的那个女孩，只是同名）离婚了。也是同一年，他买下并住进了洛杉矶富人区的一栋知名建筑。

这栋面积惊人的豪宅正面看像一个大白鲨张开的嘴巴，内部庭院深深，面积巨大，如今已经成为历史建筑。

那个地点离伊丽莎白最后消失的比特摩尔酒店只有步行距离。一些人认为第一现场就在这个房子里。

1950 年春，警方把他列为重点嫌疑人。他们跟踪他，看他和各种人见面，并且找到他家的水管工，询问有没有发现下水道中有任何异样。

3月，他们还询问了他的前妻。桃乐丝当时和他关系还不错，对他有许多美言，比如说他"不是那种人""热爱医学，不贪财"。

1950年2月15日至3月27日，洛杉矶警方对他的住宅实行了监听，听到了一些奇怪的声音和对话。

1950年2月19日20:25，他们听到一个女人不断发出尖叫。奇怪的是，此前并没有听到任何女人的声音。这意味着这个女性此前要么是被堵住嘴、困在这个空间里的，要么是他在播放录音。

当天晚些时候，霍德尔医生对身份不明的人说道："当我意识到自己什么都做不了时，我只能在她头部压个枕头，用毯子裹住她的身体。叫一辆出租车。12:59死亡。他们以为有什么不可告人的。不论如何，他们现在必须自己弄明白了。杀了她。"

而后几天还录到他这样一段话："假设我杀了黑色大丽花，他们现在也没法证明。他们再也不能去问我的秘书，因为她已经死了。"

他的秘书死于1945年，伊丽莎白死于1947年，显然他的秘书不可能知道他有没有杀死伊丽莎白。那么霍德尔在1950年说这句话是什么意思呢？

我认为他这句话充满了对警察的戏谑。他的意思是，警方的惯例是从嫌犯的秘书那里套话，可现在那个可能出卖他的秘书也早死了，他们还能从谁那里问点东西出来呢？他在得意地嘲笑警察的愚蠢和束手无措。

当然，他这句话用了虚拟语气，并未承认自己杀害伊丽莎白，也可能只是他得知自己因此案被调查后发的戏谑感言。但他为了利益杀害秘书，目前看是没有异议的。

尽管警方当时把他列为头号嫌疑人，但由于缺乏证据，依然没有采取行动。而就在同年，霍德尔突然接受一份联合国的工作，搬家去了中国，而后又辗转去了菲律宾。整整40年后，他才和一个菲律宾女朋友从菲律宾首都马尼拉回到美国，并娶她为第四任妻子。

他在那个时间点上突然放弃在洛杉矶优渥的上流生活，前往亚洲确实令人生疑。我们可以合理怀疑：他是杀害伊丽莎白的凶手，从警局内部得知自己被列为嫌疑人，急忙逃走了。

但也可能，当时他性侵女儿一案闹得沸沸扬扬，虽未被捕，但名誉受损，加上怕警方翻秘书之死的旧账，无法再在洛杉矶社会混下去。

1998 年，91 岁的霍德尔死于心脏病。

从霍德尔的这些介绍中，我认为他非常符合我的罪犯侧写。

他的智商高，足以细致地完成这个案件。他注重仪表、富有、有地位，是能瞬间取得伊丽莎白信任和好感的那类人。他在十几岁时和教授妻子偷情，强奸亲生女儿，可以看出他扭曲的性癖好，以及他睥睨道德、伦理、规则的作风。他两次在窃听中嘲笑警察的无能，并为此扬扬得意，和本案凶手的心态、动机一致。他活到 91 岁，证明他对健康很上心，非常爱惜身体，这是自制＋自恋者的共性。

当然，更切题的是，他是一名医生，在 20 世纪 30 年代接受过医学训练。

虽然霍德尔医生与罪犯侧写完美契合，但没有实际的证据能把他和伊丽莎白联系起来，证明他杀了人（如果两人只是萍水相逢，确实也几乎不可能有这样的证据）。

其次，像霍德尔这样符合侧写的精神病态者在社会上还有许多，他不是唯一的一个。

为什么现在很多人相信他就是凶手？因为他的一个儿子史蒂夫·霍德尔（Steve Hodel）——退休的警察，在 2003 年出版了一本畅销书《黑色大丽花复仇者：谋杀天才》。他在书中用各种证据论证，他的父亲是凶手。

霍德尔医生在史蒂夫幼年时，抛妻弃子，离开家庭，所以儿子对他的感情很复杂。

这不是第一本说自己父亲是黑色大丽花案凶手的书。

我对这种书一般都比较谨慎，因为它们往往看似很有道理，但其实很多论证所依赖的论据本身是错误的，而我们没有途径辨别真伪。

譬如他说，他在父亲的遗物中发现两张疑似伊丽莎白的老照片，其中一张还是裸照。如果这是真实的，他父亲确实很可疑，但问题是这两张照片在我看来并不像伊丽莎白，目前一张照片中女子的身份已确认。

霍德尔遗物中两张很像伊丽莎白的照片

但他书中提到的几点增加了霍德尔医生是凶手的可能性。譬如：史蒂夫发现家中一个盒子里，装有当年扩建住所时所有的收据发票。一张收据显示在伊丽莎白死前几天，他父亲购买了 10 包 50 磅重的水泥。而当时在案发现场不远处，曾发现一个同型号的空水泥袋，里面有血水，一直被认为是本案凶手用来抛尸的。

譬如霍德尔医生和超现实主义摄影大师曼·雷（Man Ray）是好友，两人经常在一起偷偷待在书房里商讨秘事。如今曼·雷的一幅摄影作品售价超百万美元。

曼·雷经常拍一些诡异的局部人体。史蒂夫怀疑，是曼·雷的两幅作品给了霍德尔医生作案的灵感。

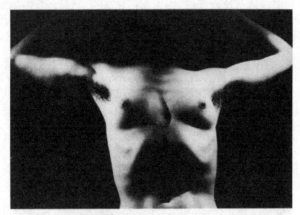

曼·雷 1934 年的作品，名为"Minotaur"（人身牛头怪物）

1936 年作品，名为"Les amoureux"（那些恋人们）

这两幅作品与伊丽莎白最后的遗体所呈现的状态确实有一些相似之处。而如果你再看看这个摄影师的其他作品，另一些似乎更为相似。

而我也认为他放血、清洗遗体，并且摆出特定的姿势，是为了追求一种类似摆拍的视觉效果。在这本书出版后，当年侦办此案的检察官曾给史蒂夫写信说："这个案子破了！"

但目前负责此案的警察在一次采访中表达了不屑。他说书中用的很多证据都是错的,那些建立在这些证据上的结论自然也不可信。而且他要把自己有限的精力放在有可能侦破的案子上,而不是去和史蒂夫做无意义的辩论。

而史蒂夫后来有点走火入魔,他又写了两本书,论证他父亲就是著名的黄道十二宫杀手。但十二宫的案件许多发生在20世纪六七十年代,彼时霍德尔医生应当人在亚洲。

总结

由于在20世纪40年代洛杉矶有许多女性失踪或者被谋杀的事件未得到破案,因此1949年洛杉矶曾启动了大陪审团审查,以调查警方是否失职。

当年洛杉矶警方的贪腐是存在的。但这个案子影响那么大,会不会是因为警方包庇罪犯而无法破案? 我不这么认为。

二战后的美国社会突然迎来大量流动人口,都市化导致人和人之间的交际范围扩大。警方破案方式陈旧,思维一时难以适应从"熟人作案"到"陌生人作案"的转变,也可能是当时错失良机的原因之一。

伊丽莎白没有自我保护的意识,是典型的理想受害人:她故作神秘,谎话连篇,没有人知道她在做什么,没有亲近的朋友,家人不在身边,社交复杂,智商、情商低,很容易被接近。

也有一些人认为,她在离开付克林后,在案发前的状态很像患有抑郁症,她的生活没有目标,没有能力工作,懒散,精神涣散,性欲低,1946年12月时突然对许多人哭诉她很害怕……只是当时她自己和其他人都缺乏对这种病的了解。而她为了能吃上饭,不得不去见很多的男人。

在这个案子里,我们能看到很多不负责任的男性,比如她的父亲,在最艰苦的大萧条时期出走,让她母亲独自抚养五个十岁以下的孩子。父爱的缺失必然对这个女孩后来的心理造成影响。而后当伊丽莎白因饮酒被捕时,他也拒绝承认这个女儿,拒绝接纳她。

她在洛杉矶见了至少50个男子,大多打心底里不尊重她,希望花一顿饭就能让她甘愿上床,当发现不可能达到目的时,就立刻弃她不顾。她挑逗男人或许也是因为只有这样才能换到一些帮助,否则如果她是一个"没勾搭可能性"的女性,他们连一次免费搭车、一顿饭都不会给她。

相反那些不求回报、曾经对她伸出援手的,都是同样年轻的女性,比如安、桃乐丝、玛姬以及其他一些和她同住的女孩等等。

是谁在77年前的那个深夜,用刀划开一个年轻女子的嘴角,尽情享受她最后一刻的恐惧和绝望?是谁在77年前的清晨制造了一个惊恐的恶作剧和一个反人类的作品,给全社会带来恐慌和愤怒?

由于证物保存不全、DNA遗失、同时代人纷纷去世等原因,这个案子几乎不可能再破。我们永远只能给出各种猜测,而无法得到一个肯定的答案。

如今,伊丽莎白最后被人目击的比特摩尔大酒店,提供一款鸡尾酒,就叫"黑色大丽花",据说颇受顾客欢迎。

发现尸体的草坪如今的样子

8.

美国选美小皇后
被杀案

真凶是谁？破解六岁选美小皇后密室死亡之谜

本案发生在 1996 年，尚未被侦破，却几乎被美国所有知名媒体报道过。《名利场》杂志在 1997 年做了篇很长的深度报道。一个参与办案的警察说过，虽然法律没有结论，但是美国人心中已经有了答案。

2016 年是琼贝尼·拉姆西（JonBenét Ramsey）遇害 20 周年，又掀起一番全美范围的讨论。

写这篇文章前，我几乎读遍了关于本案的英文报道，以及网络上对（警察、FBI、父母、哥哥）的几十个采访视频。

主人公

琼贝尼于 1990 年出生在美国科罗拉多州，长相非常甜美、可爱。她有一个比她大三岁的哥哥伯克（Burke），出生于 1987 年。

琼贝尼的母亲帕特茜（Patsy）年轻时是一个选美皇后，案发时患有卵巢癌，案发十年后死于此病。

父亲约翰·拉姆西（John Ramsey）是一家科技公司的创始人和 CEO，全

琼贝尼·拉姆西

琼贝尼与她的妈妈和哥哥

家人住在高档社区的豪宅，有私人飞机和游艇。

本案如此轰动，也因为案发前，琼贝尼通过儿童选美成为当地的名人。在母亲帕特茜的安排下，琼贝尼从小参加一系列儿童选美，所向披靡，是当之无愧的"选美小皇后"。

如果琼贝尼不死或者晚出生十年，以她如此完美的容貌，大概会成为社交媒体上粉丝百万的网红吧？

案件经过

先说一个拉姆西夫妇叙述的版本。1996 年 12 月 25 日，圣诞节，拉姆西一家人在朋友家吃饭，22 点回到家，回来路上琼贝尼已经睡着了。帕特茜回到家后，替女儿换上睡衣，让她上床睡觉。

第二天早上 5 点多，帕特茜醒来，走下旋转楼梯时，发现在楼梯的木台阶上有三张排开的纸。她觉得很奇怪，拿起来一读，发现这竟是一封勒索信。信总共两页半长，大意为：我们是个国外组织，你女儿在我们手上，付 11.8 万美元赎金，我们会释放她，8 点到 10 点等进一步指示。

帕特茜急忙回到楼上，叫醒了丈夫。他们推开女儿房间门，发现她不在房间，便于凌晨 5:52 报警（这通电话录音很重要，下面会提到）。

七分钟内，两个警察到达现场。他们先搜索房子，并没有发现门窗有强行闯入的痕迹。当时一名叫弗朗茨的警察走到地下室门口，看到门关着，还闩上了，于是犯了一个严重错误，他没有去开那扇门。

8:10 分女侦探琳达来到家中监听绑匪的电话。她是当天大部分时间唯一在场的侦探，也是重要见证人，两年后接受 ABC 采访。

由于怀疑琼贝尼被绑架了，这些警察只保护了琼贝尼房间这一个现场。

帕特茜在 6 点前又打电话通知了四个朋友这件事，其中有律师、牧师，以及昨夜一起过圣诞的白先生（石油大亨）等，他们都赶来表达支持，无心破坏了现场。那封勒索信也一直在大家手中传阅。

琼贝尼的父亲约翰去银行准备赎金，但他并没把钱取出来。大家焦急地等待绑匪的进一步指示，但直到上午十点都没收到进一步的电话。在等待期间，帕特茜和约翰大部分时间都分开在两个房间，没有交流。约翰中途还去取了邮件。

当天在场的警察弗朗茨说,他觉得奇怪的地方是,帕特茜虽然在哭,但一直透过指缝在偷偷观察他。

12 月 26 日 13 点,侦探琳达再次提议约翰和他的好友白先生从上到下搜索一遍家里,并特别提醒不要触摸任何地方。听完琳达的指示,约翰立刻带白先生径直走向地下室。在地下室,白先生看到一扇碎裂的窗户。约翰说这是自己去年打碎的。

2016 年,约翰再次接受采访时回忆,玻璃是自己早先打碎的没错,但当晚窗户却被人打开了,而且窗户下面还有一只不应该在那里的行李箱。他暗示有人踩着行李箱,爬进或者爬出了窗户。

白先生还在对破碎的窗户发呆时,约翰已经走进最角落的那间酒窖,发出了一声惊叫声。地下室很大,要先穿过两个房间才能到达约翰当时所在的酒窖。白先生听到叫声,跑过去一看,在酒窖的地上躺着琼贝尼。

白先生后来说,如果不仔细看,可能都不会发现地上的尸体,因为上面盖了块白毯。他暗示约翰可能本来就知道尸体在那里。

放在琼贝尼身边的,是她最喜欢的一样东西:选美皇后的皇冠。

琼贝尼嘴巴上贴着胶带,手腕和脖子上松松地缠着一根尼龙绳。约翰二话不说,就揭去胶带,以竖抱的姿势抱着女儿上楼,放到楼上的地毯上(琳达后来回忆起这一幕,说她当时脑子爆炸了,觉得一个早上的怀疑突然说得通了)。

约翰后来在采访中回应道,他发现尸体的第一反应是放心了,终于找到了。随后马上意识到女儿已经死了,才开始哭泣。琳达让约翰把尸体放下,去其他房间报警,同时她开始数自己枪里有几颗子弹。

后来 ABC 访谈节目的主持人问她:"你为什么这么做?是觉得凶手还在这房子里吗?"她想了想,回答:"我就知道是。"

这时,琳达听到一声哀号,来自帕特茜。其他客人也走了进来。帕特茜扑在尸体上,把脸贴着女儿的脸哭泣起来。

约翰此后又未经许可,把一条毯子盖在尸体上,也被人批评再次污染了DNA。

琼贝尼

琼贝尼死时穿了白色连裤袜和裙子。帕特茜说,女儿身上的衣服不是她上床睡觉时穿的,而她睡觉穿的那身睡衣在她卧室卫生间的水槽里。

法医解剖后发现,琼贝尼生前头部曾遭到重击,头骨有一道8.5英寸的碎裂。死因是颅脑损伤和窒息,脖子上缠绕着一根尼龙绳。尼龙绳的一端用一支画笔杆子的三分之一绑着,这支杆子的另外三分之一出现在帕特茜的颜料盒中,还有三分之一不见了。琼贝尼的阴道有擦伤,并有被布擦拭过的痕迹(对此专家有不同的解读)。

法医在琼贝尼的胃中发现了菠萝残余,说明她死前吃过菠萝。父母说不记得喂她吃过菠萝,但当天拍的现场照片显示,厨房桌子上确实有碗牛奶菠萝。但菠萝碗上只发现了哥哥伯克的指纹。

拉姆西的家形成密室。窗户虽然有一块玻璃碎裂,但空间不足以钻进人。如果把窗打开,理论上是可以钻进人来的。但勘察现场的警察说,窗户角落有个未破的蜘蛛网,如果有成年人钻进来,应当会弄破蜘蛛网。

于是本案很快形成两派观点:一派认为有外来人员从这个窗户钻入拉姆西家,杀害了琼贝尼;另一派认为是家庭内部人员作案。

警方破案时间线

1996年,案发,警方几次找琼贝尼的家人谈话。那些谈话录像近年才被公布。

1998年,在琼贝尼的内衣上发现一小点DNA痕迹,排除了母亲、父亲和九岁哥哥的嫌疑。

1999年,大陪审团建议起诉琼贝尼的父母疏忽,把女儿置于危险的境地,但检察官认为没有证据这么起诉。

2002年,继任检察官认为是外来闯入者干的。

2003年,警方用新技术分析,认为DNA属于未知男性。

2008年,检察官曾给琼贝尼家人写信道歉,认为他们彻底摆脱了嫌疑。

2009年,警方从检察官那里接回案子,重启调查。

2016年,警方发现当年找到的样本中含有除死者DNA外,另外还有两个(有说六个)男性的基因,所以样本很可能已经被毯子、地毯、现场那么多访客污染了。

三个重要线索

线索一:911电话

帕特茜打电话报警的录音我听了好几遍,听上去确实非常焦虑、着急。她说了自己的名字，没说自己女儿的名字，提到六岁、金发、被绑架、留下了勒索信。

但奇怪的是，这通报警电话结束得很突然。她嘴里一直念叨着："快点，快点，快点……"接线员还试图问她其他问题时，帕特茜却突然不回答了，又过了十几秒后挂断了（我认为她是在打电话时看见了什么，很惊讶，一时顾不上报警电话，仓促收线）。

2016年接线员接受采访说，她觉得帕特茜当时的报警像在完成任务，所以多留了个心，没有立刻挂断电话。而另一头的帕特茜也没有立刻挂好电话，录音刚好录下了对话戛然而止后十几秒的声音。

我也去听了那十几秒的录音。说实话，那个录音太嘈杂，我听到的全是噪音。网上有好多人试图用科技手段还原那几段对话。有网友声称听到一个声音在问："警察会抓我吗？"未经证实。

2016年的节目《琼贝尼·拉姆西之案》中，在专家对录音进行技术增强后，三个主持人听到这样一段对话：

约翰（语气僵硬）：我们不是在和你说话。

帕特茜（语气慌张）：你做了什么啊？老天啊，帮帮我！帮帮我！

伯克：你（们）发现什么了？

录音非常嘈杂，而且说话的人距离未挂好的电话很远，哪怕经过技术处理，也不是完全清晰。但既然三个主持人都听出了这个内容，我选择相信。这至少证明一点，拉姆西夫妇说自己儿子从头到尾都在睡觉，警察来了才醒是谎言。

从录音来看，报警时伯克也醒着，而且他突然出现或者做了什么举动，惊到了帕特茜，让帕特茜顾不上报警，急忙挂了电话。

线索二：勒索信

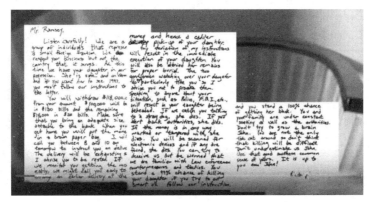

勒索信原文

勒索信全文如下：

拉姆西先生，

仔细听好！我们这伙人代表一个外国小团体。我们尊重你的生意，但你服务的国家却不值得尊重。现在你女儿在我们手上。她平安无恙，如果你想让她活到 1997 年，你必须按照我们信中的指示做。

从你账户中提取 11.8 万美元，10 万美元由 100 美元的钞票组成，剩下的 1.8 万美元由 20 美元的钞票组成。去银行时确保带上一个足够大的包。等你回到家，把钱装进一个棕色的纸袋里。我会在明天上午 8 点到 10 点给你打电话，告诉你怎么送钱。送钱会累坏你的，所以我建议你休息一下。如果我们监控到你提前取到了钱，我们可能会早点给你打电话，安排早点交钱，你也可以早点接回你女儿。

任何违背指示的举动都会导致你女儿立刻被杀死。你也不会拿回她的遗骸来举办体面的葬礼。看守你女儿的两个先生不太喜欢你，所以我劝你不要激怒他们。如果你和任何人谈起此事，譬如警察、FBI等等，会导致你的女儿被砍头。即使我们发现你和一只流浪狗说话了，她也死定了。如果你通知银行当局，她就死定了。如果钱上有任何标记或改动，她就死定了。你会被搜身，如果我们发现你携带了任何电子设备，她就死定了。你可以试着骗我们，但我要警告你，我们对警方那一套手段和策略很熟悉。如果你想和我们斗智，你有99%的几率会害死你的女儿。按照我们的指示行事，你有100%的机会让她回去。你和你的家人，以及警方，都受到了我们严密的监控。别想打什么主意，约翰。周围可不止你一个有钱人，所以别以为杀人有什么难的。不要小瞧我们，约翰。好好利用南方人的常识。一切就看你了，约翰！

必胜！

S.B.T.C.

读完整封勒索信，我的脑海闪过两个字：蠢货。这难道是在拍犯罪轻喜剧？绑匪甚至贴心地说："交赎金很累的，你先好好休息下。"

专家做了个实验，发现光抄一遍这封长信，就需要22分钟。更不要说还要构思和打草稿。

要求11.8万美元的赎金，这正好是约翰圣诞节从公司领到的奖金数额。专家认为，通常赎金都是整数，且按照拉姆西家的财富，绑匪好不容易抓到他的女儿，至少应该要一百万美元才对。

在警方要求笔迹鉴定时，约翰爽快地提供了自己的笔记本和妻子记家务的记事本。有意思的是，警方发现帕特茜的记事本上有几页是她平时写的东西，但中间却被人撕去了七页。

现场勒索信的三页纸正是从这本记事本上撕下来的，但另外四页一直没找到。被撕掉七页的后面那一页上留下了印迹：Mr and Mrs 这个开头。由此，警方认为绑匪当时是打了草稿的。另外消失的四页就是草稿。而用来写勒索信的那支笔被证明也正是帕特茜放在电话机下面的那支。

在怀疑勒索信是琼贝尼父母伪造的之后，警方进行了笔迹鉴定。但鉴定结论无法达成一致。有专家说信中有一个词和帕特茜的笔迹十分相像，有专家说无法确认。最近看到一个笔迹专家说，她花了三周时间研究那封信，认为信中有 200 处和帕特茜的笔迹相似，相信信是帕特茜写的。

信所呈现出的各种细节符合帕特茜的习惯，比如一些用词属于 30 岁以上的女性，是位母亲，和约翰关系亲密等。

2016 年，《琼贝尼·拉姆西之案》纪录片里的一个专家提出，勒索信中有好几句话和几部绑架题材电影里的台词相似。而拉姆西家放了不少电影海报。他暗示勒索信是帕特茜按照印象中的电影台词伪造的。

对于这封信，有三种可能性。

A：入侵者在地下室杀人后回到厨房，写了这封信。

我认为可能性几乎为 0。

首先，琼贝尼已死，且尸体就在家中未移走，很容易第二天被家人或者警方发现。再说，入侵者在第二天也没有打电话来给出任何交赎金指示，写这封信有何意义呢？

其次，琼贝尼的父母就在楼上睡觉，他是如何不慌不忙地找到笔和纸，打了多页草稿，并花了至少半小时，洋洋洒洒写了两页半废话的呢？他刚杀完人，理应尽快离开现场，又为何多留下可能导致自己被抓的线索？

B：入侵者在他们聚会回家前就在房子里了，有充裕时间写信和打草稿，并带走了失踪的四页纸。他最初可能要策划绑架，最后却不小心弄死了琼贝尼，便只好丢下尸体逃跑了。

这个乍听有一定道理，但考虑到其他证据，可能性也是0。

首先，房子周围都是积雪，没有可疑脚印，没有入侵痕迹，除非是有钥匙的熟人作案（警方曾一度怀疑过女佣和亲友。）

如果目的是绑架，为何要在现场杀人？是琼贝尼醒过来，挣扎反抗了，不得已杀人？可房间和客厅并没有挣扎痕迹，家人没听到声音。

绑架和性侵是两个目的，操作方式完全不同。如果一开始的作案目的是为了钱，为什么要在现场性侵琼贝尼？绑架带离现场后不是有足够的时间和机会去做这事？

C：家庭成员杀了琼贝尼，为了引导警方相信 A 或者 B 理论。其实排除前两种，也就剩下这一种了。

我认为勒索信是帕特茜所写。1.笔和纸是她的。2.有充足的时间。3.她想增加一点线索，更确保引导到入侵者身上。

线索三：性侵

尸检发现阴道有擦伤，有用布擦拭清理过的痕迹，内裤上有一点点尿液和血迹。没有发现精液。

法医理查德·克鲁格曼（Richard Krugman）说，阴道有擦伤，说明受过伤，但不一定就代表被性侵犯；法医西里尔·维兹特（Cyril Wecht）博士说：这女孩被猥亵了。阴道的开口是普通六岁女孩的两倍大，肯定有插入，但很可能不是阴茎，至少证明女孩案发当晚或以前被猥亵过。

在这一点上虽然有些小分歧，但至少专家一致同意：不一定能证明传统的性侵存在，但能证明琼贝尼的隐私部位受到了伤害。

那么，琼贝尼的隐私部位受到伤害是在她活着的时候还是死后？

首先，本案法医的结论都没有否认一点：阴道损伤可能是琼贝尼死后造成。

其次，注意，死者身上没有反抗、挣扎留下的淤青、抓痕、衣服破损等。

因此，有可能是这样一种情况：琼贝尼因颅脑损伤而死后，有人用物体（非阴茎）插入她的阴道，造成了血迹和尿液，随后又进行擦拭。

那这么做的目的又是什么呢？

嫌疑人

琼贝尼全家照

办理此案的人换了好几波。据说检察官和琼贝尼一家人的私交很好，他们相信是外来入侵者作案，他们认为琼贝尼参加选美大赛吸引了很多儿童色情狂的注意。他们所居住的区一年有 100 起入室抢劫案，附近有 38 个注册在案的性侵犯。

而警察则相信是琼贝尼的家人干的，只是错失了破案的良机。其实此案也可以看出钱和权力，在美国社会的作用。小地方的警察遇见这个富有、有地位、受过良好教育的白人家庭，从心理上败下阵来，一再让步，也不敢阻止他们做什么。

后来有个警长接受采访时说，琼贝尼一家如果是低收入的墨西哥移民，女儿的尸体在自家地下室里被发现，他们肯定会立刻被逮捕，不出三天就认罪了,然后被判一级谋杀。

尽管检察官怀疑过一个扮演圣诞老人的邻居、家里的女佣以及当地在案发后不久自杀的男人,但DNA都对不上。还有个碰瓷的恋童癖在2006年自首说是他杀的,但后来发现他那时候根本不在美国。2019年,另一个极度迷恋琼贝尼的恋童癖在狱中给同学写信,声称是自己不小心杀害了琼贝尼,但当地警方并未采信。

鉴于我相信勒索信就是帕特茜写的,就等于排除了外来入侵者作案的可能性。那么,帕特茜写信的目的是什么?她是在包庇她自己、她老公还是她儿子?当晚又发生了什么?

琼贝尼家人在案发后表现出防备的架势,不愿意接受警方问话,一切问题都要书面交给律师。甚至当警方要去找约翰前妻问话时,他立刻给前妻也找了个律师。但同时他们却接受了CNN的访谈直播,此后也多次接受电视台的采访,不断出现在屏幕上。如果有哪个朋友和警方、记者对此事发表言论,他们就和那个朋友绝交。谁说他们是凶手他们就告谁,他们雇了一个专门处理诽谤的律师,告了好多家媒体。2016年,CBS那个节目暗示伯克是凶手,伯克深得父亲真传,要CBS赔偿7.5亿美元。2019年,伯克和CBS达成和解。

嫌疑人一:父亲约翰

一种理论相信:约翰是个性变态,长期猥亵女儿,案发当晚,他在猥亵琼贝尼时意外地导致女儿死亡,后和妻子一起掩盖真相。

让我们先看看约翰是个什么样的人。他和第一任妻子生了三个子女,其中一个女儿在22岁时车祸身亡。1978年,约翰因出轨同事而离婚,离婚时净身出户,但之后几年又很快积累了财富。

1980年,约翰娶了当时23岁的选美皇后、学新闻的本科毕业生帕特茜。两人相差14岁。在约翰的公司一度快破产时,帕特茜让自己的父亲经济援助过丈夫。

一个在《名利场》杂志工作，与这对夫妻很亲近的朋友说，哪怕在热恋期，也从没看到过约翰拥抱、亲吻，或者以任何方式和妻子有身体接触。唯一一次看到他们牵手还是案发后在电视上。

约翰性格内向、沉稳、不太爱说话。有人唯一一次见到约翰发怒，是因为帕特茜花钱如流水。约翰怒摔信用卡："她想把我挣的每一分钱都花了！"也有朋友见过他因为钱和下属发脾气。

在帕特茜于 2006 年去世后，约翰于 2011 年娶了第三任妻子。

女警琳达在案发两年后在接受 ABC 采访时说，她（觉得自己）知道凶手是谁，但她不能说出名字，而且凶手也不可能伏法了。尽管琳达没说，但整个采访给我的感觉是，她暗示约翰对女儿实施了性侵及谋杀。

要注意，琳达当天没保护好现场，让约翰碰触过尸体，后来她还把机密的笔迹鉴定报告提供给了约翰，这点一直遭到各方批评。

我认为约翰杀死女儿的可能性为 0。

约翰留给我的印象是一个内敛、理智、拘谨的商人，情感不外露，不太放得开，在商业上很精明、实际，注重利益。他一向很容易得到女人的青睐，身边不缺女性，也没有显示出对幼女的癖好。他此前的婚姻中也有两个女儿。

从全球范围来说，生父性侵女儿的新闻很多。父/母讨厌子女不服管教，打死年幼子女的新闻也有。但生父性侵演变成谋杀女儿，我从未见到过。原因简单而又复杂，性侵代表一种欲望和感情，而杀死通常是因为利益矛盾/性格冲突。无论如何，约翰哪怕真的遭到一个 6 岁儿童的拒绝，也不可能走到暴力谋杀这一步，因为琼贝尼给他的任何挑战，他作为一个成人都可以轻易化解。此外，琼贝尼生前没有反抗挣扎的伤痕。

帕特茜是全职太太，几乎全部时间都陪同在子女身边，还要带女儿去参加

琼贝尼的父母

各种选美比赛。相对而言,约翰是个忙碌、经常出差的商人,和女儿接触的机会较少。如果约翰长期猥亵女儿,而妻子完全不知情几乎是不可能的。园丁在 2016 年的采访中提到,琼贝尼说起她很想念她出差的父亲,说明她此前并不害怕或者抗拒父亲。如果约翰当晚是第一次猥亵琼贝尼,这也不合理,他作为父亲可以制造很多和女儿独处的机会,需要在圣诞节晚上,全家人都在家、妻子在旁边睡觉时,去做这件事吗?

嫌疑人二:母亲帕特茜

约翰是个性变态,当晚猥亵女儿时被帕特茜发现,帕特茜想拿东西砸约翰,却不小心砸到女儿?帕特茜出于嫉妒,砸死了女儿?帕特茜因为女儿尿床,出于愤怒,打死女儿?

经周围人证实,帕特茜这人特别要面子。比如女儿习惯性尿床,她唯一会亲手做的家务就是每天清晨起床,赶在女佣上班之前就把床单洗了。她怕此事被女佣发现、传出去,毕竟琼贝尼也算个小名人,她不想尿床一事影响女儿的名声。

帕特茜爱出风头,有竞争意识。她非常自豪于自己的选美经历,会在床上摆上自己当年获奖时的礼服,怀念自己的辉煌一刻。当了全职太太后,她总是想营造模范家庭的氛围,想成为全职太太群体中的佼佼者。当然,她也很爱美,据说她每天都穿着考究的套装,且绝对不会两天穿同一件衣服。

帕特茜好客,爱社交,朋友多。她在圣诞节期间,会在每个房间放一棵圣诞树,和子女拍圣诞祝福视频发给朋友,也经常举办宴会,招待宾客。

帕特茜本科毕业于新闻系,当过记者,在那个年代应该说是受过良好教育的女性。虽然一直是家庭主妇,但她做事反而比丈夫有魄力、心狠手辣。

从她和约翰一起接受采访的状态来看,她说话得体,也很强势,家庭地位不低。

也有认识她的人批评她铺张浪费,品味奢华,她喜欢收藏各种昂贵艺术品。当她买了 50 万美元的房子后,花了 70 万美元重新装修。她曾经搞一次午餐会花了 3 万多美元,而据约翰的秘书说一般的午餐会用 5000 美元就搞定了。

此外,帕特茜还迎合男权思想。当然这也有她成长的那个时代的局限性,她从小被母亲教育要嫁得好,从选美到学画画到考大学,都是为了找个金龟婿而准备的。她生完孩子后不工作,但却积极参与各种学校活动、社区活动,扮演一个完美主妇、成功男人身后的女人形象。

有人说帕特茜的母亲极为刻薄恶毒,爱攀比,说话难听,她一直激励三个女儿去选美。不管帕特茜有没有继承母亲的性格,至少她也和自己的母亲一样,让女儿 4 岁时就开始参加各种选美比赛。有次旁人看到琼贝尼穿着裙子跑向母亲说她很冷,能不能把外套穿上。帕特茜说:"不行,亲爱的,别人还在看着你呢。"通过这些细节可见她对名誉的在意胜过对女儿真正感受的关心。

而我看了琼贝尼参加选美的视频后,也有一种不太舒服的感觉。她经常要穿成人化的衣服包括泳装走秀，姿势动作也很成人化。尽管观众大多是妈妈们，但这些服装和动作难免透露出对女性（一个小女孩）的色情化和物化意味。谁也无法保证没有恋童癖或色情狂在电视镜头前意淫孩子。

帕特茜的关键词是虚荣。我认为她杀女儿的可能性为 0。

约翰性侵琼贝尼的情节已经被我否定了，但帕特茜会不会因为嫉妒再加上琼贝尼的小过失（譬如她有尿床习惯）而杀人？我也认为不太可能。帕特茜的最大特点是爱面子、好攀比，但她不是一个恶魔。

她受过教育，谈吐良好，善社交，也从未听到有人说她情绪失控过。没人见过她冲动发怒，她总是一副优雅的模样。嫉妒的母亲会贬低、打压女儿，把她藏起来，绝对不可能费尽心思打扮她，让世人见识她的美貌。她把女儿推向前台，看着女儿得到比自己更多的桂冠，心中更多的是骄傲，而不是嫉妒和毁灭欲。

但是其他证据都指向了她：

1. 很可能是帕特茜写了勒索信。

2. 贴在琼贝尼嘴上的胶带上，有一些纤维，来自帕特茜当晚穿的黑白大衣。

3. 勒死她的尼龙绳上还绑了一个画笔杆子，似乎是为了绞杀时更好拿，而那个笔杆子的前三分之一在帕特茜的油画盒中。

4. 琼贝尼睡觉时穿的衣服被换了下来，丢在水槽中，这很像是一个母亲随手的动作。

嫌疑人三：哥哥伯克

这个理论认为，伯克因为妹妹偷吃了他的菠萝，迁怒于她，于是用手电筒打破了她的头盖骨。

1. 2016 年，CBS 做了个节目《琼贝尼案》，找了包括李昌钰在内的许多专

琼贝尼与哥哥

家来破案。911那个挂电话后的对话就是在这节目里被揭露的。父母说儿子从头到尾都在睡觉,是警方来了几个小时后才醒的。但从电话录音来看并非如此。

2. 其中一个专家认为是伯克用手电筒(现场照片显示厨房确实有个放3节电池的大号手电筒)打了妹妹的头,致她昏迷。后来他们做了个试验,找了个9岁男孩用同样的手电筒击打一个和琼贝尼一样个头的模型,造成的头骨碎裂痕迹几乎一样!

3. 伯克在案发一年前曾用高尔夫球棒打过妹妹的脸,留下过疤痕。

4. 当晚伯克给自己盛了一碗菠萝牛奶吃,因为碗上只有他一个人的指纹。可后来当侦探问他碗里是什么时,他拒绝说出"菠萝"这个词,只说"something",这被认为是一种因心虚而回避关键之物的本能反应。

5. 2016年,CBS的节目中引用了一个女佣的话,她说她曾在琼贝尼的床单上发现一颗葡萄那么大的粪便。她说警方封锁琼贝尼的房间后,专家曾搜索房间,发现在琼贝尼收到的圣诞礼物(一盒糖果)上也有粪便。她暗示这两次粪便都是伯克搞的鬼。

6. 警方至少问询了他三次，他坚持自己一直在睡觉或者不记得了。但是我看了他 9 岁时接受问询的视频，有一种毛骨悚然的感觉。当警方问他发生了什么时，他说可能有坏人把妹妹带到地下室，然后用刀刺了她。说这句时，他站起来举手做了一个极为夸张的用刀刺的动作。随后他说，也可能是用棒子打的，又站起来做了一个打的动作。

他对妹妹的死亡显得并不害怕、伤心，反而感到兴奋。我看了好几个视频，他都在椅子上动来动去。他后来在和一个女警员一起做游戏时，又回答："我什么都不记得了，我觉得我是不会告诉你的。"恐怕后半句才是真话。但警方在 1998 年到 1999 年期间都声称从未怀疑过伯克，还夸他表现得很有爱心、坦率和诚实。

7. 2017 年，伯克终于上节目接受采访。他全程带着奇怪的笑容，显得较为轻松（也有人认为他那尴尬的笑容是因为紧张而导致的）。

当主持人问他案发前一年为何用高尔夫球棒打妹妹时，他说他那次是无心的，在他挥舞球杆时妹妹刚好站在身后。

当主持人问他当晚是否吃了菠萝时，他说不记得了。

当主持人问他是否杀了妹妹时，他回答："你们不会找到任何证据的，因为这没发生过。"

真相推理

结合三个人的性格，我来试着还原下当晚发生了什么。我的观点和《琼贝尼·拉姆西之案》中提出的观点有相似，但并不完全一致。

帕特茜是个有完美强迫症、爱出风头、爱慕虚荣的母亲，但同时她非常宠爱自己的儿子，给了他全部的爱和最好的物质条件。伯克三岁时，帕特茜又生下了琼贝尼。根据新闻报道，看到刚出生的小琼贝尼如此美丽后，帕特茜姐妹们已经在商量让她早日去参加选美比赛了。自然，此后帕特茜把她的爱分给了女儿许多。并且琼贝尼的容貌也是伯克的升级版，走到哪儿都会吸引周围人的赞美和喜爱，这让一直受到纵容和溺爱并以自我为中心的伯克感觉受到了冷落，从而嫉妒妹妹。

琼贝尼在四岁开始全职参加选美，差不多同时期帕特茜被诊断出卵巢癌，她几乎把所有的希望和时间都放在了女儿身上。伯克也开始表现得格外顽皮，并具有攻击性。这其实是孩子变相吸引母亲关注的方式之一。在琼贝尼五岁时，伯克用高尔夫球棒打她的脸，在琼贝尼的脸上留下了伤痕，并且他在妹妹的床上和她最喜欢的圣诞礼物上放自己的粪便，这些都可以看出他对妹妹的排斥和厌恶。可惜约翰和帕特茜在发现问题后，也未对伯克的性格加以重视。

圣诞节前几天，琼贝尼刚赢得一个桂冠，圣诞节的饭桌上，或许大家的话题也更多地是围绕小美女展开的，这让当晚的伯克感到嫉妒而又愤怒。回到家后，帕特茜带琼贝尼上楼洗漱换睡衣，而伯克自己在厨房里开了一碗菠萝牛奶吃。帕特茜此后可能自己去洗漱了，而琼贝尼从床上溜下来，跑到厨房，看见了伯克的菠萝，于是用手从碗里偷吃了一块。伯克警告她，可她想继续拿，这时积攒了一个圣诞节怒火的伯克拿起桌上的手电筒朝她的脑袋抢去。

琼贝尼倒地昏迷。她的头骨几乎一分为二，颅脑严重损伤，发生脑死亡。而这时帕特茜到楼下，发现了倒地的琼贝尼，发出了尖叫（有邻居听到）。当她问伯克是怎么回事时，伯克由于上一次打妹妹受过父母的惩罚，狡辩称自己只是轻轻打了她一下（他肯定没交代是用手电筒打了妹妹，如果交代了，父母会把餐桌上的凶器处理掉）。帕特茜考虑过送女儿去医院，但当她发现女儿已经没有自主呼吸时，认为她已死。

没人比母亲更了解自己的儿子，帕特茜知道一定是伯克干了很可怕的事，虽然伯克抵赖。但警方如果发现真相，一切后果对帕特茜来说太可怕了。首先，一旦报警，伯克就会被带走，她很可能在失去女儿后，又失去对儿子的监护权。伯克可能会被少年法庭起诉，被监禁，还要一生背上杀死妹妹的污名。而她现在患有卵巢癌，或许不能再生育。她不能忍受再失去唯一的孩子。其次，这一系列事件会在当地引起轰动，儿子杀死女儿的丑闻会让她一直营造的模范家庭、完美主妇的形象崩塌，会被其他女人议论和耻笑教子无方。我此前说过，爱面子是她的关键词。作为当地名人，家族和个人蒙羞相当于天塌下来了。那时候她唯一的选择是扮演受害者，至少可以躲避指责，赢得同情。

于是她不顾约翰的反对（可能与约翰有过歇斯底里的争吵），开始设计一个绑匪性侵并杀死女儿的假案。而约翰也不再理她，而是强迫伯克回自己房间。

琼贝尼与母亲

让我感觉最可怕的一点是，帕特茜可能为了掩盖女儿死亡的真相，竟然设计了性侵和勒死的情节。她在维护个人面子和家族声誉时是如此心狠手辣。她把自己的画笔折断，做了个绞杀的绳索，在女儿脖子上勒出了痕迹，而那时或许尚未死去的琼贝尼却因此真的窒息而亡。帕特茜知道女儿如此貌美必定会吸引许多男人的关注，于是为了让外人有合理的作案动机，也为了让绑架杀人更逼真，她伪造了性侵。她用某物体捅了女儿的下体，造成了阴道擦伤。她怕阴部留下那个物体的痕迹，又用衣服擦拭了女儿的下体。然后她回到楼上拿了衣服，给她换上一身干净的，又随手把脏的衣服扔进了水槽，后来却忘记清洗。

这时约翰下楼，帕特茜让他把女儿的尸体藏起来。约翰想到自己在地下室曾经打碎过一扇窗户，不如制造绑匪从那个窗户闯入的情节，便把女儿的尸体藏到了地下室最里面的一间。

愚蠢的帕特茜没有犯罪经验，她凭从电影中得到的印象，拿出自己的记事本和笔洋洋洒洒地写了一封勒索信。花了一个小时写完后，她销毁了那四张草稿纸，把自己的记事本和笔放回原处。

然后她开始打911。在她打电话时，伯克听到她在报警又从楼上下来了，可能问了一句话。帕特茜发现儿子又下楼了，很慌张，急忙挂断电话，却没挂好。于是有了随后的对话：

约翰（语气僵硬）：我们不是在和你说话。

帕特茜（语气慌张）：你做了什么啊？老天啊，帮帮我！帮帮我！

伯克：你（们）发现什么了？

接着，伯克又被带回房间，约翰叮嘱他必须对他人坚称自己一直在睡觉，什么都不知道。帕特茜又给朋友打了电话。接着警察来了。他们本来以为警察会搜索房子，很快发现尸体，可没想到弗朗茨却没打开那扇门，没发现。

于是这闹剧有点演不下去了，约翰一定在内心责怪帕特茜搞这一出，而帕特茜还在处于被识破、名誉损坏的忧虑中。在女儿被绑架的情况下，一般夫妻都会拥抱、互相安慰，可他们却不敢有任何交流。"说好"早上打电话的绑匪，直到下午也没打电话来，而约翰因为知道是假的，也没有真的去取赎金。当琳达让他再搜索房间时，约翰已经受够了，只想快点结束这一切。他径直走向地下室，从里面抱出了女儿。他的哭泣或许也是真心的。因为他知道女儿已经死了，所以他抱女儿到一楼后直接把她放在走道的地毯上（而不是沙发上、床上或桌上）。

此后夫妇俩骑虎难下。如果此前只是为了替儿子掩盖罪行，到后面他们也是为了自己而战。毕竟伪造犯罪现场和做假证可不止是对子女失职那么简单，他们可能会坐牢，事业和生活尽毁。而伯克达到了目的，消灭了生活中的敌人，霸占了父母的爱，却没有受到任何惩罚，一直处于狂喜之中。

有人说他不是凶手，因为此后他一直没有任何暴力记录，他和女朋友生活幸福，和他父亲感情很好。伯克不一定就有暴力倾向，他当时的两次暴力都是针对妹妹，他只是想独占父母以及亲朋好友的时间、爱和关注，他的目的达到了。此后他必定得到了更多管束、关注和引导，当他更懂事后，也必定会意识到自己行为的严重后果，从而有所收敛。至于他有没有乱抹排泄物等其他怪癖，我们就不知道了。2006 年帕特茜去世时，想必留下的遗言或许是让丈夫继续维护两人唯一孩子的前途和名誉。

以上是根据媒体公开材料所作出的推测，不代表现实中的定论。

9.

博蒙特三姐弟
神秘失踪案

澳大利亚国庆日的阴影：三姐弟究竟去了哪里？

　　2018 年，美国犹他州通过了第 SB65 号法案，它也被称为"野放教养法案"。在美国许多州都有儿童疏忽法，譬如 19 个州规定将儿童留在汽车里面无人照料是违法的，5 个州的法律规定了儿童可以单独在家的年龄，留不到规定年龄的孩子独自在家，也是违法的。

　　而这个犹他州的"野放教养法案"颁布后，孩子们在没有大人陪伴下可以独自走路上学，或者在外玩耍，家长都不会再面临刑责。

　　这让我想起了于 1966 年发生在澳大利亚的博蒙特姐弟失踪案。在这个案子发生前，澳洲治安整体较好，大人们放心让孩子自己出门独自玩耍，也是遵行野放散养。但这个案件震动了整个澳大利亚社会，改变了这一观念，案发之日也因此被称作"澳大利亚失去纯真的一天"。

博蒙特三姐弟

　　这起失踪案引发澳大利亚历史上最大规模的警察调查行动，但始终未能破获，成为澳大利亚最著名的悬案之一。

失踪姐弟三人生活在南澳大利亚州的阿德莱德。

1966 年 1 月 26 日是个炎热的夏日，又是澳大利亚国庆日（当天一般人是要工作的）。三姐弟搭乘公共汽车从家前往著名的格莱内尔格海滩，车程只需 5 分钟。

大姐简·纳塔雷·博蒙特（Jane Nartare Beaumont，1956 年 9 月 10 日出生），当时已经 9 周岁了，平日里已经能担负起照顾 7 岁妹妹阿娜·凯瑟琳·博蒙特（Arnna Kathleen Beaumont，1958 年 11 月 11 日出生）和 4 岁弟弟格兰特·埃利斯·博蒙特（Grant Ellis Beaumont，1961 年 7 月 12 日出生）的职责。

他们在早上 10 时离开家门。博蒙特夫妇也各自出门会见客户和朋友。孩子们本应搭乘中午的一班公车回到家中，博蒙特夫人提早赶到车站等候。但车来了，她却发现孩子们并不在这班车上。

下一班车是下午 2 点到，孩子们却依然没有回来。博蒙特夫人心中开始忐忑不安起来，想出门找孩子，但她担心孩子在回来的路上与她错过，于是只能在家等待，不敢轻易出门寻找。到下午 3 点，三姐弟依然没有回家。在海滩上可以清楚地看到一座钟塔，因而孩子们也不太可能是忘记了时间。

博蒙特先生此时刚好回到家中，从妻子口中得知情况后立即前往海滩找孩子，但没有发现他们的踪影。夫妇两人寻找无果后，便于晚上 7:30 报了警。当晚博蒙特先生在海滩上彻夜寻找，依然没有结果。

案发次日早晨，博蒙特三姐弟正式宣告失踪。人们认为三个孩子在一起同时迷路的可能性并不大，因而此时只有两种解释：一是发生了溺水等意外，二是有人诱拐了他们。

警方在海滩及周边地区展开大规模的搜索，但是活不见人，死不见尸，就连孩子的衣物和随身带的书、毛巾等也全无踪影。警方组织了大规模海上及水底搜索，也未能找到三个孩子的尸体。这使得"意外"这一可能性大大降低，而"诱拐"成为唯一合理的解释。

这时,目击证人的证词几乎坐实了这是一起诱拐。数名证人称,曾在海滩附近见到三个孩子和一名高个子、金发男子在一起。这名男子的脸很瘦削,运动员体格,皮肤被太阳晒得很黑,穿游泳短裤,年龄约在 35 岁。人们还见到他帮助姐妹仨在泳衣外套上短裤。

虽然对这名男子长相的描述可以采信,但证人对他年龄的估计不一定准确。这可能是导致后来警方无法确定嫌疑人的原因之一。

多名证人看见,三个孩子和这名男子一同玩耍,看起来很开心、放松。随后证人看到男子和三姐弟一同离开海滩,警方估计离开的时间应该在中午 12:15 左右。

此后,一家烘焙店的店主称在大约同一时间,简来店中买馅饼和肉饼,用的是澳大利亚镑的一镑纸币。当时她觉得很奇怪,主要因为两点:一、三姐弟以前来买过多次馅饼,但他们不爱吃肉饼,所以从不买。这肉饼可能是替那个男子买的。二、孩子的母亲平时给孩子的钱最多只有几先令,仅够三人的车费和饭钱,案发当天只给了他们八先令六便士。那么是谁给了他们一镑纸币呢?

值得注意的一点是,澳大利亚镑是 1910 年至 1966 年 2 月之间流通的法定货币。也就是案发两周后,这种钱就不再流通了。这种一镑面值的纸币在 60 年代是相当大的面值。当年一个工人一周也挣不到 10 镑。一镑等于 20 先令,等于 240 便士。当时一便士可以买一个鸡蛋,1000 镑可以买个房子。许多成人都不会随身携带一张那么大面值的钱,更别说给小孩了。由此可见罪犯经济条件较优渥。

博蒙特夫妇称三个孩子们,都十分害羞,尤其是简。所以三姐弟不太可能会和陌生人一起玩耍。调查人员由此推断三个孩子之前可能不止一次见过这个高个金发男子,并且已经对他产生足够的信任。

博蒙特夫妇回忆起来,7 岁的二女儿阿娜曾偶然告诉母亲:"简在海滩认识了个男朋友",博蒙特夫人认为这是玩笑,并未引起注意,然而这句话此时却印证了这个推断。

可能是同一个凶手所为的案件

1973 年 8 月,也就是 7 年多后,两名女童——11 岁的乔安妮(Joanne)和 4 岁的科斯蒂(Kirsty)——在阿德莱德椭圆球场的一场球赛期间失踪。

当时两个女孩要上厕所,乔安妮的父母和科斯蒂的祖母便允许她们自己去洗手间。在她们离开球场的 90 分钟内,曾多次被目击证人看到。有证人看见一个陌生男子牵着科斯蒂,而乔安妮则神情低落无奈地跟在后面。之后三人都不见了踪影,也没有证人再看到他们。警方根据证人证词重建了男子的肖像,发现该男子相貌和博蒙特一案中的男子肖像十分相似。

线索

博蒙特夫妇收到了大量线索,有些已经证实是假的,我就省略了。

几个月之后,一名女子称失踪案发当晚,一名男子带着两个女孩和一个男孩进入附近的一座空房。她还称在之后看到那个小男孩在一条小路上行走,而男子追上他并粗暴地把他抓回。第二天早上他们离开房子,之后她也没有再见到该名男子和三个孩子。警方并不能证实这个证词,也无法确定该女子为何在事发之后这么久才提供这一信息(这更像是她在几个月中接触大量该案报道后产生的记忆偏差或幻觉)。

2000 年 11 月,事发地附近阿德莱德郊区的一位房地产经纪人在翻修房间时发现地毯下的一个暗门,打开之后发现有人类的遗骨。警方赶到后发现这是三名幼儿的尸骨，但随后根据遗骸的年龄判断并非博蒙特姐弟，与本案无关。

嫌疑人

本案的嫌疑人众多。有些由于年龄差距太大（比如 1966 年自己也才十几岁），或当时没有汽车，或穷困潦倒等原因也不太可能作案。所以我留下几个可能性较高的嫌疑人。

1. 哈利·菲普斯（Harry Phipps）（2004 年去世）

2013 年，两个作者在经过详细的调查后，写了一本书《缎面男人——解开博蒙特三姐弟失踪之谜》，书中提到一个人可能与此案有关，书中虽然给这名男子用了化名，但给出了许多具体信息，譬如：他是个工厂主，喜欢穿缎面衣服，是个恋童癖。在书出版后，一名男子找到警方表示，书中的男子就是他父亲哈利·菲普斯。他声称自己曾在案发当天在自家的后院见过这三个孩子，其中大的那个还背了一个包（简失踪那天确实背了一个包）。他说当天晚些时候，父亲开车离开家，之后那三个孩子也不见了。

哈利住在离那个海滩只有 180 米远的地方，长相符合画像，案发时应该 40 来岁。他从表面看是个成功的企业家，富有魅力，注重健身，爱打高尔夫，但家人和小圈子都知道他有恋童癖和性怪癖。他痴迷缎面的东西，只要是缎面的材料，都能让他产生性兴奋，并无法自抑。他有一个小木屋不让任何人靠近。家人个个都很怕他。哈利的儿子甚至声称自己从小就被父亲性侵和虐待，直到 13 岁。

在上面提到的书出版后，一对已经 60 多岁的兄弟回忆起一件往事。在案发三天后，他们曾遇到一个男人，花钱雇他们在阿德莱德郊区一家工厂后面挖了一个坟墓大小的洞穴，但并未告诉他们洞穴的用途。他们挖完后也收到了一镑纸币，而这个雇他们挖坑的男人就是哈利。

哈利在 20 世纪五六十年代相当有钱，曾有不少人声称收到过他分发的一镑纸币。

2017 年，一位老年女性告诉警方，自己在少女时期曾被哈利带到工厂对面遭受性虐。专家认为她没有说谎。

2013 年，根据雷达提示，工厂背后有一块一米见方的地方被人挖过，于是警方挖掘了那个地方，但并未见尸体。

2018 年，在电视台的赞助下，警方又来到工厂，花了整整八小时，进行了更深更大范围的挖掘，可只找到一些动物的尸骨。

我把哈利排在第一个，因为对我来说，他从各方面看都是嫌疑最大的人。他生活在附近，时间自由，有车，可能与孩子们早就相识。他的身上随时有一镑纸币。他的富有和事业成功迷惑了许多人，使他死前一直躲过怀疑。专家看了其儿子的采访视频认为，他说的应当是实话，但可能也隐瞒了更多的真相。至于警方一直没有找到尸体，我认为哈利可能一开始确实如他儿子所说，把尸体埋在了工厂后，但此后本案影响太大，他担心被发现，转移过尸体。

2. 贝凡·斯宾塞·冯·埃纳姆（Bevan Spencer Von Enham）

贝凡·斯宾塞·冯·埃纳姆（1945 年—　），1966 年案发时约 21 岁，职业是一名会计。冯·埃纳姆在 1983 年绑架并残忍谋杀了 15 岁的理查德·凯尔文（Richard Kelvin），冯·埃纳姆后被定罪，判终身监禁。他还涉嫌参与其他多起绑架并谋杀儿童和青少年的案件，但都因证据不足而未予起诉。

警方认为高度可信的一名证人在 1990 年另一起案件的庭审中称，冯·埃纳姆曾在一次谈话中声称数年前把博蒙特三姐弟从海滩带走了。他说自己在他们身上实施了外科手术，把他们"连接到了一起"。其中一个孩子在手术中死亡，所以他只得把其他两个孩子一并杀掉然后抛尸到阿德莱德南边的<u>丛</u>

林中。

冯·埃纳姆在案发时确实身在阿德莱德，同时他也是恋童癖。这位证人还称冯·埃纳姆经常到格莱内尔格海滩更衣室附近偷窥，因而他对事发地也十分熟悉。"实施外科手术"的描述与冯·埃纳姆涉嫌参与的其他谋杀案手法相吻合。证人还表示，冯·埃纳姆曾声称自己从阿德莱德椭圆球场的一次比赛中带走了两个女孩，然后杀害了她们，但是冯·埃纳姆并未说明具体的细节，而且他本人拒绝配合相关的调查。

也有人认为冯·埃纳姆与此案并无关联，因为冯·埃纳姆在案发时21岁，远小于目击证人描述的35岁。此外，他的谋杀受害者理查德以及其他可能的受害者的身份有一定的共同特征，但博蒙特三姐弟以及阿德莱德椭圆球场失踪的两名女孩乔安妮和科斯蒂并不符合这些特征。

除了以上原因外，我还单独看了他在理查德一案中的作案细节，倾向于认为冯·埃纳姆曾对某些人说他干了这两个著名案子，只是吹牛。

理查德因为戴了一条狗项圈走在路上，吸引了冯·埃纳姆的注意。冯·埃纳姆直接把他塞进汽车，从马路上掳走，随后下药、殴打、虐待、性侵理查德整整五周，导致理查德因为肛门失血过多死去。冯·埃纳姆并没有掩埋尸体，而是直接把他连带衣服丢弃郊外。

虽然我此前认为博蒙特三姐弟在死前可能遭受了相似的对待，但我认为本案中无论绑架方式，还是抛尸方式，都和博蒙特一案不符合。1966年的案子中，凶手先铺垫几天、接近熟悉受害人，再进行诱拐，给简钱让她去买午餐，以及抛尸至今找不到，都可见他在当年就是个谨慎、圆滑、善于伪装，并想要极力保住自己正常生活轨迹的人。而从冯·埃纳姆在1983年（38岁）所作所为看，他是一个粗线条、冲动、自制力差的人。一个38岁时还鲁莽的人，不大可能在21岁这个青春冲动的年纪反而如此谨慎，不符合个体性格的发展趋势。

3. 亚瑟·斯坦利·布朗（Arthur Stanley Brown）（死于 2002 年）

1998 年，另一位嫌疑人亚瑟·斯坦利·布朗（1912 年 5 月 20 日—2002 年 7 月 6 日）进入警方视野。1998 年，布朗因涉嫌在昆士兰州汤斯维尔绑架并谋杀 7 岁的朱迪斯·麦凯（Judith Mackay）和 5 岁的苏珊·麦凯（Susan Mackay）姐妹而被逮捕，被捕时 86 岁。

麦凯姐妹二人于 1970 年 8 月 26 日在上学路上失踪，两天之后，二人的尸体在汤斯维尔的一条干枯的河床上被人发现。两个女孩都是被勒死的。布朗是姐妹二人学校的木匠，于 1998 年被捕并被起诉，而审判则因故推迟至 2001 年。但他随后被诊断出患有失智症及阿尔茨海默病，审判尚未完成即于 2002 年去世。

布朗和冯·埃纳姆一起被列为博蒙特一案的最主要嫌疑人，他的面貌与此案及乔安妮与科斯蒂失踪案中警方重建的嫌疑人相貌惊人相似。他也同样是恋童癖，并且与两起案件中证人对嫌疑人的描述也都相吻合。

证人证词和其他证据证实布朗和乔安妮与科斯蒂失踪案有一定联系。正因为两案中的画像很相似，这也成为警方认定他与博蒙特一案可能有关联的关键因素。但没有直接证据证明布朗 1966 年身在阿德莱德。而布朗在案发时年逾 50 岁，年龄也并不符合此案中证人对嫌疑人"30 多岁"的描述。

但我认为警方在博蒙特一案中还原出的嫌疑人肖像效果并不佳，两张画像相似可能纯属巧合，其实是两个不一样的人。所以如果布朗是阿德莱德椭圆球场失踪案凶手，他未必是博蒙特案凶手。

4. 安东尼·蒙罗（Anthony Munro）（1944 年—　）

2017 年，南澳警方把蒙罗列为新嫌疑人。此人生活在南澳，是个富翁，有一家酒吧，早年是阿德莱德童子军领队。案发时 22 岁。因为在 1965 年到 1983 年间对两个男孩持续性侵而被判刑五年。据说他也被柬埔寨通缉，因为他曾在那里犯下了同样的罪行。他的一个受害人认为,蒙罗和博蒙特姐弟三人失踪有关。

因为这是最新的嫌疑人,所以我列上去了,但目前来看,他主要是对男童进行性侵,没有证据表明他曾杀害女孩和男孩。

后续影响和纪念

博蒙特夫妇在案发后在原住处继续生活了数年,他们希望三个子女能侥幸逃脱回到家中,但最终还是搬出原来的住所,卖掉所有物品之后离婚分居,逐渐淡出公众的视野。

2009 年,阿德莱德作家史蒂芬·奥尔(Stephen Orr)根据本案件的经过以及所造成的相关影响,创作了小说《时光的漫长废墟》(*Times Long Ruin*),小说对原案件中的人名和具体信息全部做出了改动。

1966 年博蒙特三姐弟失踪案不仅给他们父母,也给整个社会都造成了伤痛。

10.

子宫强盗：名古屋孕妇被剖腹取婴事件

日本名古屋子宫强盗

子宫强盗：名古屋孕妇被剖腹取婴事件

很多悬案太过知名，早已被人做出了种种假设，如果某一种符合我的判断，我会说出自己支持的原因。但有时我也会提出新的假设，比如这起案件。

此案一直未侦破，2003 年也过了追溯期。

我读了几篇报道后，认为当年日本警方完全找错了方向。20 世纪 80 年代信息有限的情况下，警方犯了先入为主的错误。

如果我的假设是正确的，凶手其实离他们很近了。

案发经过

1988 年，守屋靖男 31 岁，妻子美津子 27 岁，此时已有身孕，即将生产。

守屋靖男在大学毕业后来到名古屋工作。四年前，他和美津子相识结婚，在名古屋的中川区户田附近，租下一间公寓在一起生活。

美津子和当时日本大多数已婚女性一样，是一位全职家庭主妇，但同时她还在家中销售一个美国直销品牌的生活用品，赚点零花钱。夫妻平时感情看似融洽，但案发后邻居表示曾多次听到两人吵架，起因似乎是靖男反对妻子的工作。

在日本时曾听说，一些思想传统的男性认为，妻子婚后出去挣钱代表了丈夫的无能，会被其他人笑话。但靖男为何反对妻子在家中销售生活品，是为了面子，还是出于对安全的考虑，我们并不清楚。

3月18日上午：美津子和往常一样送走了去上班的丈夫。随后她独自去医院做了孕检。

13:10：靖男打电话回家询问产检，美津子聊起医生说离预产期还有五天。

靖男看起来是个暖男，每天都会在中午和下班前打两通电话关心妻子是否有阵痛。

13:50：美津子的友人田村真子(31岁)带着两盒草莓串门，并向美津子购买了2000多日元的直销品牌除臭剂。她声称看到美津子将那些钱收在钱包里，但最后警方却没在案发现场找到这只钱包。美津子和田村真子一起吃了草莓，吃剩的草莓装在餐具里，放在电暖桌上。

14:30左右：事后有附近邻居表示在下午14:30左右看到一辆红色小轿车停在公寓门口。车子没有熄火，驾驶位上有人，但看不清长相。

15:00左右：根据田村真子的证词，美津子穿着拖鞋将她送到楼下的停车场，当时并没有锁门，很快就回屋了。

15:10：有路人看到一名中等身材的男子，从公寓二楼的楼梯上慌慌张张地跑下来，一直向北跑去。

15:20：住在一楼的主妇听到有人在转自家的门把手，同时还按了电铃。她将门半开，往门缝外一看，发现有一位身高1.65米左右、年龄30岁上下的圆脸男子站在门口。这男子身穿西服，拿着公文包，看似上班族。

那名男子问道："请问你知道中村先生住在哪吗?"

因为这栋两层楼的房子只有四家住户，没有人姓中村，所以这位主妇回答

"不知道"后,急忙将门关上(不清楚这个男子和15:10跑下楼的是否同一个)。

18:50:靖男离开公司前又打了一通电话回家。平常响三声就会接通的电话,这次竟然响了十多声都没人应。

19:30:守屋靖男结束工作,快步赶回位于名古屋市中川区的自家公寓。

19:40:靖男来到公寓楼下,抬头看了看二楼的自家窗户。往常此时应该会开灯的家里一片漆黑,而早该收进屋里的衣物还原封不动地挂在外面阳台上。

靖男上楼梯,将手放在门把上。然而,一般都会上锁的门竟啪的一声就转开了。

屋里没有开灯。靖男后来辩称他以为妻子睡着了,所以没有进起居室,而是走进了卧室,开始换衣服。就在他脱下西装外套的时候,突然听到隔壁的起居室传来了婴儿微弱的啼哭声。

靖男十分困惑,走到起居室,发现脚下的地板湿漉漉的。他打开房间灯后,被眼前的一幕震惊了:

美津子双腿张开躺在电暖炉桌旁。她的身上穿着蓝色的孕妇装、粉红色运动夹克、下身穿着黑色裤袜。她的双手被白色尼龙绳反绑在身后;脖子上缠绕着电暖炉的电源线,电源线还插在墙上的插座上。

她的双脚间有一个满身是血的婴儿,正在虚弱地哭泣着。从美津子的腹内伸出一条30厘米左右的脐带,蜿蜒地落在榻榻米上。

靖男慌忙跑到玄关找电话,却发现不见电话机的踪影,只看到被扯断的电话线。电话去哪儿了?靖男来不及思考这个问题,而是跑到楼下跟邻居借了电话叫了救护车。

美津子其时已经死亡。经过一个多小时的手术抢救,婴儿奇迹般地存活了,体重只有2930克。

现场·死因

这台体积不小的按钮式电话机被警方找到了,竟在美津子被切开的子宫里。

同时他们还在她的子宫里找到一把带米老鼠造型钥匙圈的车钥匙(也有新闻只说是钥匙,没说是车的钥匙)。

从尸检报告看,受害者美津子被勒颈,死于窒息。但从脖子上的伤痕看,勒死她的并不是缠在她脖子上的电源线,而是尼龙编织绳。美律子的双手也从背后被人用尼龙绳捆住。我未见有文章提及勒死她的和捆住她手的是不是同一条。

她的腹部有一道长达 38 厘米的切痕,是凶犯在勒死美津子后,残忍地将她剖腹,美津子的腹中胎儿被取出。

从伤口的切口看,切割开美津子下体的刀具非常锋利,可能是手术刀,也可能是美工刀,但是在现场并没有找到相应的凶器。

同时凶手应当不是医务人员。20 世纪 80 年代日本剖腹产都是竖切,一般医生的做法是由腹部下刀,向下体切割;而罪犯是从下体入刀,向上切割。同时凶手在切开腹部时,有多次下刀的痕迹,并且因为下刀过深,割伤了腹中的胎儿。被取出的婴儿,脐带被割断。婴儿膝盖内侧、大腿内侧和胯下三处都有刀伤。

足月的宝宝是塞满整个子宫的,只有三处有集中伤口,说明凶手动作并不粗暴。新闻没说刀伤的深浅,但被剖出三个多小时婴儿都没去世,可见没伤到动脉之类,是很浅的伤口。因此,我判断这是凶手在剖腹时的不小心误伤,而不是 TA 故意伤害婴儿。

凶犯取出胎儿后,将米老鼠的钥匙环和电话机塞入了尸体的子宫。

凶犯没有留下任何蛛丝马迹,指纹全被擦拭干净,料理台有将血冲洗掉的痕迹,可能 TA 在水槽洗去了手上的鲜血。此外,遗体没有受到强暴的迹象,也没有激烈抵抗的痕迹。

结合田村真子的证词,再加上尸体的僵硬程度和胃中草莓的消化程度,警方判断美津子的死亡时间为当天下午 15:00 到 17:00 之间。

此外还有一些细节或许可以缩小案发时间。

1. 美津子是一个非常爱干净的人,一般吃完东西的盘子碗筷她都会随手洗掉。但在现场警方找到一个装过草莓的碗。美津子和田村真子吃了草莓后,就把她送出门。回到家不久,她可能还没来得及洗盘子的时候,就发生了意外。

2. 美津子每天的生活极为规律,她每天下午 16:00 收阳台上晒的衣服。可靖男回家时发现衣服还在阳台,所以美津子的遇害时间很可能是在 16:00以前。综上,案发时间可能是在 15:00 到 16:00 之间。

动机

本案中凶手的动机是最令人困惑的。只有美津子那个装着数千块日元现金的钱包遭窃,但凶手并没有对家中其他值钱的东西下手。

靖男和美津子的交友并不复杂。美津子无论是在生活中认识的,还是通过生意认识的,绝大多数是不工作的已婚女性,也无已知的仇人。

《犯罪地狱变》这本书曾提及这起案件,书中写道:"案发前一天的 3 月 17日,电视的深夜频道当中,曾经介绍歌川国嘉和芳年的残酷浮世绘《无残绘英名二十八句》。"据说芳年的浮世绘是以"将勒毙的孕妇开膛剖肚,取出胎儿"为主题。因此,书中怀疑凶犯是因为看了这个节目后才引发犯罪的。

本案值得注意的一点是:美津子死后,肚中胎儿也会因为母体血液循环的停止而缺氧,在 10—15 分钟后也会随母亲一起死去。如果 16:00 前案发,到

19:40靖男回家,腹中胎儿根本不可能挺过三个多小时。所以凶手剖腹取婴儿,实际上是"救"了婴儿一命。

那么,谈到动机,我们就需要做一个选择:

A. 凶手因为其他动机杀死美津子后,为了让婴儿能存活,而进行了谨慎的剖腹。

B. 剖腹取婴本身是凶手杀人动机,TA是为了取婴才杀了母亲。

你选哪个? 任何一个选择都可以排除掉一干嫌疑人。

我的选择是B。

几种假设和嫌疑人

1. 闯空门,杀人灭口,剖腹"救"婴

虽然日本犯罪率低,但也有一些盗贼会撬开住户的大门或者窗户,入室盗窃。据说上午 8:00—9:00 和下午 15:00—16:00 这两个时段是人们最常见的不在家的时间,所以小偷最容易上门。

这么看,一楼住户遇到的那个转门把手和按门铃的男子很像是闯空门的人。他先试试有无人在家。如果无人在家,就撬门入室;如果有人在家,他就伪装成找人、问路等等。

那么会不会在美津子送田村真子出门那会,小偷以为她要外出,就潜入她家,可没想到几分钟后她却回来了,酿成了悲剧呢?

可能性极低。

首先,这个推测是和以上选择题中的 A 答案一致的。既然我选了B,其实已经排除了这种可能性。但我还是从其他角度分析一下。

那把极为锋利的刀是凶手带到现场并带走的。尼龙绳从哪儿来,并未说明,非常有可能也是凶手自己带来的。根据日本媒体的评论,这种闯空门的小

偷通常是轻装上阵,不会带刀行窃。

让我们忽略概率,假设这个小偷刚好带了一把锋利的刀。他撞见了美津子回家,想必是一个非常慌乱的局面。他如果在这时候做出杀人灭口的决定,最可能的方式是随手掏出那把锋利的刀刺死美津子,而不是用显然失败率更高、效率更低的绳子去勒死她。

就算他的确选择用绳子去捆绑美津子,或者勒死美津子,那么美津子必然不会束手就擒,可是邻居却没有听见一点呼喊,屋内也没有搏斗的痕迹。

如果此盗贼害怕行窃被抓,而毫不犹豫地杀人灭口,那么他必是一个冷酷、胆大、自私的人,他最大的考虑是保全自己。此刻当他已经从行窃小罪上升为谋杀重罪时,他为了保全自己,更应该立刻逃跑,又怎么会善心大发,不再害怕被抓,留在现场剖腹"救"婴?这从人物性格上讲是不合逻辑的。

突发事件中激情杀人的人通常此刻高度慌乱,大脑里有大量急需处理的事项,不太可能在此时记起胎儿留在肚中会死的知识,并把这个列为优先项。

此种推测中的动机和现场情境都是矛盾的。

此案从精准携带作案工具、现场把控,从案发后的现场清理来看,都是一次有预谋的犯罪。

2. 靖男,吵架生恨,杀妻保子

既然小偷、仇人太不可能在那种时刻剖腹"救"婴,那么最有可能在杀了人后不顾被抓还想保全这个孩子的,便是孩子他爸了吧?邻居也说他们夫妻俩感情并不融洽,时不时会吵架。靖男回家当天明明发现了一系列异常,却没直接开客厅的灯,而是先进房间换衣服也很可疑。

可能性为 0。

许多人认为凶手是靖男,也意味着他们在前面的选择题中选了 A。而我选的是 B。且靖男在回家之前一直在公司,有绝对的不在场证明,所以就不讨论了。

那会不会是靖男买凶杀人？可能性也为 0。

如果夫妻吵几次架就要杀人，那大概世界人口要少一小半吧……每天两通电话是真的，同事都认为他确实关心妻子。

这么剖腹取婴的风险还是很高的，要是婴儿落地时有啥毛病，不一定能活。靖男或者任何一个人如果主要目的是除掉美津子又保全孩子，完全可以等孩子出生以后再找机会杀死美津子，毕竟离预产期只剩下五天了。

再者，靖男当天加班，直到 19：40 才回到家中。受伤的新生儿独自在家近四个小时，奄奄一息，抢救回来是奇迹。如果这次谋杀是靖男指使的，他理应不加班早些回家避免这样的风险。藏电话机和钥匙更是多此一举。

此外，一个预谋的凶手在掩盖罪行时通常会进行常规表演，比如一回家就开灯，尖叫，打电话报警，反而不会做出先进房间换衣服这种非常规举动。

3. 未成年人，精神病患者

有个天涯网友写道：平日下午的时间、对物品价值的不理解、藏起电话钥匙的自我保护、剖开孕妇探索胎儿的好奇心，这三点清晰地指向一个群体：未成年人。综上，名古屋案凶手应为一名未成年人，轻度精神病患者，案发时 14—17 岁之间，住所行动范围短，被害人在其行动范围之内，作案后可能受到父母的保护掩盖。

可能性为 0。

婴儿大概是我能想到的青少年会产生好奇的最后一样存在了。不管是连环谋杀的变态凶手，还是不良青少年，人类往往只会对禁忌之物产生强烈的好奇。

青少年的禁忌是什么？性？游戏？相信我，一个不良少年不但不会好奇婴儿，反而会讨厌、躲避婴儿。

本案凶手存在心理问题是肯定的。而存在心理问题的人也可能表现得很幼稚。承认这一点，就和年纪没有必然关系了。一个心理不正常的中老年男子也可能表现出如儿童一般的举止。但从凶手作案后擦去指纹，清洗血迹，带走凶器看，TA还是很理性的，至少并不处于精神病发作的狂乱状态。

4. 田村真子，动机未明

田村真子当天预先约了下午15：30烫头发，所以她记得自己是在15：00离开了美津子的家。美容院的美发师证明了田村真子的说法，她确实在当天下午准时来到店里。

可能性20％。

如果美津子在15：00时穿拖鞋送田村真子出门的一幕有目击证人，能够证明美津子15：00还活着，那么田村真子的不在场证明也成立。

但相反，如果这个场面只是田村真子一个人的证词，就不能完全排除她的作案时间了。从13：50到15：00之间有一个多小时，足够她完成这一系列罪行。或许她刚到时确实和美津子吃了草莓，但在她离开时美津子已经死亡。

还记得吗？本案中有路人目击到在15：10时，有一男性A慌慌张张跑下楼，向北逃去。

如果田村真子的证词为真，15：00到15：10之间最多只有10分钟，这时间应当不够A杀死送完田村真子返屋的美津子，并完成剖腹取婴，清理现场。

如果田村真子证词为假，A的嫌疑可以排除，但田村真子的嫌疑不能排除。怎么说呢？A或许是个闯空门的贼，在田村真子独自驾车离开后，以为这家人的女主人外出，想要潜入这户人家行窃，并"幸运"地发现门未锁。当他偷走钱包后还想弄点其他值钱的东西，走入起居室，却发现了血腥的一幕，遂慌慌张张冲下楼，向北跑去。由于他怕被警方知晓自己的行窃，所以也从未站出来说明。

这听起来也很合理。但为什么田村真子的可能性只有 20%？我后面会解释。

5. 西装男，性变态

15:20 拧一楼门把手的西装男 B，又在这里做什么？

可能性为 10%

15:00 美津子回屋。在 15:20 时，B 出现在一楼按门铃。这 20 分钟或许勉强可以让一个有备而来的人完成杀人、捆绑、剖腹、清理现场。但他刚杀完人，为什么要去按一楼住户的门铃，暴露自己？而且一楼住户看到他时，他穿着西装，拿着公文包，身上应当也没沾染任何血迹。

那会不会 B 在一楼打听完后才上二楼做案的呢？他 15:20 敲一楼门时会不会是在找美津子呢？

我有过这种推测：B 不知道美津子的名字，只是路上偶遇孕妇，知道她住在这栋楼，却又不知道她具体住哪一层哪一间，于是以找中村的借口——敲门测试。

由于一楼开门的不是，他上了二楼。这次，美津子开门了，他找到了他要找的人，便以推销产品之类借口，让美津子放他入内。他随后行凶。

但他如果当时已经打算行凶，这么逐一敲门就不怕暴露自己的容貌吗？一楼的主妇都如此谨慎，作为孕妇的美津子会随便放陌生人入内吗？

一篇报道中的目击证人说 B 吃了闭门羹后转身匆匆离去，另一篇说 B 一直在附近徘徊，不知道哪篇正确，但都未提及他上二楼。且从这栋公寓的建筑外观来看，其实跟踪狂站在外面能看清楚美津子回家上的几楼，去的哪一间。

如果他是一个陌生男性，又为何寻找并杀死素不相识的美津子？想来想去，只有性变态能解释了。

凶手把电话机和钥匙环藏在了子宫内。如果仅仅是为了拖延受害人（以为她没死）或者她的家人联络外界和送医，凶手也可以把电话机和钥匙藏在其他地方，比如床底。藏在子宫内，使得案件更为恐怖和诡异。因为这个原因，警方曾把凶犯描绘成"喜好毁损尸体的性倒错者"，并在邻近的各车站周遭设置了"如果您的身旁有对孕妇怀有异常癖好的人，请马上通知警方"的告示牌。

诚然，世界上每个人的欲望的诱发都不是完全一致的。会不会本案凶手对孕妇有特别的欲望，或者只有从剖开子宫这种暴力中才能得到快感？

我不这么认为，因为本案中的许多细节和为了追求快感作案不一致。

首先，国内外许多连环杀人案的凶手都是这类，即从暴力变态行为获取性快感。虽然欲望的发泄方式不同，但还是有共性的——凶手未必会强奸受害人，但非常非常可能会猥亵、触摸、损坏尸体。

但本案的现场与此类犯罪不符合，受害人衣着整齐，黑色连裤袜穿得好好的，孕妇裙是放下来的，所以靖男第一眼并未看见被切开的子宫。

其次，此类性变态在剖开子宫的同时，也会损坏女性乳房和阴部，因为在他们眼里，这三者（主要是后两者）是神秘的禁忌，正是他们不惜犯罪也要去闯入的禁地。但显然美津子并没有受到这样的对待。甚至可以说，除了子宫，凶手没有显示出对她其他女性特征有兴趣。

再次，追求性快感的人如果是冲着腹中的胎儿去的，往往会虐待胎儿致死。但显然，凶手在小心翼翼地保护胎儿的生命。

综上，我认为这和性变态，甚至和性，都没有关系。

那么，这个男人B，当时出现在那里做什么呢？我个人认为他和本案没有太大关系，或许真的是找错地址了。

没药花园分析

下面是我自己的推断,让我们再理一遍本案的不寻常之处。

现场

现场没有打斗的痕迹,美津子双手被人从身后捆住。

我看到一篇中有这样的描述:

双手从背后被人用尼龙绳捆住,显示她是先丧失了反抗能力,才被人勒死的。

不知道这是文章作者的观点还是警方的观点,乍听有理,细细推敲是不合理的。绑住双手和遇害前丧失反抗能力之间毫无联系。

我同意美津子被勒死时的确丧失反抗能力了,不是从捆手得出的结论,而是从现场没有打斗的痕迹得出的结论。把一个不配合的女性从身后用尼龙绳捆住双手,根本不是件容易的事。就算你是力气极大的男性,那名女性挣脱不了,她也完全可以高声呼喊救命。以那栋楼吵个架都很清晰的隔音效果,邻居早听到动静了。因此更可能的是,美津子被勒脖子在前,被捆住双手在后。她丧失反抗能力也不是因为被捆住双手,而是可能被下了安眠药之类,造成昏迷/乏力。1988 年日本警方得出她窒息而死的结论后,可能没有进行毒理化验,所以报道中未提及此事。

所以这顺序应该是两种:

丧失反抗能力(如迷晕)——勒死或勒晕——身后捆手

偷袭、勒死或勒晕——身后捆手

凶手如果能有机会下药迷晕她,证明 TA 和美津子是朋友,比较符合常理的是两人正处于吃吃喝喝的聊天中。

另一种可能是美津子和凶手独处屋内,凶手从身后突袭。如果要实现这一点,也很可能美津子和凶手相识,放松了警惕。

无论是从身后突袭勒死,或是下安眠药后勒死,都指向一点:美津子并不提防凶手,他们很可能相识。

再回忆一下,美津子尸体被发现时脖子上缠绕着电暖炉的电线,手上捆着尼龙绳。尸检认为美津子是被尼龙绳勒死的,而报道没提到现场有第二根绳子。

那么,我认为勒死美津子的正是她手上那根。也就是说,凶手先用带来的尼龙绳把下毒昏迷或不防备的美津子勒死,然后才把这根绳子从她脖子上解下来,从容不迫地捆住她的双手。

已经勒死了,为什么要捆住她的双手?

请再想一下,为什么美津子的脖子上缠着电暖炉的电线,而电线一头还连在墙上?——因为,凶手并不确定美津子此刻已死。TA 怀疑美津子可能只是晕过去了。

凶手担心剖腹时的疼痛会把美津子弄醒、美津子若挣扎乱动,甚至爬起来,会导致 TA 手上的刀伤及婴儿,所以 TA 用电线把她的头部固定在墙上,用绳子绑住她的双手来约束她。

TA 不确定美津子已死,也没确保杀死她,譬如拿手上的刀再刺几刀,说明 TA 并不追求杀死美津子。进而说明,TA 的主要目的是剖腹取婴。

绳子和刀

说回前面的选择题,我选择 B:剖腹取婴才是凶手杀人的真正目的,杀人只是为了得到婴儿不得已而为之;而非 A,凶手因其他原因杀人后,为了救婴儿一命,才剖腹。

我选择 B 的原因之一:凶手带了一把适合解剖的刀进屋,却没有用它来杀美津子,而采用了颇为低效的绳子。这把刀从各方面看都是为了剖腹取婴准备的。

从凶手的装备和行为看，TA的计划是这样的：和美津子喝茶聊天时下药，使美津子昏迷，随后用带来的绳子把她绑起来，用刀为她剖腹取婴。

但实际情况是，由于药性不足等原因，美津子虽然头晕乏力，却并未完全昏迷。凶手希望美津子死吗？我的答案是："不，凶手至少不希望美津子在剖腹前死。"

为什么？或许是因为TA担心母体死后，会影响尚未出生的胎儿的健康甚至生命。TA如果要确保弄死美津子，太简单了，往胸口捅几刀就好了。但TA显然没有这么做。

但美津子如果不昏迷或不死，又不可能配合TA剖腹。所以凶手也不知道如何是好，只能拿出本用来捆绑的绳子，紧紧勒住她的脖子，直到她昏迷或死亡。

由于凶手主观上并不追求美津子死，所以看到美津子不动了，TA也怀疑会不会药效发挥了作用？会不会她因为缺氧暂时昏迷？为了防止美津子待会在剖腹时痛醒影响自己取婴，TA从身后捆住她的双手，又把她的脑袋固定在墙上。随后，才开始了TA今天真正的目的：剖腹取婴。

那么，有人此时或许会有疑问，凶手剖腹取婴又是为了什么呢？

动机

目前我读到的关于本案的推测都是以上几种，但我想要首次提出一个新的假设。

20世纪80年代的日本警方或许没听说过一种叫"胎儿绑架"或"子宫强盗"的犯罪。一向关注犯罪新闻的我，看过许许多多和本案类似的新闻，不过大多发生在欧美。许多起案子中的凶手只冲着婴儿，并未杀死孕妇。哪怕孕妇遇害，也是抢夺胎儿过程中的"副产品"。

我随便搜了几个相似的新闻给大家看看：

1. 1998 年，一名美国女子陷入自己有个娃的想法不可自拔，最后杀死了一名少女，剖开她的肚子，偷走她的胎儿。此名女子被判死刑。

2. 2005 年，一名女子身上总是带着别人的双胞胎 B 超图，还在孕妇服下塞垫子，幻想自己是一名孕妇。有天她试图偷走一个真孕妇的胎儿，真孕妇出于自卫，杀死了她。

3. 2006 年，美国伊利诺伊州东圣路易斯市，26 岁的丽莎·蒙哥马利杀死了 22 岁的表妹亚美丽娅，并用剪刀剪开她的子宫盗走胎儿，胎儿后来不幸死亡。

4. 2015 年，科罗拉多州一名丈夫回家后，猛然发现自家浴缸里多了个小婴儿。他 34 岁的妻子解释自己刚刚流产了。丈夫急忙把婴儿和妻子送去医院，却不知道自家地下室里还关着一个流血的女人。那名女子怀有七个月身孕，在网站上看见有人在卖价廉物美的婴儿衣服，于是开车前来选购，却没想到被女主人殴打，并被活生生剖腹。她流着血躲进一个房间，把自己反锁在里面报警。警方救出她，但那个未足月的胎儿却夭折了。

5. 2017 年，一名 38 岁的女子杀死了怀孕待产的 22 岁女邻居，在她腹部割开了一条长口子，取出了婴儿。她把浑身是血的婴儿带回家后，告诉丈夫："这是咱们的孩子，咱们从今后就是一家人了。"女邻居的尸体被发现后，这对夫妇被捕。

6. 2019 年，在巴西，一名怀孕 37 周的 20 岁孕妇，被人发现死在森林公园内，腹部被剖开，肚中胎儿不见。凶手是一对情侣。22 岁的苏菲亚自称不孕，但 18 岁男子亚历克斯很想有个孩子，于是两人联手策划杀害亚历克斯的同事卡罗。卡罗喝下亚历克斯提供的饮料后不省人事。在剖腹期间，卡罗醒来哭喊疼痛，亚历克斯用力将她勒住。卡罗最后失血过多死亡。

这些案子的主犯都是女性，暂时没有看到例外。而她们的动机也是日本警方或许没有考虑到的：怀孕妄想症；痴迷母亲身份；想拥有自己的孩子。

我在一篇对本案的介绍中发现这样一句话：

"从现场的情况进行分析，对孕妇进行剖腹这一行为，明显不是普通的家庭主妇可以进行的事情。"——这就是先入为主的偏见！

恰恰相反，本案中的种种细节证明，凶手很可能是一名女性。

1. 正因为凶手和美津子熟识，所以美津子才会开门让她进去，她才有机会下药，或者趁其不备勒颈。而我们已知美津子无论是生活圈还是直销日用品认识的几乎都是女性。

2. 死者衣着整齐，未被性侵和猥亵。凶手对女性器官，或者说对性，表现得无兴趣，也不好奇。

3. 凶手的作案手段并不粗暴，甚至相对而言是温柔的。在剖腹时多次下刀，证明此人本身力气不大；足月婴儿只集中在一个部位有轻伤，证明她下刀时并不鲁莽。

4. 凶手对现场有过清洗，洗手池也显示她曾冲洗血迹，并擦掉了指纹。如果她还清洗了自己和美津子用过的茶杯及碗，警方也不可能分辨。为什么没洗草莓的碗？因为这是上一个访客留下的，可以留下来误导警方。这些细节都证明此人细心、善于处理家务，可能是女性。

5. 要带走婴儿，必然要有交通工具，总不能抱着哇哇大哭的婴儿在街上走。下午 14:30 左右，有附近邻居看到一辆红色小轿车停在公寓门口。车子没有熄火，驾驶位上有人，但看不清长相。虽然开红色小轿车的不一定是女性，但女性肯定多于男性。凶手当时可能发现美津子和田村真子在屋内聊天，所以去外面转了几圈，等到田村真子离开后，才敲门进入。

6. 受害人遇害时离预产期还有五天，这个时间点很关键。如果凶手出于仇恨杀人,又不想伤到孩子,为何不等上几天再动手?本案中的凶手挑选这个时间下手,恰好符合以上所有新闻中的共性——这些罪犯对已经出生的婴儿或儿童没兴趣,而是要去偷取别人肚中的胎儿。或许这会让她们感觉这孩子一诞生就是自己的,未被她人的母爱污染,能和她们的怀孕妄想衔接。本案中,美津子身边的女性也更有机会以闲聊的方式打探她的预产期。

7. 下午这个时间点,男性大多在上班,孩子在上学,也是家庭主妇一人最空闲的时候。

8. 由于警方或者社会一开始就倾向于认为凶手是一名性变态男性,所以征集目击证人线索时,征集到的也多是关于可疑男性的,这使得一个女性进出公寓楼或在附近出没可能一开始就不被认为是线索,从而错过。

9. 那么,这个女性会不会是田村真子?如果美津子送她出门一事无目击证人,我确实认为她很可疑。但也有一些疑问:如果没有目击证人,警方怎么找到她的?她完全可以不站出来提供信息。但她是重要证人,也可能是最后一个见到美津子活着的人,警方理应对她进行过调查。她既然都擦去指纹和清洗血迹了,为什么不洗盛草莓的碗?她有没有孩子,能不能生育,这些我们都不知道,无从判断。

10. 把电话机和(车)钥匙塞在子宫里我认为和性变态无关,而是凶手为了防止美津子本人清醒后打电话报警或者就医,希望她自己慢慢死去。她在那种紧急情况下已经失智,连美津子是否活着也分不清楚,考虑问题是片面的,她或许认为把电话放进美津子自己的子宫才是美津子本人最不可能伸手去取的地方。会不会凶手这么做也有她对无法带走婴儿的失望和报复的成分在呢?或许。

11. 文化是造成精神疾病/心理问题的大环境。的确,日本和美国之间存在很大的文化差异。美国案件中的女性对于怀孕有执念,迷恋母亲的身份,日本文化中会有吗?我认为会,甚至更严重。只是亚洲女性暴力犯罪率本身较低,所以较少看到这样的新闻。但只要这种执念存在,就会有人这么做。

12. 最大的问题来了。她都已经解剖了尸体,取出孩子后,为什么没有带走?

说实话,我没有确定的答案。但我想了几种可能。一、对性别的失望。美津子在做B超时或许没问过医生孩子的性别(很多人希望得到惊喜,不让医生透露),或者凶手和她没熟到可以打听性别的程度。凶手极度想要一个女孩,当她发现是男婴后,很失望。二、外面突然有了动静,比如那个西装男又来找"中村"了,敲了门,使她受到惊吓,希望尽快独自离开。三、她注意到孩子受伤流血,她不懂医治,如果带去医院又会被抓,手足无措,最后只能留在现场希望其他人发现送医。四、孩子哭声音太大。一个未当过母亲的人对婴儿可能有不切实际的幻想,当她发现手中是一个皱巴巴浑身是血大声哭闹的东西,幻想被打破,也不敢带着它贸然出门,吸引路人关注。

总结

我认为警方当年的破案方向完全错误,他们要找的凶手应该是这样一个人:

女性;20岁以上;没有孩子;已婚未婚都可;与美津子相识,未必是闺蜜程度,但至少能偶尔嘘寒问暖,了解她的预产期;当天无不在场证明;非常可能是她的直销顾客之一;可能有一辆红色轿车;可能近期对家人声称过怀孕/流产,实际并没有;可能以前怀有女婴但流产或出生后夭折;平时礼貌待人,在某些小事情上会表现出强迫症和情绪失控;案发后有抑郁倾向。

凶手的动机如果和我列的新闻相似,那凶手必定有严重心理疾病。但这种心理问题在现实中也可能隐藏得很好,不会体现在生活的其他方面。只有当人们谈及怀孕等事才会触动她的神经,才可以看出她的执念较深,思维不合常理。

2003年3月18日,本案过了15年刑事诉讼时限。

1999年5月,为了回避开媒体的采访,守屋靖男带着在事件中幸存的儿子,移居夏威夷。他至今也没有对儿子说出美津子被害的事情。

(本文中人物用的是化名)